普通高等教育新工科智能制造工程系列教材

工业成本核算

余翠兰　寇晓培　牛　亮　编著

机械工业出版社

本教材内容共分为八章，主要介绍了工业成本核算的基本概念和要求；重点讲述了成本核算的费用归集与分配，完工产品与在产品的成本核算，产品成本计算的基本方法——品种法、分批法和分步法，以及产品成本计算的辅助方法——分类法和定额法；最后重点讲解了如何编制成本会计报表。

本教材可作为高等院校制造类专业、会计学专业及其他管理类专业等的教材，也可作为社会自学者及从业人员的参考书。

图书在版编目（CIP）数据

工业成本核算 / 余翠兰，寇晓培，牛亮编著 . —北京：机械工业出版社，2020.11（2023.7 重印）
普通高等教育新工科智能制造工程系列教材
ISBN 978-7-111-67152-7

Ⅰ.①工… Ⅱ.①余…②寇…③牛… Ⅲ.①工业企业管理 – 成本计算 – 高等学校 – 教材 Ⅳ.① F406.72

中国版本图书馆 CIP 数据核字（2020）第 260188 号

机械工业出版社（北京市百万庄大街 22 号　邮政编码 100037）
策划编辑：路乙达　　责任编辑：路乙达
责任校对：张晓蓉　　封面设计：张　静
责任印制：张　博
北京雁林吉兆印刷有限公司印刷
2023 年 7 月第 1 版第 4 次印刷
184mm×260mm · 13.75 印张 · 289 千字
标准书号：ISBN 978-7-111-67152-7
定价：43.00 元

电话服务	网络服务
客服电话：010-88361066	机 工 官 网：www.cmpbook.com
010-88379833	机 工 官 博：weibo.com/cmp1952
010-68326294	金 书 网：www.golden-book.com
封底无防伪标均为盗版	机工教育服务网：www.cmpedu.com

前 言

本教材是为适应以专业群为基础的"校企合作、产教结合、工学合一"的人才培养模式，推动课程体系和教学资源建设，实现校企、校校合作，联合打造优质教学资源而编写的。本教材融合了编者多年的工作和教学经验，是以学生为主体，并遵循理论与实践相结合的教育理念而打造的。本教材可作为高等院校制造类专业、会计学专业及其他管理类专业等的教材，也可作为社会自学者及从业人员的参考书。

开展好成本核算是企业成本管理的重要环节，在工业产品生产过程中，会发生各种各样的费用，为了保证企业产品成本的准确性，必须对发生的费用进行审核和控制，并根据企业的生产特点和管理要求，选择合适的成本计算方法进行核算，编制成本会计报表。

本教材主要内容包括工业成本核算的基本概念和要求，成本核算的费用归集与分配，完工产品与在产品的成本核算，产品成本计算的基本方法——品种法、分批法和分步法，产品成本计算的辅助方法——分类法和定额法以及如何编制成本会计报表。

本教材与同类教材相比，主要有以下几个鲜明特色：

1）依据现有的会计准则和制度，力求内容更加精准，讲解更为通俗易懂。

2）例题解答过程更为详细，图表中的数据包括计算过程，便于读者理解。

本教材是智能制造技术范畴的新型特色课程教材，由校企、校校合作共同完成。重庆邮电大学移通学院的教师主要负责内容的编写，重庆华数机器人有限公司会计主管王旭丽担任主审，重庆华数机器人有限公司的专家和重庆邮电大学移通学院的教师针对教材中存在的问题，提出了许多中肯的建议，使教材变得更加完善，更好地做到理论联系实际。

本教材由重庆邮电大学移通学院余翠兰、寇晓培、牛亮共同编著。其中余翠兰编写了第1章和第2章，寇晓培编写了第3~6章，牛亮编写了第7章和第8章，余翠兰对全书进行统稿、校核。

在编写本教材的过程中，得到了重庆华数机器人有限公司、重庆邮电大学先进制造工程学院的大力支持和帮助，同时也得到了重庆市普通本科高校新型二级学院建设项目"智能工程学院"（渝教高[2018]22号）的支持，在此一并深表感谢！

由于编者水平有限，书中难免存在不足之处，恳请同行专家和广大读者批评指正，以便不断改进和完善。

编 者

目 录

前言

第1章 绪论 ... 1

1.1 基本概念 ... 2
1.1.1 支出 ... 2
1.1.2 耗费 ... 2
1.1.3 费用 ... 3
1.1.4 成本 ... 3
1.1.5 支出、耗费、费用和成本的关系 ... 5

1.2 成本的分类 ... 5
1.2.1 按经营目标不同分类 ... 5
1.2.2 按成本与特定对象的关系分类 ... 7
1.2.3 按成本与业务量的关系分类 ... 7
1.2.4 按成本在经济工作中的作用分类 ... 8

1.3 工业企业成本核算概述 ... 11
1.3.1 工业企业成本核算的演进发展 ... 12
1.3.2 工业企业成本核算与现代成本会计 ... 13
1.3.3 工业企业成本核算的内容 ... 15
1.3.4 工业企业成本核算的任务 ... 15
1.3.5 工业企业成本核算工作的组织形式 ... 16
1.3.6 工业企业成本核算工作的人员配备 ... 17
1.3.7 工业企业成本核算的法规和制度 ... 18

1.4 工业企业成本核算的前期准备工作 ... 18

1.5 工业企业成本核算的对象 ... 20
1.5.1 成本对象 ... 20
1.5.2 成本分配 ... 26

1.6 工业企业成本核算的基本要求 ... 28

1.7 生产类型特点和管理要求对产品成本计算方法的影响 ... 31

        1.7.1　生产特点及其对产品成本计算方法的影响 ………………………………… 32
        1.7.2　管理要求对产品成本计算方法的影响 …………………………………… 34
    1.8　工业企业成本核算的计算方法 ……………………………………………………… 34
        1.8.1　产品成本计算的基本方法 ………………………………………………… 35
        1.8.2　产品成本计算的辅助方法 ………………………………………………… 36
    1.9　工业企业成本核算的一般程序和账户设置 ………………………………………… 36
        1.9.1　工业企业成本核算的一般程序 …………………………………………… 36
        1.9.2　工业企业成本核算账户的设置 …………………………………………… 38
本章小结 …………………………………………………………………………………… 41
思考题与习题 ……………………………………………………………………………… 42

第2章　工业成本核算的费用归集与分配 …………………………………………… 46

    2.1　原材料费用的归集与分配 …………………………………………………………… 47
        2.1.1　外购原材料费用的组成 …………………………………………………… 47
        2.1.2　外购原材料费用的归集与分配 …………………………………………… 48
        2.1.3　燃料费用的归集与分配 …………………………………………………… 54
        2.1.4　低值易耗品的归集与分配 ………………………………………………… 56
    2.2　外购动力费用的归集与分配 ………………………………………………………… 59
        2.2.1　外购动力费用的归集 ……………………………………………………… 59
        2.2.2　外购动力费用的分配 ……………………………………………………… 59
    2.3　薪酬费用的归集与分配 ……………………………………………………………… 62
        2.3.1　职工薪酬的含义与支付形式 ……………………………………………… 62
        2.3.2　工资费用的原始记录 ……………………………………………………… 64
        2.3.3　工资费用的计算 …………………………………………………………… 64
        2.3.4　职工薪酬的归集与分配 …………………………………………………… 67
    2.4　折旧费用的归集与分配 ……………………………………………………………… 70
        2.4.1　固定资产折旧费用概述 …………………………………………………… 70
        2.4.2　固定资产折旧费用的归集与分配 ………………………………………… 71
    2.5　固定资产修理费用的归集与分配 …………………………………………………… 72
    2.6　利息费用的归集与分配 ……………………………………………………………… 73
    2.7　税金费用的归集与分配 ……………………………………………………………… 74
    2.8　其他支出费用的归集与分配 ………………………………………………………… 75
    2.9　辅助生产费用的归集与分配 ………………………………………………………… 75
        2.9.1　辅助生产费用的归集 ……………………………………………………… 75

2.9.2 辅助生产费用的分配 …………………………………………………… 77
2.10 制造费用的归集与分配 ………………………………………………………… 88
2.10.1 制造费用的归集 …………………………………………………… 88
2.10.2 制造费用的分配 …………………………………………………… 89
2.11 生产损失费用的归集与分配 …………………………………………………… 93
2.11.1 废品损失的归集与分配 …………………………………………… 94
2.11.2 停工损失的归集与分配 …………………………………………… 98
本章小结 ………………………………………………………………………………… 99
思考题与习题 …………………………………………………………………………… 101

第3章 分配完工产品与在产品成本 …………………………………………… 110

3.1 在产品数量的核算 ……………………………………………………………… 111
3.1.1 在产品概述 ………………………………………………………… 111
3.1.2 在产品与完工产品的成本计算关系 ……………………………… 112
3.2 确定在产品成本的方法 ………………………………………………………… 113
3.2.1 在产品忽略不计法 ………………………………………………… 113
3.2.2 在产品按固定成本计价法 ………………………………………… 113
3.2.3 在产品按所耗原材料费用计价法 ………………………………… 114
3.2.4 约当产量法 ………………………………………………………… 115
3.2.5 在产品按定额成本计价法 ………………………………………… 121
3.2.6 定额比例法 ………………………………………………………… 122
3.3 结转完工产品的成本 …………………………………………………………… 124
3.3.1 编制产品成本汇总表 ……………………………………………… 124
3.3.2 完工产品成本结转的财务处理 …………………………………… 124
本章小结 ………………………………………………………………………………… 125
思考题与习题 …………………………………………………………………………… 125

第4章 产品成本计算的基本方法——品种法 …………………………………… 131

4.1 品种法的特点及使用范围 ……………………………………………………… 132
4.1.1 品种法的含义及适用范围 ………………………………………… 132
4.1.2 品种法的特点 ……………………………………………………… 132
4.2 运用品种法计算成本 …………………………………………………………… 133
4.2.1 品种法的应用 ……………………………………………………… 133
4.2.2 品种法的成本计算程序 …………………………………………… 138

本章小结 139
思考题与习题 139

第 5 章　产品成本计算的基本方法——分批法 143

5.1　分批法的特点及其适用范围 144
5.1.1　分批法的特点 144
5.1.2　分批法的适用范围 145
5.2　分批法的成本核算程序 145
5.3　典型分批法 146
5.3.1　典型分批法的特点及使用范围 146
5.3.2　典型分批法的应用 146
5.4　简化分批法 150
5.4.1　简化分批法的特点及其适用范围 150
5.4.2　简化分批法的成本核算程序 151
5.4.3　简化分批法的应用 152

本章小结 156
思考题与习题 156

第 6 章　产品成本计算的基本方法——分步法 161

6.1　分步法的适用范围及其特点 162
6.1.1　分步法的适用范围 162
6.1.2　分步法的特点 162
6.2　逐步结转分步法 163
6.2.1　逐步结转分步法的特点及其计算过程 163
6.2.2　综合结转分步法 164
6.2.3　分项结转分步法 167
6.2.4　逐步结转分步法的优缺点及适用范围 169
6.3　平行结转分步法 170
6.3.1　平行结转分步法的特点及计算程序 170
6.3.2　平行结转分步法的应用 171
6.3.3　平行结转分步法的优缺点及适用范围 173

本章小结 174
思考题与习题 174

第 7 章 产品成本计算的辅助方法 ···················· 182

7.1 分类法 ···················· 183
7.1.1 分类法的概念 ···················· 183
7.1.2 分类法的特点 ···················· 183
7.1.3 分类法产品成本计算程序 ···················· 183
7.1.4 成本在类内产品分配的方法——系数法 ···················· 184
7.1.5 分类法的适用范围 ···················· 184
7.1.6 分类法的应用 ···················· 184
7.1.7 联产品的成本计算 ···················· 186
7.1.8 副产品的成本计算 ···················· 188

7.2 定额法 ···················· 189
7.2.1 定额法的概述 ···················· 189
7.2.2 定额法的计算程序 ···················· 190
7.2.3 定额法的应用 ···················· 193

本章小结 ···················· 193
思考题与习题 ···················· 194

第 8 章 编制成本会计报表 ···················· 197

8.1 成本报表概述 ···················· 198
8.1.1 成本报表的概念 ···················· 198
8.1.2 成本报表的特点 ···················· 198
8.1.3 成本报表的意义和作用 ···················· 198
8.1.4 成本报表的种类 ···················· 198
8.1.5 成本报表的基本要求 ···················· 199
8.1.6 成本报表的编制和报送要求 ···················· 199

8.2 产品生产成本表的编制 ···················· 200
8.2.1 全部产品生产成本表的编制 ···················· 200
8.2.2 主要产品单位成本表的编制 ···················· 204
8.2.3 各种费用报表的编制 ···················· 205

本章小结 ···················· 208
思考题与习题 ···················· 209

参考文献 ···················· 212

第1章 绪 论

成本在不同行业都存在。比如，农民种植需要购买种子、化肥和农具等，还要投入相应的劳动力进行田间管理，这些就成了农产品的成本。学生上学需要缴纳学费和生活费，需要花费时间，这就成了学习知识的成本。任何一个工业企业的成功——小到小区的便利商店，大到跨国公司——都离不开成本核算。对于工业企业来说，成本项目规模大、种类多，核算体系复杂，成本核算一直是工业企业财务管理乃至整个企业管理的重点。目前，我国很多工业企业疏于对成本的控制与管理，成本管理水平的低下造成会计信息失真、竞争力下降。成本核算作为成本会计的最基本职能，做好成本核算尤为重要。本章将重点讲解与成本核算的有关概念以及相关基础知识，为后续章节的学习奠定基础。

本章学习目标：

1. 正确理解支出、耗费、费用和成本的定义及特点
2. 正确区分成本与费用
3. 理解成本的分类
4. 了解工业成本核算的发展和前期准备工作
5. 理解工业成本核算的基本要求
6. 了解工业成本核算的相关原则
7. 理解工业成本核算的对象
8. 理解工业成本核算的生产类型特点和管理要求对产品成本计算方法的影响
9. 熟悉并掌握成本核算的计算方法
10. 理解并掌握成本核算的账户设置和一般程序

1.1 基本概念

企业在进行成本核算时，经常会遇到一些问题，如今年的成本到底是多少？究竟是亏还是盈？要想回答这个问题，就必须清楚哪些费用是支出，哪些费用是成本，还需要正确进行成本的分类，分析各经济业务哪些应计入成本开支范围，哪些不应计入成本开支范围。为正确计算成本，接下来介绍支出、耗费、费用和成本等基本概念，分析成本和费用之间的关系，以及费用应该如何分类。

1.1.1 支出

支出指企业的一切开支和耗费。作为动词，一般指资产的减少。比如购买原材料支出现金3万元。作为名词，一般指一项花费。这项花费既可以是一项耗费，也可以是一项费用。支出也可指企业在生产经营过程中为获得另一项资产、为清偿债务所发生的资产流出。如企业为购买材料、办公用品等支付或预付的款项；为偿还银行借款、应付账款及支付账款或支付股利所发生的资产的流出；为购置固定资产、支付长期工程费用所发生的支出和企业日常的消费支出。企业发生的各项支出一般目的都是要为企业带来一定的收益。按性质划分，支出可以划分为收益性支出、资本性支出和营业外支出三大类。

1. 收益性支出

收益性支出是指受益期不超过一年或一个营业周期的支出，即发生该项支出仅仅是为了取得本期收益。这种支出直接计入当期费用，从当期的收入中得到补偿，如生产所消耗的材料、以各种方式支付给职工的薪酬等。

2. 资本性支出

资本性支出是指受益期超过一年或一个营业周期的支出，即发生该项支出不仅是为了取得本期收益，而且也是为了取得以后各期收益。随着每期对资产的耗费，按照受益原则和耗费比例通过转移、折旧和摊销等方法，逐渐转化为费用。如构建固定资产的支出、固定资产的改良支出、取得无形资产的支出等。

3. 营业外支出

营业外支出是指企业发生的与其日常活动无直接关系的各项损失，主要包括非流动资产处置损失、公益性捐赠支出、盘亏损失、非常损失、罚款支出等。

1.1.2 耗费

耗费指企业在购买商品、构造产品或置换资产的过程中所发生的支出或花费。耗费构成所购买商品、构造产品或置换资产的成本，即构成资产的成本。所以，耗费属于资产而不属于费用（即耗费不是费用）。

1.1.3 费用

我国《企业会计准则》中对费用的定义表述为：费用是企业在生产经营过程中发生的各项耗费。企业直接为生产商品和提供劳务等发生的直接人工、直接材料、商品进价和其他直接费用，直接计入生产经营成本；企业为生产商品和提供劳务而发生的各项间接费用，应当按一定标准分配计入生产经营成本。企业行政管理部门为组织和管理生产经营活动而发生的管理费用和财务费用，为销售和提供劳务而发生的进货费用、销售费用等，应当作为期间费用，直接计入当期损益。

由此可以看出，费用仅仅指与商品或劳务的提供相联系的耗费，这是一种狭义的概念。而广义的费用则包括各种费用和损失，如其他业务成本等。

费用是企业所得税法术语，即纳税人为生产、经营商品和提供劳务等所发生的销售（经营）费用、管理费用和财务费用。简单说就是企业发生的会导致当期利润减少的支出或花费。

1.1.4 成本

成本是衡量企业经营管理水平高低和经济效益好坏的一个重要指标，是财务会计核算和管理的一个重要内容。不同的会计领域对成本要领的理解和定义不尽相同，在传统的财务会计领域，从正确核算企业的财务状况和准确计量企业的经营成果的要求出发，把成本定义为：在一定条件下，企业为生产一定品种、数量的产品所发生的各种能以货币计量的材料、人工和费用的总和。本书把成本定义为：指为完成某项事情所发生的特定耗费，或者说是对象化的耗费。比如 A 产品的生产成本是指车间生产完工 A 产品所发生的特定生产耗费。工业企业成本是指产品有相应的加工，应用在工业企业中的一种成本形式。因为本书主要讲述的是工业企业中的成本，后续章节所涉及的内容均是成本在工业企业中的运用，所以工业成本也满足成本的基本特征。具体特征有：

1. 目的性

任何经营活动都是有目的的活动，成本的发生是为了该项经营活动能够按照经营人员的活动预期进行下去所发生的支出。也就是说，构成成本的任何支出都是必要的，是保证该项经营活动正常进行的基础。

2. 相关性

成本作为生产经营过程中的各项付出，不仅与一定的生产经营活动量有关，而且与生产经营活动对象直接相关，它总是表现为一定对象的资源耗费。这里的对象，可以是产品或劳务，也可以是某一个项目、某一种作业或某一种行为。

3. 可计量性

成本作为在经营活动中发生的各项支出，其发生金额的大小必须是可计量的，这是进行成本核算的基础。如果某一项损失或支出是无法计量的,那么通常不再将之作为成本因素考虑,因为无法计量的成本很难进行核算。

4. 综合性

成本是企业生产经营管理水平的综合反映。企业劳动生产率的高低、材料物质消耗的多少、设备利用的程度、资金周转的快慢,以及生产组织、物资采购、商品销售是否科学合理,都会通过成本这一经济指标综合地反映出来。

马克思在其论著当中亦指出,商品(w)的价值,应是生产资料(c)、活劳动(v)及剩余价值(m)的总和。用公式来表达,即为 $w = c + v + m$。公式中所提到的生产资料(c),也被称作物化劳动,包括劳动对象与劳动手段两个部分的价值。因为在劳动手段这一概念所属的生产工具当中,往往单位价值较高,使用时间也较长,所以它们的价值总是逐步地转移到每一件(批)商品的价值当中,这一价值转移方式与劳动对象价值转移的方式有着明显的不同。公式中所提到的活劳动(v),指的是劳动力的价值,生产资料必然要与劳动力相结合,才能转化为商品,一般而言,劳动力的价值是以工资作为体现的。公式中所提到的剩余价值(m),指的是劳动者用剩余劳动所创造出的新价值,是资本家剥削工人的秘密所在。

根据上述公式,如果从这个商品价值中减去剩余价值 m,那么在商品中剩下的只是一个生产要素上耗费的资本价值 $c + v$ 的等价物或补偿价值,商品价值的这个部分,即补偿所消耗的生产资料价值和所耗用的劳动力价格部分,只是补偿商品使资本家自身耗费的东西,所以,对资本家来说,这就是商品的成本价格。这一理论是对成本概念的高度概括,商品成本由 $c + v$ 两部分组成,这也即是我们所说的"理论成本"。

理论成本是人们理解成本概念的基石,也是学者对成本概念进行进一步研究的根本,是立论所在。但是随着社会不断进步、商品经济不断发展,所带来的生产过程和经营方式也千变万化,并且仍在不断地推陈出新。在现实生产活动当中,国家也会以财经法规、制度、准则等形式来规定成本的范围,而这些法规、制度、准则也处于一种动态的变化过程当中。基于此,传统的理论成本不可避免地会与现实成本存在着这样或那样的差异。在实际工作中,应遵循成本开支范围。某些不形成产品价值的部分也列入了产品成本,如财产保险费、废品损失、停工损失等。还应将这个成本对象化,计算出产品成本。这种成本称之为现实成本。

工业企业产品的生产过程,同时也是生产的耗费过程。在生产经营活动中,会发生各种耗费,如原材料、燃料、辅助材料、动力、机器设备的耗费,还要支付工人和管理人员的劳动报酬以及各项经营管理费用等。工业企业在一定时期内(一个月、一年)发生的、能够用货币表现的生产经营管理过程中的耗费,称为生产经营管理费用。生产经营管理费用包括生产费用(应计入产品成本)和经营管理费用(包括管理费用、财务费用和销售费用等不计入产品成本的费用)。为生产一定种类、一定数量的产品所支出的各种生产费用的总和（即 c + v 之和），称为产品成本。

在财务会计中，管理费用、财务费用和营业费用根据会计准则的规定，应全部计入当期损益，直接从本期营业收入中扣减，故称为期间成本，也称为期间费用。所以，当按经济用途分类时，成本包含费用，即成本 = 产品成本 + 期间成本（期间费用）。这时，成本的概念是广义范畴下的成本。狭义的成本概念，仅仅指产品成本这一内容，不包括期间成本，即成本 = 产品成本。人们在平时所说的成本概念，除非特别注明，否则都是指狭义的成本概念，本书中的成本概念也是如此。

生产费用和产品成本是一对既有区别又有联系的概念。首先，产品成本是相对于一定的产品而言所发生的费用，它是按照品种等成本计算对象对当期发生的生产费用进行归集所形成的。因此，生产费用的发生过程同时也是产品成本的形成过程。其次，生产费用指某一期间为进行产品生产而发生的费用，并与一定的期间相联系。产品成本指为生产一种或几种产品而消耗的生产费用，它与一定种类和数量的产品相联系。

1.1.5　支出、耗费、费用和成本的关系

企业在不同情况下发生的支出，分别与耗费、费用、成本形成一定关系：

1）用于偿还负债、退还投资本金的支出，这种支出使企业负债、实收资本减少。

2）用于企业消耗（购买商品、构造产品或置换资产）并形成新的资产支出，这种支出就形成了新的资产生产过程中的耗费。当期所发生的耗费构成当期所购买商品、构造产品或置换资产的（部分）成本，但并不一定形成当期费用，即不一定使当期利润减少。只有在这些商品销售的当期，这些耗费才转变为企业当期费用，导致当期利润减少。

3）用于企业消耗且不形成新的资产支出，这种支出就形成了企业的费用。当期所发生的费用一定使当期利润减少。

1.2　成本的分类

成本的含义会随着服务目标的不同而不同，因此，为了满足"不同的成本服务于不同的目的"的需要，必须了解成本的分类方法，正确界定各种成本的含义。

1.2.1　按经营目标不同分类

根据社会分工对各类企业的划分，除了工业企业之外，还有交通运输企业、建筑施工企业、商品流通企业、邮电通信企业、种植养殖企业、饮食宾馆旅游服务企业、金融保险企业等各类企业。这些实行独立经济核算的企业，都需要按照企业自身的生产经营特点，组织成本核算。按各类企业的经营目标不同，可以将企业成本划分为生产性成本和服务性成本两大类。

1. 生产性成本

生产性成本是指生产性企业为生产一定质量和数量的产品，在生产要素上个别耗费的物化劳动（c）、生产者必要的活劳动（v）的补偿价值。生产性企业是指那些通过一系列生产工艺过程，采用一定的技术方法，将投入的生产要素有机结合起来，生产出具有某种使用价值和实物形态的产品的企业。生产性企业包括工业企业、建筑施工企业、种植养殖企业等。这类企业的劳动成果都有特定的实物形态，能够以产品产出的地点和时间确定成本计算对象、归集生产费用、计算产品成本。

在生产性企业中，成本按其经济用途可划分为生产成本和非生产成本两大类。

（1）生产成本

生产成本，通常由直接材料成本、直接人工成本和制造费用构成，是在产品生产过程中所发生的成本。

直接材料成本是指加工后直接构成产品实体或主要部分的材料成本。直接人工成本又称直接工资，是指在生产中对材料进行直接加工制成产品所耗用的人工的工资、奖金和其他的各种职工薪酬。制造费用通常是指在生产中所发生的除了直接材料成本及直接人工成本以外的其他费用，它通常由间接材料成本、间接人工成本和其他制造费用三个部分构成。

在生产成本中，直接材料成本和直接人工成本之和一般称为"主要成本"，而直接人工成本与制造费用之和，则称为"加工成本"。

生产成本是否全额作为产品成本处理，需视成本计算方法而定。在完全成本计算模式下，生产成本全额作为产品成本处理；但在变动成本计算模式下，只将生产成本中的直接材料成本、直接人工成本和变动制造费用作为产品成本，而固定制造费用则作为期间成本处理。

（2）非生产成本

对生产企业而言，非生产成本应视为期间成本，主要包括管理费用、财务费用和销售费用，非生产成本又称为经营管理费用。

2. 服务性成本

服务性成本是指服务性企业为提供某种劳务在生产要素上个别耗费的物化劳动（c）、提供劳动者必要活劳动（v）的补偿价值。服务性企业是指那些以具有某种服务功能的设施满足某方面需要的企业，它包括交通运输企业、商品流通企业、邮电通信企业、饮食宾馆旅游企业、金融保险企业等。这类企业的劳动成果一般不具有实物形态，只能按照提供劳务的性质、数量和质量，归集所发生的经营费用，计算成本。

服务性企业也有其"产品"成本，其成本通常包含直接材料成本、直接人工成本及营业费用三大类。以饮食业为例，采购食品的价款为直接材料成本，厨师的工资为直接人工成本，而餐馆的租金及水电费、空调费等则为营业费用。

1.2.2 按成本与特定对象的关系分类

成本按与特定对象的关系可分为直接成本和间接成本。

1. 直接成本

直接成本是指与某一特定对象（产品、劳务、加工步骤或部门）具有直接联系，可按特定标准将其直接归属该对象的成本。由于直接成本可直接归属于某一特定对象，又称为可追溯成本。

2. 间接成本

间接成本是指与某一特定对象没有直接联系，无法按某一特定标准直接归属有关对象的成本。由于间接成本的发生与许多对象都有联系，必须选择适当的分配标准在各对象之间进行分配，才能归属于某一特定对象，又可称其为"共同成本"。

将成本划分为直接成本与间接成本，对于正确计算产品成本十分重要。凡是直接成本，必须根据原始凭证直接计入该种成本计算对象；凡是间接成本，则要选择合理的分配标准分配给相关的成本计算对象。分配标准是否恰当，将直接影响成本计算的正确性。

1.2.3 按成本与业务量的关系分类

成本按其与业务量之间的依存关系，也即成本的属性，可划分为变动成本、固定成本与混合成本三类。

1. 变动成本

变动成本是指其发生总额随业务量（可以是产量，也可以是直接人工小时、机器小时或其他成本动因）的变动而成正比例增减变动的成本。但单位变动成本则是固定的，如直接材料、直接人工中的计件工资等。

2. 固定成本

固定成本是指在相关的范围内，其发生总额不随业务量的增减变动而变动的成本。但单位固定成本则是随着业务量的增减变化而反向变动的。例如采用平均年限法计提的厂房、机器设备的折旧费、保险费、财产税等。

3. 混合成本

混合成本是指其发生总额虽受业务量变动的影响，但其变动幅度并不同业务量的变动保持严格的比例关系。对于混合成本，为了便于管理上的应用，应采用适当的方法进行分解，将其分解为变动成本和固定成本两部分。所以，如果按成本的属性分类，那么从根本上说应该只有变动成本和固定成本两大类。

将成本划分为变动成本与固定成本两类，对于成本的预测、决策和分析，特别是控制和寻求降低成本的途径具有重要的作用。

1.2.4 按成本在经济工作中的作用分类

成本在经济工作中的作用，除了满足考核企业耗费水平、正确计算企业损益的需要之外，还必须为企业的生产经营决策提供依据，以便于企业加强成本管理。为此，按成本在经济工作中的作用，可以将企业成本划分为财务成本和管理成本两大类。

1. 财务成本

财务成本是指根据国家统一的财务和会计法规及制度核算出来的，用于编制财务报表和从事企业内部成本管理的成本。财务成本也称为法定成本或制度成本，目前，我国会计核算都是按这种成本入账的。正确计算企业的财务成本，对于保证合理的价值补偿、正确计算企业期末存货价值和盈利、考核企业成本费用水平、按照税法规定计算利润、交纳税金，都具有重要意义。

财务成本在企业中，有多种多样的表现形式。如在生产性企业中，财务成本还可进一步分为购储成本、生产成本和期间成本（也即经营管理费用）等。

购储成本是指企业的原材料、辅助材料、包装物、低值易耗品、燃料等生产要素的采购及储备成本，它由买价、运输费和定额内的损耗等构成。

生产成本是指在生产过程中发生的，与生产工艺过程直接相关的各种费用，包括产品生产耗费的原材料、燃料、生产工人工资及其他薪酬以及各项用于生产经营活动的制造费用等。

期间成本是指按一定会计期间归集的，与生产工艺过程没有直接关系的各种费用，它包括管理费用、财务费用和销售费用，这些费用应当作为当期营业收入的抵减项，全部冲减当期利润。

2. 管理成本

管理成本是用于企业内部经营管理的各种成本的总称，是根据财务成本和其他有关资料进行不同的归类、分析和调整后计算出来的，是对财务成本的进一步深化和发展。管理成本着重为企业管理部门的预测、决策、控制和业绩评价等职能服务。在实际工作中，为适应经营管理上的不同需要，应运用不同的成本概念。

（1）付现成本和沉没成本

付现成本和沉没成本是按费用的发生是否需支付现金等流动资产来划分的。

付现成本是指由某项决策引起的，需要在将来动用现金等流动资产的成本。付现成本是一种未来成本，往往是制定决策时就需要考虑的一种成本。沉没成本是指由过去的决策所引起的并已经支出，现在的决策不能改变的成本，其发生不需要动用本期现金等流动资产。它所涉及的是以前的付现成本，如固定资产的折旧费用、无形资产的摊销费用等。沉没成本往往是一种与决策无关的成本。

从决策的角度看，不同时期发生的成本会对决策产生不同的影响，因此，区分付现成本与沉没成本有助于正确判断成本的时效性，从而避免决策失误。

（2）原始成本和重置成本

原始成本和重置成本是以资产在不同时期的价值作计量依据来划分的。

原始成本是指根据实际已经发生的支出而计算的成本。例如购买的材料，就以购入时的买价、运费及其他采购费用作为其原始成本；自制的设备，就以生产该设备所消耗的料、工、费的价值作为该设备的原始成本。原始成本是财务会计中的一个重要概念。重置成本也称为现行成本，是指按照现在的市场价格购买与目前所持有的某项资产相同或相似的资产所需支付的成本，它带有现时估计的性质。与财务会计不同，管理会计立足现在、面向未来，强调信息的相关性，因此，更关注重置成本。

由于通货膨胀、技术进步等因素，某项资产的重置成本与原始成本的差异较大，在分析决策时，不能根据原始成本来估价，而应以重置成本为依据。

（3）专属成本和共同成本

专属成本和共同成本是按照费用的发生是否可直接追溯至某个成本对象来划分的。

专属成本是指可以明确归属于某种、某批或某个部门的成本，是特定决策的相关成本。例如，如果某种设备专门生产某一种产品，那么这种设备的折旧就是该种产品的专属成本。共同成本是指那些需要由几种、几批或几个部门共同负担的成本，不是某项特定决策的相关成本。例如，如果某种通用设备生产甲、乙、丙等多种产品，那么该设备的折旧就是这几种产品的共同成本。

区分专属成本与共同成本的目的在于明确某项决策所发生的成本，从而做出正确的决策。

（4）可控成本和不可控成本

可控成本和不可控成本是按费用的发生能否为考核对象（即责任中心）所控制来划分的。

可控成本是指考核对象对成本的发生能予以控制的成本。例如，生产部门对材料的消耗是可以控制的，所以材料的耗用成本（按标准单价计算）就是生产部门的可控成本，而材料的价格因由供应部门所控制，所以是供应部门的可控成本。不可控成本是指考核对象对成本的发生不能予以控制，因而也不予负责的成本。例如上面所说的材料的采购成本，生产部门是无法控制的，因而对生产部门来说是不可控成本，又如水、电、气的供应成本对生产部门来说也是不可控成本。

区分可控成本与不可控成本的目的在于明确各个责任中心的经济责任，便于评价和考核其工作业绩，促使可控成本的不断降低。

（5）可避免成本和不可避免成本

可避免成本和不可避免成本是按决策方案变动时某项支出是否可避免来划分的。

可避免成本是指当决策方案改变时某些可免予发生的成本，或者在有几种方案可供选择的情况下，当选定其中一种方案时，所选方案不需支出而其他方案需支出的成本。例如在机械化生产情况下,产品零部件的传送需用人工来搬运,而当改用自动流水线进行生产时,就可自动传送,这样对于自动流水线生产方案来说,机械化生产情况下搬运零部件所需的人工费用、设备费用就是该方案的可避免成本。可避免成本常常是与决策相关的成本。不可避免成本是指无论决策是否改变或选用哪一种方案都需发生的成本,也即在任何情况下都需发生的成本。例如,无论是机械化生产方案还是自动流水线生产方案,都需占用厂房,这样厂房的折旧费用对任何方案来说都需发生,因而是不可避免成本。不可避免成本常常是与决策无关的成本。

区分可避免成本与不可避免成本对于企业亏损产品决策、特殊订货决策以及零部件自制或外购决策都具有重要的现实意义。

(6) 可延缓成本和不可延缓成本

决策成本按其可递延性分为可延缓成本和不可延缓成本。

可延缓成本是指对已经选定,但可以延期实施而不会影响大局的与某方案相关联的成本。例如,某企业的办公条件较差,原来打算在预算年度改善办公条件,在办公室安装空调,现在因预算年度资金比较紧张,经过讨论决定将改善办公条件,安装空调的方案推迟到下个预算期执行,那么,与安装空调相关的成本就属于可延缓成本。不可延缓成本是指对已经选定的某方案必须立即实施,否则将会对企业的全局产生重要影响的成本。例如,企业某项关键设备出现严重的故障,需要立即进行大修,否则,将影响企业的正常生产经营活动,致使企业遭受重大损失。

区分可延缓成本与不可延缓成本,有助于企业在资源稀缺的约束条件下,根据轻重缓急安排方案的实施时间,从而提高企业资源的配置效益和使用效益。

(7) 差量成本和边际成本

差量成本和边际成本的特点与上述成本概念的特点不同,它们不是相对称的成本概念。

差量成本有广义和狭义之分。广义的差量成本是指两个备选方案之间预计成本的差异。狭义的差量成本是指由于生产能力利用程度的不同而形成的成本差异。在企业的经营决策中,差量成本是一个广泛应用的重要成本概念。边际成本是指增加一个单位产品所增加的成本,但在会计实务中,人们常常也将增加一批产量所增加的成本看作边际成本,这时的边际成本实际上是边际成本总额。

在经营决策中,边际成本可以用来判断业务量的增减在经济上是否合算。

(8) 相关成本和非相关成本

相关成本和非相关成本是按费用的发生是否与所决策的问题相关来划分的。

相关成本是指与特定决策相关,决策时必须加以考虑的未来成本。例如当决定是否接受一批订货时,生产该批订货所需发生的各种成本即为相关成本。属于相关成本的有:差量成本、边际成本、机会成本、付现成本、专属成本、重置成本和可避免成本等。非相关成本是指与特定决策不相关的成本,因而决策时可不予考虑。例如接受特殊订货时,原有的固定成本就属于非相关成本，因为即使不接受这批特殊订货，这些固定成本也会照样发生。属于非相关成本的有：原始成本、沉没成本、共同成本和不可避免成本等。

区分相关成本与非相关成本，可以使企业在决策中避免把精力耗费在收集那些无关紧要的信息和资料上，减少得不偿失的劳动。

（9）目标成本和标准成本

目标成本是企业在一定时期内经营活动追求实现的成本期望值。它是产品成本应该达到的水平，也是考核企业经营成果的基础。目标成本是最有利于产品推销的最低价格减去税金和企业必须保证的利润后，所确定的各项费用支出的目标。标准成本是常用的一种目标成本，它是根据企业目前的生产技术水平，在有效的经营条件下可能达到的成本。企业的目标成本一旦制定，就要结合企业的实际生产经营情况，层层分解，制定成本控制各个环节上的具体控制标准，即标准成本。标准成本在成本管理工作中能充分发挥其应有的积极作用。

（10）机会成本

机会成本是企业在做出最优决策时必须考虑的一种成本，是指由于从多个可供选择的方案中选取一种最优方案而放弃的一些次优方案上的收益。机会成本不是实际所需支付的成本，也不记入账册，有时甚至是难以计量的。但是，为了保证所做的决策是最优的，就需要将机会成本作为一个现实的重要因素加以考虑。

（11）质量成本

质量成本是指企业为了保证和提高产品或服务的质量而支出的一切费用，以及因未达到既定质量标准而发生的一切损失之和。它一般由预防成本、检验成本、内部缺陷成本和外部缺陷成本等几个部分组成。对于低质量所发生的机会成本，如由于产品缺陷而导致的销售下降，通常并不在会计系统中进行计量。但是，企业由于产品或服务的质量缺陷，可能会失去现有的和潜在的顾客，甚至会丧失市场份额，由此带来的损失是无法估量的，因此，在分析时也应加以考虑。

（12）责任成本

责任成本是一种以责任中心为对象计算的成本。责任成本是考核评价各责任中心经营业绩和职责履行情况的一个重要依据。责任成本的计算原则是谁负责谁承担，即不管用于哪种产品，只要是由该责任中心负责生产的，就由该责任中心承担责任。责任成本大部分是可控成本，因为只有责任中心能控制的成本，才能作为考核评价其业绩的依据。

1.3 工业企业成本核算概述

工业是人类通过采集原料，并进行开采或对物质加工，进而提供任何所需产品的工作和过程。工业分为重工业和轻工业。所谓的重工业就是为了劳动（生产）行为进行开采或者对物质进行加工，进而提供人类所需物质的行业。轻工业是为了人类的消费行为（无论是物质还是精神层面），进行开采或对物质加工进而提供消费产品的行业。制造业是通过对原材料及中间成品转化为可使用产品的行业。由工业和制造业的概念可知，工业包含了制造业，制造业属于工业的一种。本书中所提到的工业企业成本核算均指制造业类的企业成本核算，后面将不再详细说明。

工业企业的成本核算是对生产经营过程中发生的生产费用按经济用途进行分类，并按一定对象和标准进行归集和分配，以计算确定各对象的总成本和单位成本。通过成本核算所提供的实际成本资料与计划成本等目标成本的比较，可以了解成本计划的完成情况。这些成本资料是制定产品价格的依据，也是进行成本分析和成本考核的依据。

1.3.1 工业企业成本核算的演进发展

因为工业企业是加工制造的企业，也需要涉及成本核算，所以掌握成本核算的基本原理和方法显得尤为重要。工业企业成本核算是运用会计的基本原理和方法，对工业在生产经营过程中各项费用的发生和产品生产成本的形成进行预测、决策、计划、核算、分析和考核的一种管理活动。

成本核算是成本计算与复式记账的结合，是社会生产发展到一定阶段的产物，并随着商品经济的发展而逐步形成和完善。成本核算产生于资本主义的简单协作和工场手工业时期，完善于资本主义大机器工业生产阶段。随着资本主义简单协作的发展，引起了工场手工业的产生，这时各种劳动的结合表现为资本的生产力。随着生产力的发展和生产关系的完善，对生产管理提出了新的要求，资本家为了获取更多的剩余价值，对生产过程中的消耗和支出更加注意核算，因此将生产成本核算提上了议事日程。

最先将费用的归集和成本核算纳入账簿记录的是 14 世纪初意大利麦迪斯家族的毛纺厂。当时工场主首先将许多手工作坊联合起来，雇用工人对羊毛进行粗加工然后分发给城乡手工业者，让他们在家中纺成毛线、织成毛呢，最后再在较大的手工工场中完成染色工艺，生产出产品。为了适应这种手工工场的生产特点，在家族毛纺厂的账簿记录中，就产生了按生产工艺若干步骤，分设明细账进行生产费用的归集和计算的方法，这其实就是分步核算成本的雏形。

在 19 世纪产业革命后，工厂的数量剧增，生产经营的规模日益扩大，企业之间出现了竞争。在竞争中企业主对生产成本更加关注，要求会计人员能够提供更充分的成本资料，提高成本计算的准确性。这就促使成本计算由统计核算逐步纳入了复式记账系统，使成本计算和会计核算相结合，成本记录与会计账簿一体化，形成了成本核算的一些理论和方法。19 世纪末期，为适应纺织、冶金行业及装配式生产企业的需要，系统化的分步成本计算法和分批成本计算法相继产生。

20 世纪初，资本主义经济迅速发展，市场竞争更加激烈，以事后核算为主的成本会计已不能满足经营管理者的要求。美国和其他西方国家的许多企业推行泰勒制度，不仅推动了生产的发展，也促进了管理和成本会计的发展。于是，预算控制、标准成本、差异分析等技术方法被运用到会计中，产生了用于成本控制和分析的标准成本法，即事先制定成本标准，从而进行日常的成本控制、定期的成本分析，使成本核算与成本控制、成本分析结合起来。

第二次世界大战后，科学技术高速发展，生产力水平迅速提高，企业生产经营能力高涨，市场竞争日益激烈，促使企业成本会计不仅要精打细算，还要为降低产品成本而献计献策。企业的规模日益扩大，生产经营范围不断扩展。同时，在战争中发展起来的军事科学技术向民用工业转移，产品的更新换代速度加快，新产品开发日新月异。企业为了生存和发展，除了要加强生产过程控制、降低产品成本外，还要提高产品质量，不断开发新产品。同时，在建厂和设计新产品之前，选取降低成本的最佳方案。预测学、决策学、运筹学、行为科学、信息学、系统科学等现代管理学的发展，形成了以管理为主的现代成本管理会计。

综上所述，可以看出成本会计从产生到逐步形成现在的以成本核算为基础，以成本控制为核心，包括预测、决策、计划、控制、核算、分析和考核等内容的成本会计体系的过程，是与经济发展、社会进步密切相关的。不难想象，随着经济的进一步发展，成本核算在企业的经营管理中必将起到越来越重要的作用。

1.3.2 工业企业成本核算与现代成本会计

成本核算，是指狭义的成本核算范畴，即产品生产成本的核算。产品成本的核算又包含两个方面的内容：一方面是产品总成本的核算，另一方面是单位产品生产成本的核算。在会计实务处理中，在每个会计期间，涉及成本项目的直接材料、直接人工和制造费用，发生后都会据实编制会计分录，月末经过科目结转和汇总，即能得出"生产成本"科目的总额。这就是当期的产品成本总额。可见，产品生产的总成本在月末是能够直接汇总得出的，那么，人们平时常说的成本核算是什么呢？其实它是指各种产品的单位生产成本核算。产品生产成本总额反映的是当期为生产一定数量、品种的产品而投入的耗费总额，而单位生产成本则是当期为生产某一具体的产品而发生的耗费总额。总成本可以直接汇总得出，而产品单位生产成本却要采用前述的相关原则，经过相对比较复杂的核算才能得出。所以，平常说的成本核算，主要就是指产品的单位成本核算。

至此，梳理出成本核算的含义如下：广义成本核算—狭义成本核算—总成本核算—单位成本核算。即在没有特别的上下文语境的定义下，成本核算指的是产品的单位生产成本核算。

成本会计是为了适应特定的经济发展要求而产生的，并在与外部环境的相互作用中发展。成本会计先后经历了早期成本管理会计、近代成本管理会计和现代成本管理会计三个阶段。成本会计的方式和理论体系，随着发展阶段的不同而有所不同。

现代成本会计是成本会计与管理的直接结合，它根据成本核算和其他资料，采用现代数学和数理统计的原理和方法，建立起数量化的管理技术，用来帮助人们按照成本最优化的要求，对企业的生产经营活动，进行预测、决策、控制、分析、考核，促使企业生产经营实现最优化运转，以提高企业的市场适应能力和竞争能力。因此，现代成本会计是一种以成本为重心的管理工具，也就是以成本为重心的管理。

成本会计的职能，是指成本会计作为一种管理经济的活动，在生产经营过程中所能发挥的作用。由于现代成本会计与管理紧密结合，实际上包括成本管理的事前、事中和事后的各个环节。现代成本会计的主要职能有：成本预测、成本决策、成本计划、成本控制、成本核算、成本分析和成本考核。

（1）成本预测

成本预测是指根据与成本有关的各种数据及其与各种技术经济因素的依存关系，采用一定的程序、方法和模型，对未来的成本水平及其变化趋势做出科学的推测。通过成本预测，企业可以减少生产经营的盲目性，从而选择最优方案，挖掘降低成本、费用的潜力。

（2）成本决策

成本决策是指在成本预测的基础上，按照既定的目标，运用专门的方法，在若干个与生产经营和成本有关的方案中，选择最优方案，据以制定目标成本。成本决策对于促进企业正确地制订成本计划、提高经济效益具有十分重要的意义。

（3）成本计划

成本计划是根据成本决策所制定的目标成本，具体规定在计划期内为完成生产任务所需支出的成本、费用，确定各种产品的成本水平，并提出为达到目标成本水平所应采用的各种措施。成本计划是降低成本、费用的具体目标，也是进行成本控制、成本分析和成本考核的依据。

（4）成本控制

成本控制是指在生产经营过程中，根据成本计划具体制定原材料、燃料、动力和工时等消耗定额和各项费用定额，对各项实际发生的成本、费用进行审核、控制，并及时反馈实际费用与标准之间的差异及其原因，进而采取措施，以保证成本计划的执行。

（5）成本核算

成本核算是对生产经营过程中实际发生的成本、费用，按照一定的对象和标准进行归集和分配，并采用适当的成本计算方法，计算出各对象的总成本和单位成本。成本核算是对成本计划的执行结果，亦即成本控制结果的事后反映，成本核算还可以为制定产品价格提供依据。

（6）成本分析

成本分析是根据成本核算所提供的成本数据和其他有关资料，通过与本期计划成本、上年同期实际成本、本企业历史先进成本水平以及国内外先进企业的成本等进行比较，分析成本水平与构成的变动情况，研究成本变动的原因，挖掘降低成本的潜力。成本分析可以为成本考核提供依据，为未来成本的预测和决策以及编制新的成本计划提供资料。

（7）成本考核

成本考核是指企业将计划成本或目标成本指标进行分解，制定企业内部的成本考核指标，分别下达给各内部责任单位，明确它们在完成成本指标时的经济责任，并定期对成本计划的执行结果进行评定和考核。成本考核应当与奖惩制度相结合，根据成本考核的结果进行奖惩，以便充分调动企业职工执行成本计划、提高企业经济效益的积极性。

在成本会计的各个职能中，成本核算是最基本的职能，它提供企业管理所需的成本信息资料。没有成本核算，成本的预测、决策、计划、控制、分析和考核都无法进行。同时，成本核算也是对成本计划预期目标是否实现的最后验证，因此没有成本核算就没有成本会计。成本会计的其他职能，正是在成本核算的基础上，随着企业经营管理要求的提高和管理科学的发展以及成本会计与管理科学相结合而逐步发展形成的。成本预测是成本会计的第一个环节，是成本决策的前提。成本决策既是成本预测的结果，又是制订成本计划的依据，在成本会计中居于中心地位。成本计划是成本决策的具体化，成本控制对成本计划的实施进行监督，是实现成本决策既定目标的保证。成本分析和成本考核是实现成本决策和成本计划目标的有效手段。

综上所述，成本会计的各个职能是相互联系、互为条件的，并贯穿于企业生产经营活动的全过程，在全过程中发挥作用。

1.3.3 工业企业成本核算的内容

工业企业成本核算包括生产费用归集和产品成本计算两部分内容。生产费用归集，首先必须根据成本开支范围，对生产费用进行审核和控制，然后采用一定程序将生产费用按其发生地点和用途进行记录归集，并采用一定标准在各成本计算对象间进行分配。产品成本计算就是计算出各个成本对象的总成本和单位成本。在工业中，由于一个企业往往生产多种产品，而且月末通常存在一部分尚未完工的产品，需要将发生的生产费用在各种产品之间、完工产品和在产品之间进行分配，以求得各种完工产品的总成本和单位成本。

1.3.4 工业企业成本核算的任务

成本核算的任务一方面取决于企业经营管理的要求，另一方面还受成本核算反映和监督的内容制约。具体说来，成本核算在企业经营管理中应担负起以下几个方面的任务。

（1）进行成本预测和决策，编制成本计划，为企业有计划地进行成本管理提供基本依据

在市场经济条件下，市场竞争非常激烈，企业要想在竞争中求得生存和发展，就要努力降低产品成本。为此，企业应根据历史成本资料，充分进行市场调研，运用科学的方法选择最优方案，确定目标成本；然后在此基础上编制成本计划，作为对成本实行计划管理、建立成本管理责任制和控制生产费用的基础，并作为分析成本升降原因以及考核成本责任者工作业绩和实施奖惩的依据。

（2）严格审核和控制各项费用支出，节约开支，不断降低产品成本

在市场经济环境下，企业作为自主经营、自负盈亏的商品生产者和经营者，应贯彻增产节约原则，加强经济核算，以尽可能少的耗费去获取更大的经济效益。为此，成本核算必须以国家有关成本费用开支范围以及开支标准和企业有关成本计划、定额等为依据，寻求降低产品成本的途径和方法，严格控制各项费用的支出，努力节省开支，促进企业不断提高经济效益。

（3）正确及时地进行成本核算，为企业经营管理提供有用信息

按照国家有关法规、制度的要求和企业经营管理的需要，正确、及时地进行成本核算，提供真实有用的成本信息，是成本核算的基本任务。成本核算所提供的信息，不仅是企业足额补偿生产耗费，正确地确定产品利润，制定产品价格和进行未来成本预测、决策的依据，同时也是企业进行成本管理的基本依据。在成本管理中，对各项费用的监督与控制主要是在成本核算过程中，利用有关计算资料来进行的成本预测、决策、计划、考核和分析，它们也是以成本核算所提供的成本信息为基本依据的。

（4）进行成本分析，考核计划成本的完成情况

成本在企业的经营管理中，是一个极为重要的经济指标，它可以综合反映企业及内部有关单位的工作业绩，通过成本核算，获得产品成本的实际资料，将实际成本资料和计划成本对比，反映计划成本的执行情况。通过成本分析可以揭示影响成本升降的各种因素和影响程度，正确评价和考核各部门在成本管理工作中的业绩，揭示企业成本管理工作中存在的问题，并针对存在的问题查找原因，拟定措施，从而不断改善成本管理工作，提高企业的经济效益。

1.3.5 工业企业成本核算工作的组织形式

企业在设置成本核算机构时，一般而言，大中型企业应在会计部门中单独设置该机构，专门从事成本核算工作；在规模较小、会计人员不多的企业，可以在会计部门中指定专人来负责成本核算工作。

在成本核算机构内部，可以按成本会计所担负的各项任务分工，也可以按成本核算的对象分工，在分工的基础上建立岗位责任制，使每一项成本会计工作都有人负责，每一个成本会计人员都明确自己的工作职责，企业内部各级成本核算机构之间的组织分工，主要

有集中工作和分散工作两种方式。

集中工作方式是指企业的成本核算工作主要由厂部成本核算机构负责，即企业的成本预测、决策、计划、控制、核算、分析和考核集中到厂部成本核算机构进行，而各生产单位或其他有关部门的成本会计机构或人员只负责原始记录和原始凭证的填制，来对原始记录和原始凭证进行初步的审核、整理和汇总，为厂部成本核算机构进行成本工作提供资料。这种工作方式的优点是：厂部核算会计机构能够及时掌握整个企业有关成本的全部信息，便于成本数据的集中处理；同时，可以减少成本核算机构层次和成本会计人员的数量。但这种工作方式不便于直接从事生产经营活动的各单位和职工及时掌握本单位的成本信息，从而不利于调动群众参与成本管理的积极性和对成本控制及责任成本制的推行。

分散工作方式是将企业的成本核算工作分散给各生产单位和其他有关部门的成本核算机构或人员分别进行。成本考核工作由上一级成本核算机构对下一级核算会计机构逐级进行。厂部成本核算机构负责对各下级成本核算机构或人员进行业务上的指导和监督，并对全厂的成本进行综合的成本预测、决策、计划、控制、分析和考核以及成本汇总核算工作。分散工作方式有利于企业各内部单位增强成本意识和加强成本的控制和核算，有利于责任成本制的推行以及提高群众参与成本管理，注重企业经济效益的积极性，但这种工作方式相应会增加成本核算的机构和人员的数量。

1.3.6 工业企业成本核算工作的人员配备

在成本核算机构中，配备适当数量思想品德优秀、精通业务的成本核算人员是做好成本核算工作的关键。在思想品德方面，要求成本核算人员具备脚踏实地、实事求是、敢于坚持原则的作风和高度的敬业精神。在业务素质方面，要求成本核算人员不仅要具备较为全面的会计知识，而且要掌握一定的生产技术和经营管理知识。为充分调动和保护会计人员的工作积极性，国家在有关的会计法规中对会计人员的职责、权限、任免、奖惩以及会计人员的技术职称，都做了明确的规定。

成本核算机构和成本核算人员应在企业总会计师和会计主管人员的领导下，忠实履行自己的职责，认真完成成本核算的各项任务，并从降低成本、提高企业经济效益的角度出发，参与制定企业的生产经营决策。为此，成本核算人员应经常深入到生产经营的各个环节，结合实际情况，向有关人员宣传解读国家的有关方针、政策和制度，以及企业在成本管理方面的计划和目标等，并督促他们贯彻执行深入了解生产经营的实际情况，注意发现成本管理中存在的问题并提出改进成本管理的意见和建议，当好企业负责人的参谋。

成本核算工作是一项涉及面很宽、综合性很强的管理工作，尤其是在市场经济体制不断发展、科学技术不断进步的形势下，按照市场经济的要求，依靠技术进步，降低成本，增强企业的竞争能力，提高企业的经济效益，已成为成本核算工作的重要内容。为此，成本核算人员必须刻苦钻研业务，认真学习有关的业务知识和业务技术，不断充实和更新自己的专业知识，提高自己的素质，以适应新形势的要求。

1.3.7　工业企业成本核算的法规和制度

成本核算属于成本会计的一部分，故其法规与制度与成本会计的一样，它是成本会计工作必须遵循的规范，是会计法规和制度的重要组成部分。成本会计的法规和制度按适用范围和制度权限划分，可分为全国性成本会计法规制度和特定会计主体的成本会计制度。制定和执行成本会计的法规和制度可以使企业成本会计工作合法、有序，并保证成本会计资料真实、规范、及时和有效。

全国性的成本会计法规制度是由国家统一制定的，企业应遵循《中华人民共和国会计法》《企业会计准则》《企业财务通则》等有关规定。另外，由于企业生产经营特点和管理要求各不相同，企业可以根据国家的各种成本会计法规和制度，结合本企业生产经营的特点和管理的要求，具体制定本企业的成本会计制度、规程或办法，作为企业进行成本会计工作的依据。

成本会计制度是开展成本会计工作的依据和行为规范，制度是否科学、合理，会直接影响成本会计工作的成效。因此，成本会计制度的制定，是一项复杂而细致的工作。在成本会计制度的制定过程中，有关人员不仅应熟悉国家有关法规、制度的规定，而且应深入基层做好广泛深入的调查和研究工作，在反复试点、具有充分依据的基础上进行成本会计制度的制定工作。成本会计制度一经制定，就应认真贯彻执行。但随着时间的推移，实际情况往往会发生变化，出现新的情况，这时相关人员应根据变化了的情况，对成本会计制度进行修订和完善，以保证其科学性和先进性。

1.4　工业企业成本核算的前期准备工作

了解了成本核算的含义后，对于成本核算工作就有了一个基本的思路，即计算出企业当期所生产的各种产品的单位生产成本。为了达到这一目的，要从两个大的方面去考虑：第一是前期准备工作，第二是成本核算的会计处理工作。本节主要讨论成本核算的前期准备工作，成本核算的会计处理工作在后续章节里详细讨论。

企业的成本核算工作是一项工程性和系统性的工作，开展这项工作需要一些硬件环境，比如人力、物力的配置，部门结构的设置，这些是必需的。在成熟规范的企业中，这些条件基本上都具备，所以不多做叙述。此处所说的前期准备工作，主要是指一些具体的工作步骤，详述如下。

1. 了解企业对成本核算的具体要求

不同的企业出于自身经营管理的需要，对产品成本核算有着不同的需求，比如是否需要核算在产品和半成品及其单位成本，如果企业的产品没有半成品，则不用设置"自制半成品"这一会计科目，如果在产品也不需要每月核算成本，则只核算产成品的单位生产成本。

2. 编制生产工序流程示意图

熟悉企业的生产工序流程，根据企业的实际生产状况编制生产工序流程示意图，详细标明产品生产的方向、步骤和所经部门。这样做的目的是明确产品的全部制造工序，有利于区分半成品阶段和产成品阶段，有利于计算出在产品的完工程度。绘制生产工序流程示意图的过程，就是整个产品生产成本核算体系的建立过程。

3. 区分企业现有部门的性质和功能

规划企业现有的各个组成部门，首先要区分哪些是非生产性的管理部门，哪些是生产性的制造部门，在生产性的制造部门中，结合生产工序流程示意图，分析各个生产车间部门在生产制造过程中所起的功能和作用，区分出直接生产部门和辅助生产部门，这样做的目的，就是把在各个部门发生的成本费用，区分为生产成本和期间费用，在生产成本中又进一步区分为直接成本和间接费用。

4. 编制产成品材料配件表

了解企业生产的各种产品的结构和生产工艺要求，编制产成品材料配件表，即 BOM 清单，详细列明每款产品的材料配件组成，对于需要表面处理如抛光和喷漆等的产品，同时列示相关加工单价和费用。产成品材料配件表一定要详细，要求从这张表中可以清晰地看到整个产品的构成和其他状况。产成品材料配件表编好后需要保存，以后需要根据材料配件变动而不断地更新资料，以确保清单数据是最新数据。

5. 规范成本数据的收集和报送

产品成本核算体系建立起来后，涉及相关生产部门的一些数据的收集、整理、统计和报送，要规定相关部门按时、按量地报送数据，以保证成本核算的完整性和连续性。比如，仓库部门需报送每月的产成品、自制半成品的进、出、存数据，各有关车间部门要报送月末在产品结余在工序上的数据，供电、供水部门需报送每月的耗电量和耗水量，工资计算部门要按月及时报送工资数据等。

6. 成本数据的核对和清查

在进行成本核算前，需要对各部门报送来的成本数据进行审核，特别是对存货数据的核对和清查，比如原材料、自制半成品、产成品，对仓库部门报上来的结存数，与会计账户余额对比，看是否一致。或者直接到仓库部门查实本月份的进出数据，结合月末实际盘点数量，看是否一致。如果有差异，则要查找差异原因，及时做盘盈盘亏处理，计入当期成本费用。

月末盘点是企业财产清查的内容之一，也是财务核算工作的组成部分，各行业中涉及成本核算的月末实物盘点清查，将会在各章节中具体讲述。

1.5 工业企业成本核算的对象

要计算产品成本,应该先明确成本核算的对象。那么如何确定成本核算的对象呢?首先,应清楚成本核算的对象是计算成本的前提,成本核算的目的就是要将各种产品成本分配到各成本核算对象上去,以确定各产品的成本。其次,确定成本核算的对象必须符合企业生产特点,满足成本管理要求。

1.5.1 成本对象

1. 成本核算的对象

成本核算是在汇集一定时期发生的费用的基础上,运用一定的计算程序和方法,将应计入产品成本的费用按照确定的成本对象进行归集和分配,最终计算出各个成本对象的总成本和单位成本的一种方法。

成本对象是指需要对其进行成本计量和分配的项目,如产品、服务、客户、部门、项目或作业等。例如,如果想要知道生产一辆家庭轿车得花多少钱,那么成本对象就是家庭轿车;如果想要知道航空公司的一条从上海开往纽约的航线的成本,那么成本对象就是该条航线的服务;如果想要知道某一通信设备的开发成本,那么成本对象就是该通信设备的开发项目。因此,成本对象是为了计算经营业务成本而确定的归集经营费用的各个对象,也是成本的承担者。成本对象可以是一种产品、一项服务、一位顾客、一张订单、一项合同、一个作业或是一个部门。成本会计的主要目的在于计量各项成本,并将之分配到每个成本对象。因此,确认及选择成本对象是成本会计工作的基础。

近年来,作业开始成为重要的成本对象。作业是指在一个组织内为了某一目的而进行的耗费资源的工作。它是一个组织内部分工的基本单元,还可以定义为组织内行动的集合。以作业为成本对象有助于管理人员进行计划、控制和决策。在成本分配中,作业扮演着重要的角色,它是现代成本会计系统的必要组成部分。

不仅在制造业中需要成本会计,在其他行业中也同样需要成本会计。如:施工企业要核算工程成本、管理费用和财务费用;商品流通企业要核算商品的采购成本、销售成本以及商品流通费;旅游、饮食服务企业要核算营业成本、销售费用、管理费用和财务费用等。这些行业的商品流通费用、销售费用、管理费用和财务费用,也可以统称为生产经营管理费用。

生产经营管理费用的分类是正确计算产品成本的重要条件。工业企业在生产经营过程中发生的耗费是多种多样的,为了正确地进行成本核算,满足企业成本管理的要求,应对种类繁多的生产经营管理费用按照一定的标准进行分类。

(1)按经济内容分类

产品的生产过程即是劳动资料和劳动对象的消耗过程,对成本费用的经济内容进行的分类称作费用要素。生产经营管理费用包括生产费用和经营管理费用。生产经营管理费用按经济内容（性质）划分，可分为劳动对象、劳动手段和活劳动方面的耗费，它们统称为工业企业生产费用的三大要素。为了具体反映各种生产费用的构成和水平，一般将生产费用具体分为以下各项费用要素：

1）外购材料：指企业为进行生产而耗用的一切从外部购入的原材料、辅助材料、半成品、包装物、低值易耗品、修理用备件等。

2）外购燃料：指企业为进行生产而耗用的一切从外部购入的各种燃料，包括液体、气体和固体燃料。

3）外购动力：指企业为进行生产而耗用的一切从外单位购入的各种动力，如供电局提供的电力、热力等。

4）职工薪酬：指企业所有应计入生产成本和期间费用的职工的各种形式的报酬以及其他相关支出，如工资、年终奖、附加薪资、福利等。

5）固定资产折旧费：指企业按照规定方法计提的固定资产折旧方法，对用于生产经营的固定资产所计算提取的折旧费用。

6）固定资产修理费用：指企业按照规定方法计提的固定资产出现问题时产生的修理费用。

7）利息支出：指企业按规定计入财务费用的借款利息支出减去利息收入后的净额。

8）税金：指企业应缴纳并计入管理费用的各种税金，如房产税、印花税、土地使用税、车船使用税等。

9）其他支出：指企业发生的应计入生产费用的其他支出，不属于以上各要素的费用支出。如差旅费、办公费、保险费、邮电费、租赁费、咨询费、招待费等。

生产经营管理费用按经济内容（性质）划分，可以反映企业在一定时期内耗费了哪些经济资源，数额各是多少，有利于分析和考核各个时期生产费用的结构和支出水平，为企业编制材料采购资金计划提供资料，也为企业和国家计算工业净产值及国民收入提供依据。但是，这种分类只能反映各费用要素的支出形态，说明企业在生产活动中支付了哪些费用，而不能说明各种费用的经济用途，也不能说明费用的发生与企业成本之间的关系，因而不利于成本的分析和考核。因此，对于工业企业的生产经营管理费用还必须按其经济用途进行分类。

（2）按经济用途分类。

成本按经济用途分类是财务会计的传统方法，在工业企业中，生产经营管理费首先可分为生产成本（生产费用）和非生产成本（期间费用）。

1）生产成本按经济用途分类。生产成本即生产费用，是指企业为生产一定种类、一定数量的产品所支出的各种生产的费用之和。根据生产成本的具体用途，可进一步划分为若干项目，用以反映产品成本的构成。这些项目，通常称为产品成本项目。

成本项目的划分，一般设置"直接材料""直接人工""制造费用"等主要成本项目。除此之外，企业可根据其生产特点和管理要求，增设相应的成本项目。例如，如果企业因废品或者停工导致损失的费用过多，需要单独核算损失的费用，则还可增设"废品损失"和"停工损失"账户。在采用逐步结转分步法计算产品成本的企业中，为了计算和考核半成品的成本，可增设"自制半成品"成本项目等。自制半成品指已完成一定生产加工阶段并经检验质量合格，但未形成产成品的中间产品。如纺织印染厂的棉纱、机器制造厂生产的铸件等。根据产品的性质，有的自制半成品只能在本企业继续加工，有的自制半成品则既可在本企业继续加工，也可对外销售。对外销售的自制半成品，应视同产成品。根据企业的生产工艺特点，在本企业继续加工的自制半成品，有的需要一次全部转入下一生产阶段，如化工厂；有的则需要先交半成品仓库存储，待加工时再发出，如机械厂。下面主要讲述几个常用的成本项目。

① 直接材料：指企业生产经营过程中直接耗用的并构成产品实体的原料及主要材料、辅助材料、备用配件、外购半成品、燃料、动力、包装物以及其他材料等。对于制造业还可增加燃料和动力成本项目，它是指直接用于产品生产的各种燃料和动力费用。

② 直接人工：指企业在生产经营过程中，直接从事产品生产的基本工资和工资性质的奖金、津贴、劳保福利费用及各种补贴等职工薪酬。

③ 制造费用：指企业内部各生产单位为组织和管理生产所发生的各项间接费用。如车间固定资产折旧费、无形资产摊销、修理费、机物料消耗、低值易耗品摊销、劳动保护费、保险费、车间管理人员和非生产人员的工资、水电费、办公费、差旅费、国家规定的有关环保费用、季节性和修理期间停工损失以及其他不能直接计入产品生产成本的费用支出等水电费、办公费。

④ 废品损失：指由于产生废品而发生的损失。包括在生产过程中发生的、入库后发现的不可修复废品的报废损失和可修复废品的修复费用。报废损失，指不可修复的废品到报废为止所发生的全部费用扣除回收材料和废料价值后的净损失。修复费用，指可以修复的废品在返修过程中所发生的修理费用。由造成废品的过失人负担的赔款，应从废品损失中扣除。

⑤ 停工损失：指由于停工超过规定期限所发生的各种费用，包括停工期内支付的生产工人工资和提取的职工福利基金、耗用的燃料和动力费，以及应负担的车间经费和企业管理费等。停工损失的时间界限，一般由主管部门规定，或由主管部门授权企业自行规定。一般的界限是停工不满一个工作班（或日）的，可不计算停工损失，其停工费用仍应按正常费用处理。季节性生产企业停工期内的管理费用及固定资产折旧费用应采用待摊、预提的方法，由开工期内的生产成本负担，不作为停工损失处理。由于自然灾害、企业迁移等原因造成的停工损失，应作为"营业外支出"的非常损失处理。

2）非生产成本按经济用途分类。非生产成本指产品在销售和管理过程中发生的各项费用，是与企业的销售、经营和管理活动相关的成本，主要包括销售费用、管理费用和财务费用。

① 销售费用：指企业在销售商品和材料、提供劳务的过程中发生的各种费用，包括保险费、包装费、展览费和广告费、商品维修费、预计产品质量保证损失、运输费、装卸费等以及为销售本企业商品而专设的销售机构（含销售网点、售后服务网点等）的职工薪酬、业务费、折旧费等经营费用。

随着市场经济的发展，企业间的竞争日益激烈，为了将产品推向市场，推销活动逐渐扩大，销售费用也不断上升，为了降低销售费用，企业应按年、季、月和费用项目编制预算，分析和考核其预算执行情况，力求以最少的销售费用获取最大的经济效益。

② 管理费用：指企业为组织和管理企业生产经营所发生的管理费用，包括企业筹建期间内发生的开办费、董事会和行政管理部门在企业的经营管理中发生的或者应该由企业统一负担的公司经费（包括行政管理部门职工工资及福利费、物料消耗、低值易耗品摊销、办公费和差旅费等）、工会经费、董事会费、聘请中介机构费、咨询费、诉讼费、业务招待费、房产税、车船使用税、土地使用税、印花税、技术转让费、矿产资源补偿费、研究费、排污费等。

管理费用是企业经营管理所必需的费用，虽然它并不计入产品生产成本，但它是计算营业利润的一个重要因素，同样会影响企业的经济效益，为了降低管理费用，也应按费用项目编制预算并进行控制。

③ 财务费用：指企业为筹集生产经营所需资金而发生的筹资费用，包括利息支出（减利息收入）、汇兑损益以及相关的手续费、企业发生的现金折扣或收到的现金折扣。

需要指出，按照《企业会计准则第 17 号——借款费用》的规定，企业发生的借款费用，可直接归属于符合资本化条件的资产的构建或者生产时，应当予以资本化，计入相关资产成本其他借款费用，应当在发生时根据其发生额确认为费用，计入当期损益。

为了降低财务费用，提高企业的经济效益，财务费用应按年、季、月和费用项目编制费用预算来加以控制和考核。同时，还必须加强对资金筹措和使用的核算与分析，以促使企业花费较少的财务费用来保证资金的正常运转。

因为非生产成本与产品的生产无直接关系，而与生产经营期直接有关，所以这些费用又可称为期间成本。期间成本不计入产品成本，只需按一定的期间进行汇总，然后直接计入当期损益。

我国现行会计制度将产品成本分为直接材料、直接人工和制造费用等项目，基本上也是按经济用途所进行的分类。这种分类方法，是生产成本计算法的基础，也是正确计算产品成本的关键。它能清楚地反映产品成本的构成，有利于成本的分析和考核，也有利于企业进行成本预测和决策。

在不同的企业，根据不同的核算要求，对费用要素的划分也不尽相同。按经济用途分

类和按经济内容分类之间的联系和区别如下:
- 联系:这两种分类是成本内容不同方面的外在划分。
- 区别:按经济内容分类,属于成本项目,在实际工作中,它是"生产成本"会计科目下的二级科目,如表 1-1 所示。

表 1-1 "生产成本"会计科目下的二级科目

一级科目名称	二级明细
生产成本	原材料
生产成本	燃料等
生产成本	工资
生产成本	福利
生产成本	折旧费
生产成本	固定资产修理费等

而按经济用途分类,属于成本项目下的明细分类,在实际工作中,它是"生产成本"会计科目下的三级科目,紧接在成本项目的后面,如表 1-2 所示。

表 1-2 "生产成本"会计科目下的三级科目

一级科目名称	二级明细	三级明细
生产成本	直接材料	原材料
生产成本	直接材料	燃料等
生产成本	直接人工	工资
生产成本	直接人工	福利
生产成本	制造费用	折旧费
生产成本	制造费用	固定资产修理费等

(3)其他分类方法

1)生产费用按其与工艺过程的关系分类。生产费用按其与工艺过程的关系,可以分为直接生产费用和间接生产费用。

① 直接生产费用:指其发生与产品的生产工艺过程直接相关的生产费用,如产品生产过程中直接耗用的原材料、生产工人的工资和机器设备的折旧费用等。

② 间接生产费用:指其发生与产品的生产工艺过程没有直接关系的生产费用,包括物料消耗,车间管理人员的薪酬,车间管理用房屋和设备的折旧费、租赁费和保险费,车间管理用具摊销,车间管理用的照明费、水费、取暖费、劳动保护费、设计制图费、试验检验费、差旅费、办公费以及季节性及修理期间停工损失等。

2)生产费用按其计入产品成本的方法分类。生产费用按其计入产品成本的方法,可分为直接计入费用和间接计入费用。

① 直接计入费用：指费用发生时，就能明确归属于某一成本计算对象，并能直接计入该成本计算对象的费用，如某种产品生产中单独领用的材料，生产工人的计件工资等。

② 间接计入费用：间接计入费用简称间接费用，是指费用发生时无法归属于某一成本计算对象，必须先按地点或用途进行归集，然后通过分配间接计入各成本计算对象的费用（一般称为分配计入费用）。比如，制造费用应先按车间归集，然后采用一定的标准分配给各车间生产的各种产品负担。

生产费用按其计入产品成本的方法分类，符合费用分配的受益原则，即谁受益谁负担费用，负担费用的多少与受益程度的大小成正比。具体来讲，就是凡是能够分清是哪种产品所耗用的直接费用，都应直接计入受益产品的成本，而不得归入间接费用。只有那些不能分清是哪种产品所耗用的间接费用，才能采用合理的标准，通过分配计入各受益产品的成本，使受益多的多负担，受益少的少负担。因此，这种分类对正确计算产品成本具有十分重要的意义。

直接生产费用大多直接计入费用，例如原材料费用大多能够直接计入某种产品成本。间接生产费用大多间接计入费用，例如机物料大多只能按照一定标准分配计入有关的产品成本。但也不都如此，例如在只生产一种产品或提供一种劳务的企业或车间中，直接生产费用和间接生产费用都可以直接计入该种产品成本，都是直接计入费用在用同一种原材料、经过同一个生产过程、同时生产出来几种产品的联产品生产企业中，直接生产费用和间接生产费用都不能直接计入某种产品成本，都是间接计入费用。

所以，成本会计的对象可以概括为：各行业企业生产经营业务的成本和有关的经营管理费用，简称成本和费用。

2. 成本对象的特点

计算产品成本，为对外财务报告服务是成本会计的中心目标之一。

管理目标不同，产品成本的定义也不一样，因而，产品成本的具体含义取决于其所服务的管理目标。产品有有形产品和无形产品两种。生产有形产品的企业称为生产性企业，提供无形产品（服务）的企业称为服务性企业。有形产品是指通过耗用人工以及工厂、土地和机器等资本投入将原材料加工而成的产品。电视机、计算机、家具、服装和饮料等都是有形产品。无形产品是指为顾客开展的各项工作或作业，或是顾客使用企业的产品或设施而自行开展的作业，即为顾客提供服务。服务也需要耗用材料、人工和投入资本。保险服务、旅游服务、咨询服务等都是为顾客开展的工作；汽车租赁、电话出租等都是由顾客使用企业的产品或设施而自行开展的作业。

服务与有形产品相比，主要有四方面的差别：无形性、瞬时性、不可分割性和多样性。无形性是指某项服务的购买者在购买之前无法直接感觉到该项服务的存在，因而服务是无形产品。瞬时性是指顾客只能即时享受服务，而不能储存到未来。不可分割性是指服务的提供者与购买者通常有直接的接触，以使服务得以发生。多样性是指服务的提供比产品的生产有着更大的差异性，提供服务的工人会受到所从事的工作、工作伙伴、教育程度、工作经验、个人因素等的影响。

3. 成本对象的构成要素

成本对象，是以一定时期和空间范围为条件而存在的。企业的任何经营成果都是依存于一定的时空范围而产生的。确定成本计算对象，不仅要认定计算什么产品的成本，而且要认定是什么地点、什么时期生产出来的产品。因而，确定成本计算对象一定要有"时空概念"。

通常，成本对象由以下三个要素构成：

（1）成本的承担者

成本的承担者也就是为计算产品成本而确定的归集和分配费用的载体。对于生产性企业而言，成本承担者可以划分为某种产品、某批产品和某类产品的产成品或半成品等实体。对于服务性企业而言，往往不存在有形的成本计算实体，而只能根据服务的性质确定，如运输企业的货运和客运，商贸企业的批发和零售等。

（2）成本计算期

成本计算期是指归集费用、计算产品成本所规定的起讫日期，也就是每次计算成本的期间。生产性企业按其生产特点，可分别以产品的生产周期和日历月份为成本计算期。服务性企业一般均以日历月份为成本计算期。

（3）成本计算空间

成本计算空间是指费用发生并能组织企业成本计算的地点（部门、单位）。生产性企业的成本计算空间可分为全厂和各生产步骤等；服务性企业的成本计算空间可分为各部门和各单位。采用作业成本计算法的企业，其成本计算的空间还可以是各个作业。

1.5.2 成本分配

把成本准确地分配到各成本对象上去，是非常关键的步骤之一。歪曲的成本分配会导致错误的决策和评价。选择合适的方法进行成本分配非常重要，通常有以下几种方法。

1. 直接追溯法

直接追溯法是指根据成本的可追溯性分配成本的方法，是将与某一成本对象存在特定或实物联系的成本直接确认分配至该成本对象的过程。了解成本与成本对象的关系将有助于提高成本分配的准确性。直接成本是指能够容易和准确地归属到成本对象的成本。间接成本是指不能容易或准确地归属于成本对象的成本。因而，可追溯性是指采用某一经济可行的方法并遵循因果关系将成本分配至各成本对象的可能性。成本的可追溯性越强，成本分配的准确性就越高。所以，建立成本的可追溯性是提高成本分配准确性的关键一环。

2. 动因追溯法

动因追溯法是指使用动因将成本分配至各成本对象的过程。成本动因通常通过因果分析确定。这些动因是可观察的,并且能够计量出成本对象的资源消耗。它是影响资源耗用、作业耗用、成本及收入等方面的变化因素。尽管动因追溯法不如直接追溯法准确,但如果因果关系的建立合理的话,那么成本归属仍有可能达到较高的准确性。

动因追溯法使用两种动因类型来追溯成本,即资源动因和作业动因。资源动因计量各作业对资源的需要,用以将资源分配到各个作业上。作业动因计量各成本对象对作业的需求,并被用来分配作业成本。

3. 分摊法

分摊法是分配间接成本的方法。间接成本不能追溯至成本对象,也就是说在成本与成本对象之间没有因果关系,或追溯不具有经济可行性。把间接成本分配至各成本对象的过程,称为分摊。由于不存在因果关系,分摊间接成本就建立在简便原则或假定联系的基础上。在将该种间接成本分配计入各成本计算对象时,所选择的分配标准应满足"受益"原则,并认为按此分配标准计入企业成本中的费用是真实的。选择分配标准时,一般要考虑以下几点:

(1) 具有科学性

选为分配标准的项目,要具有各种对象共有的特征,有典型的代表性。它与成本对象物化劳动或活劳动的消耗要有直接的联系,或表现为正比例关系。

(2) 具有先进性

选为分配标准的项目,要有助于企业加强管理。如选定某种指标作为分配标准,通过定额与实际的比较,可促使企业不断降低成本。

(3) 具有现实可能性

选为分配标准的项目,要有取得现有资料的实际可能。也就是说,各受益对象所耗用的作为分配标准的项目的资料应该比较容易取得,并且可以进行客观计量。

(4) 具有相对稳定性

因为任何一种分配标准都不可能与间接成本保持正比例或反比例关系,所以任何分配标准都具有主观性,选择不同的分配标准将会产生不同的分配结果。为了便于各期间接成本间的比较分析,分配标准不宜经常改变,应该保持相对稳定性。

一般情况下,分配间接成本的标准主要有以下三类:

1) 成果类,如产品的重量、体积、产量、产值等。
2) 消耗类,如生产工时、生产工资、机器工时、原材料消耗量或原材料费用等。
3) 定额类,如定额消耗量、定额费用等。

分配间接成本的计算公式,可以归纳如下:

$$间接成本分配率 = 待分配的间接成本总额 \div 分配标准总额$$

某成本对象应负担的间接成本＝该成本对象的分配标准额×间接成本分配率

综上所述，成本分配包括成本追溯与成本分摊。成本追溯是把直接成本分配给相关的成本对象；成本分摊是把间接成本分配给相关的成本对象。在上述三种成本分配方法中，直接追溯法依赖于可实际观察的因果关系，因而其结果最为准确；动因追溯法依赖于成本动因将成本分配至各个成本对象，其准确性次之；分摊法尽管具有简单性和低成本等优点，但它是三种方法中最不准确的，应尽可能避免使用。实际上，在很多情况下，提高成本准确性所带来的收益在价值上已超过了与动因追溯相关的额外计量成本。

1.6 工业企业成本核算的基本要求

工业在产品生产过程中，会发生各种各样的费用，为了保证企业产品成本的准确性，必须对发生的费用进行审核和控制，正确划分各种费用支出的界限，并要根据企业的生产特点和管理要求，选择适当的成本计算方法。为了做好成本核算工作，充分发挥成本核算的作用，在成本核算中应符合以下要求。

1. 算管结合、算为管用

算管结合、算为管用是指成本核算应当与加强企业经营管理相结合，所提供的成本信息应当满足企业经营管理和决策的需要。

2. 正确划分各种费用的界限

企业发生的费用，有的可以计入产品成本，有的则不能计入产品成本，而应列入期间成本。为了正确计算产品成本，反映企业真实的盈利水平，必须正确划分以下五个方面的界限：

（1）正确划分计入产品成本、期间费用的界限

企业的经济活动是多方面的，发生的费用也是多方面的。企业的费用并不都是产品成本，例如企业购置和建造固定资产、购买无形资产以及进行对外投资，这些活动都不是企业日常的生产经营活动，其支出都属于资本性支出；被没收的财物，支付的滞纳金、罚款、违约金、赔偿金以及企业赞助、捐赠支出等都属于营业外支出。

划清产品成本与期间费用的界限是为了正确计算资产的价值和各期的产品成本及损益。如果把资本性支出列作费用支出，那么其结果是少计了资产价值，多计了当期费用，就会导致当期营业净收益减少。反之，则可能多计了资产价值，少计了当期费用，导致当期营业净收益增加。不论是何种情况，所提供的会计信息都未能反映客观实际，就不利于正确进行产品成本计算和企业的成本管理工作。

（2）正确划分产品生产成本和期间成本的界限

企业发生的费用，并不都是成本费用。在产品制造业中，生产一定种类和数量的产品而发生的材料耗费、工资等生产费用应计入产品成本。产品成本要在产品销售（或劳务提

供）并在收入实现以后才转化为费用，计入企业的损益。

为销售产品而发生的产品销售费用、为管理和组织企业生产经营活动而发生的管理费用以及为筹集资金而发生的财务费用均是在经营过程中发生的，与产品生产无直接关系，因而作为期间成本直接计入当期损益，从当期利润中扣除。为了正确计算产品成本，必须分清哪些支出属于产品的生产成本，哪些应作为期间成本，避免混淆两者的界限，将某些期间费用计入产品成本，或者将产品的生产成本计入期间费用，借以调节各期产品成本和各期损益的错误做法。

（3）正确划分各个会计期间的产品成本的界限

企业在生产经营过程中发生的费用，有的应计入当期产品成本，有的则应计入以后各期产品的成本，为了按月分析和考核产品成本，正确计算各期损益，必须将已发生的费用在各个月份之间进行正确划分。对于所发生的费用，应按时入账，不能延后，也不能未到时间提前结账。同时，还应根据权责发生制原则，正确核算应付费用和预付费用。对于那些本期尚未支付，而应由本期负担的费用，应预提计入本期产品成本，如预计固定资产的大修理费用。对那些已经在本期支付，应由本期及以后各期负担的费用，则应采用分期摊销的方法，分期计入成本费用。企业应制定严格的待摊费用和预计费用的摊提标准，避免任意摊提，人为地调节各个期间的成本、费用和损益的错误做法。

（4）正确划分不同产品的费用界限

为了便于分析和考核不同产品的成本计划执行情况，对于计入产品成本的生产费用，必须划清不同产品之间所应负担的费用界限。属于某种产品单独耗用的直接费用，应直接计入该产品的成本；属于应由几种产品共同负担的间接费用，应在选择合理的分配方法分配后，分别计入这几种产品的成本，以正确反映各种产品的成本水平。与此同时，还应特别注意划清盈利产品与亏损产品、可比产品与不可比产品之间的费用界限，避免在盈利产品与亏损产品、可比产品与不可比产品之间任意调节成本费用、虚报产品成本、调节利润的错误做法。

（5）正确划分完工产品与在产品的费用界限

以上费用界限的划分，确定了各成本对象本期应负担的成本费用。期末，如果某种产品都已完工，那么其各项成本费用之和就是该产品的完工成本；如果某种产品都未完工，那么其各项成本费用之和就是该产品的期末在产品成本；如果某种产品部分已完工，部分未完工，那么就需要采用适当的分配方法将该成本对象应负担的成本费用在完工产品与在产品之间进行分配，分别计算出该产品的完工成本与未完工成本。要正确划分完工产品成本与月末在产品成本，还应根据月末在产品数量、在产品的稳定程度、在产品价值的大小以及企业定额管理基础工作等因素选择合理的划分方法，这样才能保证完工产品成本的正确计算。

期初在产品成本、本期生产费用、本期完工产品成本和期末在产品成本四者之间的关系如下式所示：

$$期初在产品成本 + 本期生产费用 = 本期完工产品成本 + 期末在产品成本$$

以上五个方面的费用界限的划分，都应贯彻受益原则，即何者受益何者负担费用、何时受益何时负担费用、负担费用多少应与受益程度大小成正比。这五个方面界限的划分过程，也是产品成本的计算过程。

3. 正确确定企业财产物资计价和价值结转方法

企业财产物资计价和价值结转方法主要包括：固定资产原值的计算方法，折旧方法，折旧率的种类和高低，固定资产修理费用是否采用待摊或预提方法以及摊提期限的长短；固定资产与低值易耗品的划分标准；材料成本的组成内容、材料按实际成本进行核算时发出材料单位成本的计算方法、材料按计划成本进行核算时材料成本差异率的种类、采用分类差异时材料类距的大小等；低值易耗品和包装物价值的摊销方法、摊销率的高低及摊销期限的长短等。为了正确计算成本，对于各种财产物资的计价和价值的结转，应严格按照国家统一的会计制度标准执行。各种方法一经确定，应保持相对稳定，不能随意改变，以保证成本信息的可比性。

4. 做好各项基础工作

为了保证企业产品成本的完整性和计算正确性，需要做好以下四项基础工作。

（1）做好定额的制定和修订工作

产品的各项消耗定额，既是编制成本计划、分析和考核成本水平的依据，也是审核和控制成本的标准。而且，在计算产品成本时，往往要用产品的原材料和工时的定额消耗量或定额费用作为分配实际费用的标准。因此，为了加强生产管理和成本管理，企业必须建立和健全定额管理制度，凡是能够制定定额的各种消耗，都应该制定先进、合理、切实可行的消耗定额，并伴随着生产的发展、技术的进步和劳动生产率的提高，不断修订消耗定额，以充分发挥其应有的作用。

（2）建立和健全材料物资的计量、收发、领退和盘点制度

成本核算是以价值形式来核算企业生产经营管理中的各项费用的，但价值形式的核算是以实物计量为基础的。因此，为了进行成本管理和正确地计算成本，必须建立健全材料物资的计量、收发、领退和盘点制度。凡是材料物资的收发和领退，在产品和半成品的内部转移，以及产成品的入库等，均应填制相应的凭证，办理审批手续，并严格进行计量和验收。库存的各种材料物资、车间的在产品和产成品均应按规定进行盘点。只有这样，才能保证账实相符和成本计算的正确性。

（3）建立和健全原始记录工作

原始记录是反映生产经营活动的原始资料，是进行成本预测、编制成本计划、进行成本核算、分析消耗定额和掌握成本计划执行情况的依据。因此，工业企业对生产

过程中材料的领用、动力与工时的耗费、费用的开支、废品的产生、在产品及半成品的内部转移、产品质量检验及产成品入库等，都要有真实的原始记录。成本核算人员需要会同企业相关部门，认真制定既符合成本核算需要，又符合各方面管理需要，既科学又简单易行，讲求实效的原始记录制度；还需要组织有关员工认真做好各种原始凭证的登记、传递、审核和保管工作，以便正确、及时地为成本核算和其他有关方面提供资料和信息。

（4）做好企业内部计划价格的制定和修订工作

在计划管理基础较好地企业中，为了分清企业内部各单位的经济责任，便于分析和考核企业内部各单位成本计划的完成情况和管理业绩，以及加速和简化核算工作，应对原材料、半成品、企业内部各车间相互提供的劳务（如供水、供电、修理和运输等），制定内部计划价格，作为企业内部结算和考核的依据。内部计划价格要尽可能符合实际，保持相对稳定，一般应在同一年度内保持不变。在制定了内部计划价格的企业中，各项原材料的耗用、半成品的转移以及各车间与部门之间相互提供劳务等，都要首先按照计划价格计算（这种按实际生产耗用量和计划价格计算的成本，称为计划价格成本）。在月末计算产成品实际成本时，再在计划价格成本的基础上，采用适当的方法计算各产品应负担的价格差异（如材料成本差异），将产品的计划价格调整为实际成本。这样，既可以加速和简化核算工作，又可以分清内部单位的经济责任。

5. 适应生产特点和管理要求，采用适当的成本计算方法

计算成本，是为了满足企业成本管理的需要。因此，当企业在进行成本核算时，应根据企业生产的特点和管理要求来选择成本计算方法，以保证成本核算信息的正确性。产品成本是在生产过程中形成的，生产组织和工艺过程不同的产品应该采用不同的成本计算方法。企业生产的特点按其组织方式分为大量生产、成批生产和单件生产，按工艺过程的特点分为连续式生产和装配式生产。企业采用何种成本计算方法，在很大程度上取决于产品的生产特点。计算产品成本是为了加强成本管理，对管理要求不同的产品，也应该采用不同的成本计算方法。在同一个企业里，可以采用一种成本计算方法，也可以采用多种成本计算方法，即可以多种成本计算方法同时使用，也可以多种成本计算方法结合使用。

1.7 生产类型特点和管理要求对产品成本计算方法的影响

产品成本是在生产过程中形成的，成本管理需要的成本资料在很大程度上又受生产特点的影响，计算产品成本是为成本管理提供资料，应当满足成本管理对于成本资料的要求。因此在计算产品成本时，每个企业应该根据本企业或车间生产的特点和管理要求来确定适宜的成本计算方法。

1.7.1 生产特点及其对产品成本计算方法的影响

1. 生产特点

生产特点,就是生产的类型。考虑到不同行业的企业有很大的差异,本书以工业企业为例,工业企业的生产特点包括产品生产工艺过程的特点和生产组织方式的特点两个方面。

(1) 按照生产工艺过程的特点分类

工业企业的生产,按照生产工艺过程的特点,可以分为单步骤生产和多步骤生产两种类型。

1) 单步骤生产。单步骤生产也称简单生产,是指产品生产工艺过程不能间断,不可能或不需要分步骤进行生产,或者不便于分散在不同工作地点进行生产。这种产品的特点是生产周期一般较短,而产品由于工艺构成的特点决定只能由一个企业独立完成,而不能由几个企业协作完成。这种企业一般产品品种比较稳定,没有自制半成品或者其他中间产品,如发电、化工和冶炼生产等企业的生产就属于单步骤生产的企业类型。

2) 多步骤生产。多步骤生产也称复杂生产,是指成品生产工艺过程可以间断,可由几个或若干个生产步骤组成的生产。整个生产活动可以在不同的时间、不同的地点由一个企业或者多个企业协作进行。其产品的特点是生产周期一般较长,工艺比较复杂,产品品种不是单一的,有半成品或中间产品。多步骤生产还可按生产加工方式分为连续式生产和装配式生产。

① 连续式生产:指企业产品的生产过程要经过前后各步骤连续加工,最后才可成型。如纺纱厂(纺纱—织布—印染—整理)、钢铁厂(矿石—炼铁—炼钢—轧钢)和课桌厂(面/腿:木材—打磨成型—喷漆)等企业的生产。

② 装配式生产:指先将投入的原材料分别加工成各种零部件,再将各种零部件组装成产品的生产。如课桌厂(经过分别生产成面、桌堂四壁和腿,再进行组装)、机械制造厂、汽车制造厂和仪表制造厂等企业的生产。

(2) 按照生产组织方式的特点分类

生产组织方式是企业产品生产的专业化程度,即一定时期内产品生产的重复性。生产组织的特点取决于产品产量的多少、产品生产的重要性以及产品的稳定程度。工业企业的生产,按照生产组织方式可以分为大量生产、单件生产和成批生产三类。

1) 大量生产。大量生产是指连续不断地大量重复生产相同产品的生产。这种产品特点是品种较少,产量较大,如采掘、纺织、面粉、造纸和冶金等生产。

2) 单件生产。单件生产是根据购买单位的订单和合同,对个别的、性质特殊的产品进行生产。其特点是产品品种多、产量少和重复性少,且制造时间长,产品的稳定性差,如船舶、飞机和大型机械设备制造等。

3) 成批生产。成批生产是按照预先规定的规格和数量,来制造一定种类产品的生产。这种产品的特点是产品种类较多,成批重复地生产,如服装和某些机械产品的生产。成批生产按照批量的大小还可分为大批生产和小批生产。

① 大批生产：指产品批量较大，往往重复生产，性质上接近大量生产。

② 小批生产：指产品批量较小，一批产品一般可同时完工，性质上接近单件生产。

在实际工作中，由于大量和大批的界限一般较难区分，单件和小批的界限一般也难以区分，通常合在一起，称为大量大批生产和单件小批生产。工业（制造业）的生产特点如表 1-3 所示。

表 1-3 制造业的生产特点

生产类型	含　义	特　点	典型企业
大量生产	不断重复品种相同的产品生产	陆续投入，陆续产出，不分批别，品种稳定，产量大	冶金、纺织、造纸和酿酒等企业产品的生产
单件生产	根据客户的要求，进行个别的、性质特殊的产品生产	制造时间长，而且在较长时期内一般不重复生产相同品种的产品，产品的稳定性差，大多采用通用设备生产	造船、大型机械设备制造
成批生产	按规定的数量和规格进行批量生产	又可分为大批生产和小批生产，品种或规格比较多，成批轮番地组织生产	服装、食品生产、电梯生产

（3）生产工艺过程与生产组织的结合

前面介绍了企业生产按照生产工艺过程和生产组织的特点所进行的分类，这两种分类方式之间也存在一定的联系。不同的工艺过程和生产组织的结合，形成了不同类型的生产企业。

单步骤生产和多步骤连续加工式生产一般是大量大批生产，它们可分别称为大量大批单步骤生产和大量大批连续式多步骤生产。多步骤装配式加工生产，可以是大量生产，也可以是成批生产，还可以是单件生产，前一种可称为大量大批装配式加工多步骤生产，后两种可称为单件小批装配式加工多步骤生产。

2. 生产特点对产品成本计算方法的影响

生产特点对产品成本计算方法的影响主要表现在成本计算对象的确定、成本计算期的确定以及生产费用在完工产品与在产品之间的分配方法三个方面。

（1）成本计算对象的确定

从生产工艺过程的特点看：单步骤生产由于工艺过程不能间断，必须以产品为成本计算对象。多步骤连续加工式生产，需要以生产步骤为成本计算对象。多步骤装配式加工生产，因为产品的零件、部件可以在不同地点同时进行加工，然后装配成最终产品，而半成品没有独立的核算意义，所以不需要按步骤计算半成品成本，而以产品品种为成本计算对象。

从生产组织的特点看：大量大批生产的，以产品品种作为成本计算对象。小批单件生产的，则以产品批别作为成本计算对象。

例如，在大量大批简单生产的企业里，一般产量较大，生产过程不能间断，所以应以产品品种作为成本计算对象。在大量大批复杂生产的企业里，其生产过程是可以间断的，因此不仅可以计算出每种产品的成本，而且还可以计算出各步骤半成品的成本，所以它的成本计算对象就是每种产品和该产品的各生产步骤的成本。在单件小批生产企业里，一般是按客户的订单或批别来组织生产的，在进行成本计算时，要求计算每一订单产品或每批产品的成本，所以，它的成本计算对象就是产品的批别。

（2）成本计算期的确定

成本计算期是指每次计算产品成本的期间。实际上计算产品成本的期间并不完全与产品的生产周期或会计结算期一致。

在大量大批生产中，产品生产周期比较短，由于随时都有完工产品，不能在产品完工的同时就计算它的成本，而是定期地在月末进行计算，这时产品的成本计算期与会计结算期一致，而与产品的生产周期不一致。在小批单件生产中，当每一订单产品或每批产品未完工时，生产费用全部属于在产品的成本，只有当产品全部完工时，才能计算完工产品的成本，故其成本计算期是不固定的，与产品的生产周期一致，但与会计结算期不一致。

（3）生产费用在完工产品与在产品之间的分配方法

单步骤生产一般没有在产品，所以不存在生产费用在完工产品与在产品之间分配的问题。多步骤生产是否需要在完工产品与在产品之间分配生产费用，很大程度上取决于生产组织的特点。在大量大批生产中，因为生产不间断进行，而且经常有在产品，所以需要采用适当的方法，将生产费用在完工产品与在产品之间进行分配。在小批单件生产中，如果成本计算期与生产周期一致，则不需要在完工产品与在产品之间分配费用。

1.7.2 管理要求对产品成本计算方法的影响

产品成本计算方法主要受企业生产特点的制约，但并不完全取决于生产特点。企业对成本管理的不同要求，对产品成本计算方法（主要是成本计算对象）的确定也会产生影响。例如，在大量大批复杂生产的企业里，因为产品需要经过若干个生产步骤，所以一般情况下都以每种产品及其所经过的加工步骤作为成本计算对象，即采用分步法来计算产品成本。但是，如果企业规模较小，成本管理上不要求计算出各加工步骤的成本，只要求计算出每种产品的成本，那么可采用品种法计算该种产品成本。

因此，企业产品成本计算方法的最终确定主要取决于产品生产类型，但同时也需要考虑企业成本管理的要求对产品成本计算方法的影响，两者缺一不可。

1.8 工业企业成本核算的计算方法

生产特点和管理要求决定着产品成本计算对象、成本计算期和生产费用在完工产品与在产品之间的分配方法。而不同的成本计算对象、成本计算期和生产费用在完工产品与在产品之间的分配方法相互组合，就形成了制造业产品成本计算的不同方法。

产品成本计算方法有基本方法和辅助方法。

1.8.1 产品成本计算的基本方法

根据各种类型的生产特点和管理要求，在产品成本计算工作中有三种不同的成本计算对象，以及以成本计算对象为标志的三种产品成本计算的基本方法——品种法、分批法和分步法。

1. 品种法

产品成本计算的品种法，是以产品品种为成本计算对象，归集生产费用，计算产品成本的一种方法。品种法一般适用于大量大批单步骤生产的企业，例如发电、采掘等企业，或企业内部的车间，如供电、供水、蒸气等车间。

2. 分批法

分批法是以产品的批别或订单作为成本计算对象，归集生产费用，计算产品成本的一种方法。这种方法一般适用于单件、小批生产的企业或车间，例如船舶制造、重型机械制造以及精密仪器、专用设备、服装加工企业，企业新产品的试制和辅助车间的工具模具制造等。

3. 分步法

分步法是以每种产品各生产步骤的半成品和产成品作为成本计算对象，归集生产费用，计算产品成本的一种方法。该方法主要适用于大量大批且管理上要求按步骤计算成本的多步骤生产企业，例如纺织、冶金、造纸、化工等类型的企业。

品种法、分批法和分步法是三种产品成本计算的基本方法。成本计算的基本方法与不同的生产特点有直接联系，是计算产品实际成本必不可少的方法。三种产品成本计算基本方法的特点归纳如表1-4所示。

表1-4 三种产品成本计算基本方法的特点归纳

成本计算方法	成本计算对象	成本计算期	期末在产品成本的计算	适用范围	
				生产特点	成本管理要求
品种法	产品品种	按月计算，与会计报告期一致	单步骤生产下一般不需计算，多步骤生产下一般需计算	大量大批单步骤或多步骤生产	管理上不要求分步计算产品成本
分批法	产品批别	不定期计算，与生产周期一致	一般不需要计算	单件小批单步骤或多步骤生产	管理上不要求分步计算成本
分步法	产品品种及其所经过的步骤	按月计算，与会计报告期一致	需要计算	大量大批多步骤生产	管理上要求分步计算成本

1.8.2 产品成本计算的辅助方法

在成本计算工作中,除了上述三种基本方法外,有的企业会基于不同的需要,广泛采用一些辅助方法。它们的应用或者是为了简化成本计算,或者是为了加强成本管理,只要具备条件,任何类型的生产企业都可以运用它们。因为这些方法并不是计算产品实际成本必不可少的,所以被称为成本计算的辅助方法。成本计算的辅助方法一般应与基本方法结合起来使用,而不单独使用。产品成本计算的辅助方法主要分为分类法、定额法、标准成本法和作业成本法,本书主要介绍前两种方法的具体应用。

1. 分类法

分类法是以产品的类别作为成本计算对象,归集生产费用,计算出各类产品实际成本,再在类内产品之间进行成本分配,计算出类内各种产品成本的方法。分类法是产品品种规格繁多的企业,为了简化产品成本计算工作而采用的一种辅助方法。

2. 定额法

定额法是将符合定额的费用和脱离定额的差异分别核算,最终计算出产品实际成本的一种方法。定额法是定额管理工作有一定基础的企业,为了加强生产费用和产品成本的定额管理而采用的一种辅助方法。

此外,为了向企业的决策人提供进行短期生产经营预测和决策的数据,可采用只计算产品生产的变动成本,而将固定生产成本直接计入当期损益的变动成本法。为了加强企业内部成本控制和分析,可采用一种只计算产品的标准成本,而将实际成本与标准成本的差异直接计入当期损益的标准成本法。为了改变将间接计入费用分配到各种产品的标准,以提高产品成本计算的准确性,可采用作业成本法等。

1.9 工业企业成本核算的一般程序和账户设置

工业企业成本核算的一般程序,就是对企业生产经营过程中发生的各项费用,按照成本核算的要求,逐步进行归集和分配,最后计算出各产品的成本和各项期间费用。为了将生产费用计入各成本计算对象,计算出各成本计算对象的生产成本,有必要进行账户设置,建立一个完整的账户体系。

1.9.1 工业企业成本核算的一般程序

在生产过程中所发生的各种耗费,有的直接计入产品成本,有的要先进行归集,经过分配后再计入产品成本。月终,对既有完工产品又有月末在产品的产品,需将其计入该种产品的生产费用,在完工产品和在产品之间进行分配,计算出完工产品和月末在产品成本。完工产品要从生产过程转入成品仓库,经过销售,库存商品成本流转到主营业务成本账户,以计算销售损益。根据前述的成本核算的费用分类和要求,工业企业的生产特点各不相同,对成本核算和管理的要求也不尽相同。根据企业的具体情况，可以选用不同的产品成本计算方法。尽管产品成本计算方法不同，但却存在着产品成本核算的一般程序。具体归纳如下：

1. 确定成本计算对象、成本计算期、成本计算方法

根据企业的生产特点和管理要求来确定成本计算对象和成本计算方法，包括按品种、按批别、按步骤三种；根据企业生产组织特点来确定成本计算期。

2. 确定成本和费用项目

为了便于归集费用，正确计算成本，要根据企业需要对费用进行合理的分类，确定成本和费用项目。

3. 正确设置产品成本和期间费用明细账

产品成本和期间费用的核算，是通过对企业生产经营过程中所发生的各种劳动耗费的明细核算来完成的。为此，必须按照成本计算对象和成本项目设置各种产品成本明细账，按照期间费用的种类和费用账目设置各种期间费用明细账。对于成本核算应设置的主要账户，将在下一节讲述。

4. 正确地归集与分配各种费用，登记产品成本和期间费用明细账

为正确地归集与分配各种费用，登记产品成本和期间费用明细账，需要做到以下几点。

（1）根据成本开支范围的规定，严格审核和控制费用支出

根据成本开支范围的规定，对企业的各项支出、费用进行严格的审核和控制，并按照国家统一会计制度确定其应否计入生产费用、期间费用，以及应计入生产费用还是期间费用。即要在对各项支出的合理性、合法性进行严格审核、控制的基础上，做好前述费用界限划分的第一个方面和第二个方面的工作。

（2）正确处理成本费用的跨期摊提工作

该工作主要包括对于前期预付的需要跨期摊销的费用中应由本月负担的份额，应正确地摊入本月的成本；对于本月尚未支付但由本月负担的费用，应预提计入本月的成本；对于本月实际支出而应该留到以后月份摊销的费用，应正确地进行核算。即要做好前述费用界限划分的第三个方面的工作。

（3）正确进行各要素费用的归集与分配

将应计入本月产品成本的各项生产费用，在各种产品之间按照成本项目进行分配和归集，计算出按成本项目反映的各种产品的成本。即要做好前述费用界限划分的第四个方面的工作。

（4）正确进行完工产品和在产品费用的归集与分配

对于月末既有完工产品又有在产品的产品，将该种产品的生产费用（月初在产品生产费用与本月生产费用之和）在完工产品和月末在产品之间进行分配，计算出该种产品的完工产品成本和月末在产品成本。即要做好前述费用界限划分的第五个方面的工作。

1.9.2 工业企业成本核算账户的设置

为了正确核算工业企业的产品成本,由前述生产经营管理费用的分类可知,需要设置"基本生产成本""辅助生产成本""制造费用""销售费用""管理费用""财务费用""废品损失"和"停工损失"等账户。其中"基本生产成本"和"辅助生产成本"可作为一级账户进行明细核算。为了分别核算基本生产成本和辅助生产成本,企业根据需要,又可作为"生产成本"一级账户下的二级账户。

1. "基本生产成本"账户

基本生产是指为达到企业的主要生产目的而进行的产品生产。"基本生产成本"账户核算生产各种产品(产成品、自制半成品等)、自制材料、自制工具、自制设备等所发生的各项费用。对于生产过程中所发生的要素费用,在发生时就能明确归属于某成本计算对象的,如直接材料、直接人工等直接费用,应直接记入"基本生产成本"账户的借方及其所属的产品成本明细账户。对于不能直接计入某成本计算对象的间接费用,如基本生产车间和服务部门发生的费用,应先通过"辅助生产成本""制造费用"等账户归集,月终按一定标准分配后,记入"基本生产成本"账户的借方及其有关明细账户。已完工并验收入库的产成品、自制半成品,应从"基本生产成本"账户的贷方转入"库存商品""自制半成品"账户的借方。"基本生产成本"账户的月末余额,就是基本生产在产品的成本,也就是基本生产在产品占用的资金。该账户应按产品品种等成本计算对象分设基本生产成本明细账,也称产品成本计算单或产品成本明细账。账户中应按成本项目分设专栏或专行,登记各产品、各成本项目的月初在产品成本、本月生产费用、生产费用合计、本月完工产品成本、完工产品单位成本和月末在产品成本。当基本生产成本作为一级账户时,产品成本计算单的一般格式如表 1-5、表 1-6、表 1-7 所示。

表 1-5 产品成本计算单(一)

(基本生产明细账)

车间:第一车间　　　产品:甲产品　　　2018 年 9 月　　　(金额单位:元)

月	日	摘　要	产量（件）	成本项目			成本合计
				直接材料	直接人工	制造费用	
8	31	月初在产品成本		15000	9000	10000	34000
9	30	本月生产费用		35000	20000	23000	78000
9	30	生产费用合计		50000	29000	33000	112000
9	30	本月完工产品成本	3000	36000	21000	24000	81000
9	30	本月完工产品单位成本		12	7	8	27
9	30	月末在产品成本		14000	8000	9000	31000

注:生产费用合计 = 月初在产品成本 + 本月生产费用
　　本月完工产品成本 = 生产费用合计 - 月末在产品成本
　　本月完工产品单位成本 = 本月完工产品成本 / 产量

表1-6 产品成本计算单（二）

（基本生产明细账）

车间：第一车间　　　　产品：甲产品　　　　2018年9月　　　　（金额单位：元）

成本项目	月初在产品成本	本月生产费用	生产费用合计	本月完工产品成本	本月完工产品单位成本	月末在产品成本
直接材料	15000	35000	50000	36000	12	14000
直接人工	9000	20000	29000	21000	7	8000
制造费用	10000	23000	33000	24000	8	9000
成本合计	34000	78000	112000	81000	27	31000

表1-7 产品成本计算单（三）

（基本生产明细账）

车间：第一车间　　　　产品：乙产品　　　　2018年9月　　　　（金额单位：元）

月	日	摘要	产量（件）	成本项目			成本合计
				直接材料	直接人工	制造费用	
8	31	月初在产品成本		25000	19000	20000	64000
9	30	本月生产费用		45000	30000	33000	108000
9	30	生产费用合计		70000	49000	53000	172000
9	30	本月完工产品成本	5000	58000	41000	45000	144000
9	30	本月完工产品单位成本		11.6	8.2	9	28.8
9	30	月末在产品成本		12000	8000	8000	28000

如果企业生产的产品品种较多，那么为了按照产品成本项目汇总反映全部产品总成本，还可以设置"基本生产成本二级账"，其格式如表1-8所示。注意在该表中的数据按照第一车间进行产品成本项目汇总，依据表1-5和表1-7中的数据相加。

表1-8 产品成本计算单（四）

（基本生产明细账）

车间：第一车间　　　　　　　　　　2018年9月　　　　（金额单位：元）

月	日	摘要	成本项目			成本合计
			直接材料	直接人工	制造费用	
8	31	月初在产品成本	40000	28000	30000	98000
9	30	本月生产费用	80000	50000	56000	186000
9	30	生产费用合计	120000	78000	86000	284000
9	30	本月完工产品成本	94000	62000	69000	225000
9	30	月末在产品成本	26000	16000	15000	57000

2."辅助生产成本"账户

辅助生产是指为基本生产服务而进行的产品生产和劳务供应。"辅助生产成本"账户核算为基本生产车间及其他部门提供产品、劳务所发生的各项费用。属于辅助生产的直接材料、直接工资应直接记入"辅助生产成本"账户及其有关明细账户。间接费用可以先通过"制造费用"账户归集,然后分配转入"辅助生产成本"账户的借方,或者直接记入"辅助生产成本"账户的借方。月终,完工验收入库产品的成本或分配转出的劳务费用,记入"辅助生产成本"账户的贷方,并按各受益部门应负担的费用记入有关账户的借方。该账户月末一般没有余额,如果有余额,那么就是辅助生产在产品的成本,也就是辅助生产在产品占用的资金。该账户应按辅助生产车间和生产的产品、劳务分设辅助生产成本明细账,账中按照辅助生产成本项目或费用项目分设专栏或专行进行明细登记。辅助生产成本明细账也可设计为成本计算单的格式,其格式与基本生产成本计算单相同。

3."制造费用"账户

"制造费用"账户是核算企业生产车间(部门)为生产产品和提供劳务而发生的各项不能直接记入"基本生产成本"账户的生产费用。"制造费用"账户属于成本费用类账户。当费用发生时,借方登记归集发生的制造费用。月终根据企业成本核算办法的规定,按一定标准分配计入有关成本计算对象,贷方反映制造费用的分配,即从"制造费用"账户的贷方转入"基本生产成本"账户的借方及有关明细账户,除采用年度计划分配率和累计分配法分配制造费用外,该账户月末一般无余额。该账户应按不同的生产单位设立明细账,账内按照费用项目设立专栏或专行,分别反映生产单位各项制造费用的发生情况。

4."销售费用"账户

"销售费用"账户的性质是损益类账户,借方用于归集企业所发生的各项销售费用;贷方登记期末结转到"本年利润"账户的销售费用,期末没有余额。该账户可以按费用项目设置明细账进行明细分类核算。

5."管理费用"账户

"管理费用"账户的性质是损益类账户,借方用于归集企业行政管理部门为组织和管理生产经营活动所发生的管理费用;贷方登记期末结转到"本年利润"账户的管理费用数,期末没有余额。该账户可以按费用项目设置明细账进行明细分类核算。

6."财务费用"账户

"财务费用"账户的性质是损益类账户,借方用于归集企业为筹集资金而发生的费用数;贷方登记期末结转到"本年利润"账户的财务费用,期末没有余额。该账户可以按费用项目设置明细账进行明细分类核算。

7. "废品损失"账户

"废品损失"账户借方登记生产车间废品损失的增加数；贷方登记废品损失的期末结转数，期末没有余额。该账户可以根据企业成本核算和管理的要求设置，也可以按成本核算对象设置明细账进行明细分类核算，当企业不设置"废品损失"账户时，可通过"制造费用"账户进行废品损失的核算。

8. "停工损失"账户

"停工损失"账户借方登记停工期间发生的各项费用；贷方转入"基本生产"账户借方，并按一定比例摊入当月完工产品成本。如果当月没有完工产品，那么可以由下月完工产品成本负担。该账户可以根据企业成本核算和管理的要求设置，应由产品成本负担的停工损失，可以按成本核算对象设置明细账进行明细分类核算。

本章小结

工业企业的成本核算是对生产经营过程中发生的生产费用，按经济用途进行分类，并按一定对象和标准进行归集和分配，以计算确定各对象的总成本和单位成本。成本核算包括生产费用归集和产品成本计算两部分内容。

生产费用是指在一定时期内发生的、能够用货币表现的计入产品成本的生产耗费。产品成本是指为生产一定种类、一定数量的产品所支出的各种生产费用的总和。生产费用和产品成本是两个不同的概念。

产品成本计算按其经济用途，可分为生产成本计算和非生产成本计算。我国自1993年7月1日起，制造业统一采用生产成本计算法。

生产经营管理费用的分类是正确计算产品成本的重要条件。生产经营管理费用按经济内容可分为外购材料、燃料、外购动力、职工薪酬、折旧与摊销费、利息支出、税金和其他支出等费用要素。生产经营管理费用按经济用途可分为生产成本和非生产成本。生产经营管理费用中的制造费用按经济用途可进一步分为直接材料、直接人工和制造费用等成本项目。

在成本核算中，必须符合的要求是：

1）严格执行国家规定的成本开支范围和费用开支标准。

2）正确划分各种费用的界限。

3）选择适当的成本计算方法。

成本核算需要设置"基本生产成本""辅助生产成本""制造费用"等账户，并可根据企业的具体情况增加或减少账户。

成本流程就是对生产过程中发生的各项要素费用按经济用途归类计入产品成本的过程，也就是成本核算的一般程序。

思考题与习题

1-1 思考题

1. 试述产品成本的含义以及与生产费用的区别。
2. 按经济用途分类,工业企业的生产经营管理费用可分为哪些?
3. 工业企业成本核算的基本要求有哪些?
4. 根据生产类型特点和管理要求的不同,工业企业进行成本核算一般会用到哪些计算方法?
5. 阐述工业企业成本核算的一般程序。
6. 为了正确进行成本核算,工业企业需要进行哪些账户的设置?

1-2 单项选择题

1. 按经营目标不同分类可将成本分为(   )。
   A. 直接成本和间接成本　　　　　　B. 生产性成本和非生产性成本
   C. 变动成本、固定成本和混合成本　　D. 财务成本和管理成本

2. (   )构成了商品的理论成本。
   A. 已耗费的生产资料转移的价值
   B. 劳动者为自己劳动所创造的价值
   C. 劳动者为社会所创造的价值
   D. 已耗费的生产资料转移的价值和劳动者为自己劳动所创造的价值

3. 现代成本会计的主要职能有:成本预测、成本决策、成本计划、成本控制、成本核算、成本分析和成本考核,其中最基本的职能是(   )。
   A. 成本决策　　　B. 成本控制　　　C. 成本核算　　　D. 成本分析

4. 工业企业成本核算包括(   )和产品成本计算两部分内容。
   A. 生产费用归集　B. 生产费用分配　C. 期间费用归集　D. 期间费用分配

5. 一般而言,规模较大、组织结构复杂、会计人员较多的大中型企业各级成本会计机构之间的组织分工应采用(   )工作方式。
   A. 集中　　　　　　　　　　　　　B. 分散
   C. 集中与分散相结合的　　　　　　D. 统一

6. 以下不属于生产经营管理费用按经济内容分类的是(   )。
   A. 外购材料　　　　　　　　　　　B. 外购燃料和动力
   C. 直接人工　　　　　　　　　　　D. 税金

7. (   )是指费用发生时,就能明确归属于某一成本计算对象,并能直接计入该成本计算对象的费用。
   A. 直接生产费用　　　　　　　　　B. 直接计入费用
   C. 间接生产费用　　　　　　　　　D. 间接计入费用

8. 成本会计机构和成本会计人员忠实地履行自己的职责，认真完成成本会计的各项任务，应在（   ）。

A. 企业总会计师的领导下进行

B. 企业会计主管人员的领导下进行

C. 国家管理机关的领导下进行

D. 企业总会计师和会计主管人员的领导下进行

9. 下列各项中，不能或不便于直接计入产品成本的费用是（   ）。

A. 原材料　　　　　　　　　　B. 燃料及动力

C. 生产工人薪酬　　　　　　　D. 制造费用

10. 正确划分各种费用界限，应贯彻的原则为（   ）。

A. 受益原则　　　　　　　　　B. 配比原则

C. 实质重于形式原则　　　　　D. 重要性原则

11. （   ）不是按照生产组织方式进行分类。

A. 大量生产　　　　　　　　　B. 单件生产

C. 连续生产　　　　　　　　　D. 成批生产

12. （   ）不属于产品成本核算的基本方法。

A. 品种法　　　　　　　　　　B. 分批法

C. 分步法　　　　　　　　　　D. 分类法

13. 下列各项中，属于"基本生产成本"科目核算的内容是（   ）。

A. 按规定支付的印花税和车船使用税

B. 工业企业为进行基本生产而发生的各项生产费用

C. 行政管理部门发生的各项费用

D. 销售产品发生的费用

14. 下列各项中在"辅助生产成本"科目核算的内容是（   ）。

A. 生产工人的薪酬　　　　　　B. 直接用于产品生产的原材料

C. 车间管理人员的薪酬　　　　D. 直接用于产品生产的燃料和动力

1-3　多项选择题

1. 支出按性质划分可分为（   ）。

A. 收益性支出　　　　　　　　B. 工资福利支出

C. 营业外支出　　　　　　　　D. 资本性支出

2. （   ）不属于生产费用要素。

A. 直接材料　　　　　　　　　B. 直接人工

C. 外购材料　　　　　　　　　D. 废品损失

3. 工业企业成本核算的任务是（   ）。

A. 进行成本预测和决策，编制成本计划，为企业有计划地进行成本管理提供基本依据

B. 严格审核和控制各项费用支出，节约开支，不断降低产品成本

C. 正确及时地进行成本核算，为企业经营管理提供有用信息

D. 进行成本分析，考核计划成本的完成情况

4. 集中工作方式的优点有（　　）。

A. 便于成本的及时控制和责任成本制的推行

B. 便于企业的各单位和职工及时掌握本单位的成本信息

C. 便于厂部成本会计机构及时掌握整个企业与成本有关的全面信息

D. 便于集中使用电子计算机进行成本数据处理

E. 可以减少成本会计机构的层次和成本会计人员的数量

5. 与成本会计有关的法规和制度有（　　）。

A.《中华人民共和国注册会计师法》

B.《中华人民共和国会计法》

C.《企业会计准则》

D. 企业的成本会计制度、规程或办法

E.《企业金融保险制度》

6. 工业企业成本核算的基本要求包括（　　）。

A. 算管结合、算为管用

B. 正确划分各种费用的界限

C. 正确确定财产物资的计价和价值结转方法

D. 做好各项基础工作

E. 适应生产特点和管理要求，采用适当的成本计算方法

7. 工业企业成本核算的一般程序是（　　）。

A. 确定成本计算对象、成本计算期、成本计算方法

B. 确定成本和费用项目

C. 正确设置产品成本和期间费用明细账

D. 正确地归集与分配各种费用，登记产品成本和期间费用明细账

E. 正确地归集和分配完工产品费用，登记完工产品成本明细账

8.（　　）属于期间费用。

A. 制造费用　　　　　　　　　　　　B. 销售费用

C. 停工损失费用　　　　　　　　　　D. 管理费用

E. 财务费用

1-4　判断题

1. 从理论上讲，商品价值中的补偿部分即 $c+v$，就是商品的理论成本。（　　）

2. 生产费用要素中的税金包括土地使用税、消费税、印花税、房产税和车船使用税等。（   ）

3. 成本会计的基本职能包括：成本的预测、决策、计划、控制、核算、考核和分析。（   ）

4. 企业应根据单位生产经营的特点、生产规模的大小和成本管理的要求等具体情况来组织成本会计工作。（   ）

5. "制造费用"科目的金额最终要归入"基本生产成本"账户，故月末必然没有余额。（   ）

6. 固定资产折旧费全部计入产品的成本。（   ）

7. 管理费用是指企业生产车间或行政管理部门为组织和管理生产经营而发生的各项费用。（   ）

8. 工业企业生产经营过程中发生的费用是多种多样的，其中最基本的分类是按经济内容和经济用途进行分类。（   ）

9. 成本是否能准确分配到成本对象上，选择合适的方法进行成本分配非常重要，通常有直接追溯法、动因追溯法和分摊法。（   ）

10. 停工损失是指在停工期间发生的损失，所以在计算停工损失时，不需要考虑停工期间的长短，也不需要考虑损失发生的地点。（   ）

第 2 章
工业成本核算的费用归集与分配

工业企业生产经营过程中会发生各种各样的支出,如原材料、动力、人工、固定资产折旧、固定资产修理、利息支出、税金、其他支出费用、辅助生产费用和生产损失等耗费。但并不是所有的费用都是产品成本的组成部分,只有在生产中发生的支出才计入生产费用,而其他则计入非生产费用。通过对生产费用的归集确定哪些费用是可以计入产品成本的,属于直接费用,哪些费用是不能计入产品成本的,属于间接费用,然后对费用进行分配再计入相应产品成本。

本章学习目标:
1. 掌握原材料费用、工资费用以及其他费用等概念
2. 熟悉原材料费用归集和分配方法的原理
3. 熟悉动力费用和其他费用归集和分配方法的原理
4. 熟悉计时工资和计件工资的概念,掌握职工薪酬的归集和分配方法的原理
5. 熟悉固定资产折旧、修理、利息、税金以及其他等费用归集和分配方法的原理
6. 掌握辅助生产费用的内容,熟悉辅助生产费用的账户设置,掌握辅助生产费用归集和分配方法的原理
7. 掌握制造费用的内容和账户设置,掌握辅助生产费用归集和分配方法的原理
8. 熟悉生产损失的内容和账户设置,以及其费用归集和分配方法的原理

2.1 原材料费用的归集与分配

原材料即原料和材料。原料一般指来自矿业、农业、林业、牧业、渔业的产品；材料一般指经过一些加工的原料。比如，林业生产的原木属于原料，将原木加工为木板，就变成了材料。但在实际生活和生产中，对原料和材料的划分不一定清晰，所以一般用原材料一词来统称。工业企业的原材料包括原料、主要材料、辅助材料、燃料、外购半成品、修理用备件、低值易耗品和包装材料等。企业在产品生产过程中，首先进行原材料的发出核算，然后根据发出原材料的具体用途，分配原材料费用，计算各种产品的原材料成本。

2.1.1 外购原材料费用的组成

原材料是工业生产过程中的劳动对象和不可缺少的物质要素。在产品生产过程中，不同的原材料起的作用不同，有的原材料经过加工后构成产品的主要实体，在生产中起主要作用，而有的原材料则不构成产品的实体，只在生产中起辅助作用。原材料按照用途可分为产品生产直接材料耗用、间接材料耗用以及经营管理材料耗用。

直接材料耗用是指产品生产直接耗用的材料，包括：

1）构成产品主要实体的各种原料、主要材料和外购半成品等，如制造发动机使用的金属材料等。

2）产品生产工艺过程耗用的燃料，如冶炼企业在金属冶炼过程中消耗的煤、汽油和天然气等。

3）与产品实体相结合或有助于产品形成的各种辅助材料，如催化剂、油漆等。

间接材料耗用也称一般消耗性材料耗用，它是指为组织和管理产品生产以及保证生产正常进行而耗用的各种辅助材料、燃料、动力等，如为创造正常生产条件而耗用的润滑油、机油和修理用配件等。

经营管理材料耗用则是在管理过程中由管理部门根据需要领取耗用的材料。

无论是直接材料耗用还是间接材料耗用，一经投入使用，就会被全部消耗，或改变其原有的实物形态，其价值一次性、全部转移到所生产的产品成本中去，构成产品价值的主要组成部分。

企业通常设"原材料""辅助材料""外购半成品""修理用配件""周转材料"等账户，这些账户是对相应材料进行费用的增减、减少和结存情况进行核算。

"原材料"作为主要劳动对象，经过加工以后构成产品实体的原料、辅助材料、燃料、修理用配件等材料，如制造汽车用的钢材。由于燃料在成本中所占比重较大，"燃料"账户可单独进行核算，将在下一节内容中讲述。

"辅助材料"是指在生产中有助于产品形成，或为创造正常劳动条件所耗用，或为劳动工具所消耗的各种辅助性材料，如汽车零部件上使用的润滑油等。

"外购半成品"是指为企业配套产品而耗用的外购件，如汽车上使用的外购轮胎等。

"修理用配件"是指为修理本企业的机器设备、运输设备等所专用的零件、部件及配件。其他修理用材料列入辅助材料。

"周转材料"包含低值易耗品和包装物。其中,"低值易耗品"是指生产经营中领用的各种价值低廉、容易损耗的物品,如各种用具物品、工具和管理用具等。"包装物"是指生产经营过程中用于包装产品的各种包装容器,如瓶子、桶、箱子和袋子等。

2.1.2 外购原材料费用的归集与分配

企业原材料的发出包括各车间及部门领用、对外销售、对外投资转出和对外捐赠等。原材料发出所依据的原始凭证是领料单、限额领料单或领料登记表。会计部门应该对发料凭证所列材料的种类、数量和用途等进行审核,检查所领原材料的种类和用途是否符合规定,数量有无超过定额或计划。只有经过审核、签章的发料凭证才能据以发料,并作为发料核算的原始凭证。为了进行原材料收发结存的明细核算,应该按照原材料的品种、规格设置原材料明细账。原材料收发结存的核算,可以按照原材料的实际成本核算,也可以按计划成本进行核算。

企业在生产活动中耗用的原材料费用,是会计部门根据本月的领退料凭证按一定的计价方法计价后,月末按照材料的用途汇总、归集和分配,并编制"原材料费用分配表",将直接用于产品生产的用料,按照产品品种和成本项目借记"基本生产成本"账户;将辅助生产车间用于产品生产及提供劳务的原材料借记"辅助生产成本"账户;将生产车间间接用于产品生产的原材料,如维护生产设备和管理生产的各种原材料,借记"制造费用"账户;将用于厂部组织和管理生产经营活动等方面的原材料费用借记"管理费用"账户;将用于产品销售的原材料费用,借记"销售费用"账户;将用于购建固定资产、其他资产方面所用的材料,计入有关资产价值,列入"在建工程"等账户。贷记"原材料"账户。

例2-1:根据原材料发料汇总表(见表2-1),编制发出原材料的会计分录。

表2-1 原材料发料凭证汇总表

某公司 2018年3月 (金额单位:元)

应借账户		直接计入	分配计入	合计
基本生产成本	基本生产车间—甲产品	82600	23400	106000
	基本生产车间—乙产品	34500	15500	50000
	小计	117100	38900	156000
辅助生产成本	机修车间	1800		1800
	运输车间	1300		1300
	小计	3100		3100
制造费用	基本生产车间	3300		3300
销售费用		700		700
管理费用		1000		1000
财务费用		800		800
合计		126000	38900	164900

根据表 2-1 编制会计分录，据以登记有关总账和明细账，编制会计分录如下：

借：基本生产成本——甲产品　　　　　　　　　　106000
　　　　　　　　——乙产品　　　　　　　　　　 50000
　　辅助生产成本——机修车间　　　　　　　　　 1800
　　　　　　　　——运输车间　　　　　　　　　 1300
　　制造费用　　　　　　　　　　　　　　　　　 3300
　　销售费用　　　　　　　　　　　　　　　　　 700
　　管理费用　　　　　　　　　　　　　　　　　 1000
　　财务费用　　　　　　　　　　　　　　　　　 800
　　贷：原材料　　　　　　　　　　　　　　　　164900

在实际工作中，生产中耗用的原材料费用，有的可以根据领料凭证直接区分出是由某种产品或几种产品分别耗用的原材料，如基本生产车间直接用于产品生产的原材料甲产品用 A 材料，乙产品用 B 材料等情况，这类原材料成本可以直接根据审核后的领料凭证汇总计算出来，并进行账务处理，采用的是直接计入材料费用的方法。如果是几种产品共同耗用的原材料费用属间接计入费用，应采用适当的分配方法，分别计入各有关产品成本的"原材料"成本项目。常用的分配方法按照分配标准的不同有：①成果类：产品的重量分配法、产品的体积分配法、产品的产量分配法和产品的产值分配法等；②消耗类：生产工时分配法、机器工时分配法、原材料消耗量分配法和原材料费用分配法等；③定额类：原材料定额消耗量比例分配法以及原材料定额费用比例分配法等。下面主要讲解定额类的两种主要方法。

1. 原材料定额消耗量比例分配法

原材料定额消耗量比例分配法是按照产品原材料定额消耗量的比例进行费用分配。其计算步骤方法有两种：

第一种计算步骤方法：

（1）计算某种产品原材料定额消耗量

某种产品原材料定额消耗量 = 该种产品实际产量 × 单位产品原材料消耗定额

（2）计算原材料费用分配率

$$原材料费用分配率 = \frac{原材料实际耗用总量 \times 原材料单价}{各产品原材料定额消耗量之和}$$

（3）计算某种产品应分摊的原材料费用

某种产品应分摊的原材料费用 = 该种产品原材料定额消耗量 × 原材料费用分配率

第二种计算步骤方法：

（1）计算某种产品原材料定额消耗量

　　某种产品原材料定额消耗量 = 该种产品实际产量 × 单位产品原材料消耗定额

（2）计算原材料费用分配率

$$原材料费用分配率 = \frac{原材料实际耗用总量}{各产品原材料定额消耗量之和}$$

（3）计算某种产品应分配的原材料数量

某种产品应分配的原材料数量 = 该种产品的原材料定额消耗量 × 原材料消耗量分配率

（4）计算出某种产品应分摊的原材料费用

某种产品应分摊的原材料费用 = 该种产品的应分配的原材料数量 × 原材料单价

例2-2： 某公司生产甲、乙两种产品，2019年3月共同耗用原材料——A材料5000kg，2元/kg，共计10000元，按产品的直接材料定额消耗量比例进行分配，其中生产甲产品1000件，单件甲产品原材料消耗定额为4kg；生产乙产品500件，单件甲产品原材料消耗定额为2kg。请计算甲、乙两种产品各自应分摊的原材料费用。

采用第一种步骤方法计算材料费用如下：

（1）甲、乙产品的定额消耗量分别为

甲产品的定额耗量 =1000×4kg=4000kg

乙产品的定额耗量 =500×2kg=1000kg

（2）原材料费用分配率

$$原材料费用分配率 = \frac{5000 \times 2}{4000 + 1000} = 2$$

（3）甲、乙两种产品各自应分摊的原材料费用为

甲产品应分摊的原材料费用 =4000×2元 =8000元

乙产品应分摊的原材料费用 =1000×2元 =2000元

采用第二种步骤方法计算材料费用如下：

（1）甲、乙产品的定额消耗量分别为

甲产品的定额耗量 =1000×4kg=4000kg

乙产品的定额耗量 =500×2kg=1000kg

（2）原材料费用分配率

$$原材料费用分配率 = \frac{5000}{4000 + 1000} = 1$$

（3）甲、乙两种产品应分配的原材料数量分别为

甲产品应分配的原材料数量 =4000×1kg=4000kg

乙产品应分配的原材料数量 =1000×1kg=1000kg

（4）甲、乙两种产品应分配的原材料费用为

甲产品应分配的原材料费用 =4000×2 元 =8000 元
乙产品应分配的原材料费用 =1000×2 元 =2000 元

2. 原材料定额费用比例分配法

原材料定额费用比例分配法是按照产品原材料定额费用的比例进行费用分配。在几种产品共同耗用直接材料种类比较多的情况下，为简化分配计算工作，也可以按照各种原材料的定额费用的比例分配直接材料实际费用。其计算步骤如下：

（1）计算某种产品原材料定额费用

某种产品材料定额费用 = 该种产品实际产量 × 单位产品原材料费用定额

其中

单位产品原材料费用定额 = 该种产品各种原材料消耗定额之和

（2）计算原材料费用分配率

$$原材料费用分配率 = \frac{各种产品原材料实际费用总额}{各产品原材料定额费用之和}$$

（3）计算出某种产品应分摊的实际原材料费用

某种产品应分配的实际原材料费用 = 该种产品原材料定额费用 × 原材料费用分配率

例 2-3：某机械公司生产甲、乙两种产品，共同领用 A、B 两种原材料，共计 115200 元。2019 年 2 月生产甲产品 200 件，乙产品 180 件。每件甲产品原材料消耗定额为：A 材料 9kg，B 材料 12kg；每件乙产品原材料消耗定额为：A 材料 6kg，B 材料 10kg。A 材料单件 15 元，B 材料单件 10 元。请按产品的直接材料定额费用比例进行分配，计算甲、乙两种产品各自应分摊的原材料费用。

甲、乙两种产品各自应分摊的原材料费用计算如下：

（1）甲、乙产品的定额费用分别为

甲产品的定额费用 =200×（9×15+12×10）元 =51000 元
乙产品的定额费用 =180×（6×15+10×10）元 =34200 元

（2）原材料费用分配率

$$原材料费用分配率 = \frac{115200}{51000+34200} = 1.4$$

（3）甲、乙两种产品各自应分摊的实际原材料费用为

甲产品应分摊的实际原材料费用 =51000×1.4 元 =71400 元
乙产品应分摊的实际原材料费用 =34200×1.4 元 =47880 元

为了进行材料收发结存的明细核算，应该按照原材料的品种、规格设置原材料明细账。原材料收发结存的核算，可以按照原材料的实际成本进行，也可以先按原材料的计划成本核算，然后在月末计算原材料成本差异率，将原材料发出的计划成本调整为实际成本。

1. 按实际成本法核算原材料收发结存

按实际成本法核算，不管是材料的总账还是明细账，都要按实际成本计价发出材料的金额，可按照先进先出法、个别计价法或者加权平均法等方法来进行计算。

（1）先进先出法

先进先出法是指以先购入的存货应先发出（即用于销售或耗用）这样一种存货实物流动假设为前提，对发出存货进行计价的一种方法。优点是有利于掌握库存资金状态，分散了发料计价工作量，从而有利于均衡月内工作。缺点是计价工作量大，价格变动大的时候会影响当期成本与利润的真实性。该方法适用于市场价格普遍处于下降趋势的商品。

（2）个别计价法

个别计价法是指假设存货的成本流转与实物流转相一致，按照各种存货，逐一辨认各批发出存货和期末存货所属的购进批别或生产批别，分别按其购入或生产时所确定的单位成本作为计算各批发出存货和期末存货成本的方法。在这种方法下，是把每一种存货的实际成本作为计算发出存货成本和期末存货成本的基础。优点是计算发出存货的成本和期末存货的成本比较合理、准确。缺点是实务操作的工作量繁重，困难较大。该方法适用于容易识别、存货品种数量不多、单位成本较高的存货计价。

（3）加权平均法

加权平均法是指根据本期期初结存存货的数量和金额与本期存入存货的数量和金额，在期末以此计算本期存货的加权平均单价，作为本期发出存货和期末结存存货的价格，一次性计算本期发出存货的实际成本的一种方法。优点是只在月后一次计算加权平均单价，比较简单，而且在市场价格上涨或下跌时所计算出来的单位成本平均化，对存货成本的分摊较为折中。缺点是不利于核算的及时性，在物价变动幅度较大的情况下，按加权平均单价计算的期末存货价值与现行成本有较大的差异。此方法适用于前后进价相差幅度不大且月末定期计算和结转销售成本的商品。

如果根据领料凭证直接区分出由某种产品或几种产品分别耗用的材料，则材料成本可以直接根据审核后的领料凭证汇总计算出来，并计入有关成本费用账户。

例 2-4：某公司生产甲、乙两种产品，2019 年 3 月共同耗用原材料 ——A 材料 5000kg，2 元 /kg，共计 10000 元，按产品的直接材料定额消耗量比例进行分配，其中生产甲产品 1000 件，单件甲产品原材料消耗定额为 4kg；生产乙产品 500 件，单件乙产品原材料消耗定额为 2kg。将原材料按照实际成本法核算。编制各车间和部门直接耗用材料如表 2-2 所示，并根据该表，将所有耗用原材料计入有关成本费用账户进行账务处理。

表 2-2　原材料——A 材料费用分配表

2019 年 3 月　　　　　　　　　　　　　　　　　　　　　（金额单位：元）

摘要		直接计入	分配计入			合计
			定额消耗量 /kg	分配率	分配金额	
基本车间耗用	甲产品	5500	4000	$\dfrac{10000}{5000}=2$	8000	13500
	乙产品	3500	1000		2000	5500
	小计	9000	5000		10000	19000
辅助车间耗用	供电车间	1300				1300
	供水车间	1200				1200
	小计	2500				2500
基本车间一般耗用		1800				1800
管理部门耗用		1400				1400
销售部门耗用		800				800
合计		15500			10000	25500

根据表 2-2 编制会计分录，据以登记有关总账和明细账，编制会计分录如下：

借：基本生产成本——甲产品　　　　　　　　　　　13500
　　　　　　　　——乙产品　　　　　　　　　　　 5500
　　辅助生产成本——供电车间　　　　　　　　　　 1300
　　　　　　　　——供水车间　　　　　　　　　　 1200
　　制造费用　　　　　　　　　　　　　　　　　　 1800
　　管理费用　　　　　　　　　　　　　　　　　　 1400
　　销售费用　　　　　　　　　　　　　　　　　　 800
　贷：原材料——A 材料　　　　　　　　　　　　　25500

2. 按计划成本法核算原材料收发结存

按计划成本法核算，原材料的总账及明细账必须根据收、发料凭证或收、发料凭证汇总表按计划成本登记。如果企业的材料是按计划成本核算的，则原材料费用的归集和分配应分两步：第一步，先按计划成本归集和分配原材料，具体方法与实际成本法下原材料费用的归集和分配相同；第二步，计算出本月材料成本差异率和发出材料应分摊的差异额，并将第一步中归集和分配的计划成本调整为实际成本。月末为了调整发出材料（领用材料）的成本差异，计算发出材料的实际成本，必须根据"原材料"和"材料成本差异"账户计算本月材料成本差异率。其计算公式如下：

$$本月材料成本差异率 = \frac{月初结存材料成本差异 + 本月收入材料成本差异}{月初结存材料计划成本 + 本月收入材料计划成本} \times 100\%$$

根据材料成本差异率和发出材料的计划成本，可计算发出材料的成本差异和实际成本，其计算公式如下：

$$发出材料成本差异 = 发出材料计划成本 \times 本月材料成本差异率$$

$$发出材料实际成本 = 发出材料计划成本 + 发出材料成本差异$$

上列各计算公式中的材料成本差异，如为超支差异，按正数计算，用蓝字登记；如为节约差异，按负数计算，用红字登记。调整发出材料成本差异须注意的是当材料购进入库时，如果是节约，那么材料成本差异登记在贷方；如果是超支，那么材料成本差异登记在借方。会计处理如下：

借：原材料　　　　　　　　　　　　　　　×××
　　贷：发出材料成本差异（节约）　　　　　×××
　　　　材料采购　　　　　　　　　　　　　×××
借：原材料　　　　　　　　　　　　　　　×××
　　发出材料成本差异（超支）　　　　　　　×××
　　贷：　　　　　　　　　　　　　　　　　×××

例 2-5：某企业材料采用计划成本法核算，月初结存材料计划成本 210 万元，材料成本差异为节约 40 万元。当月购进一批材料，实际成本 220 万元，计划成本 190 万元。领用材料的计划成本 160 万元，求企业当月领用材料的实际成本为多少？

$$材料成本差异 = 实际成本 - 计划成本$$

本月收入材料的材料成本差异 = 本月购进材料实际成本 - 本月购进材料计划成本
$$= (220-190) 万元 = 30 万元$$

$$本月材料成本差异率 = \frac{月初结存材料成本差异 + 本月收入材料成本差异}{月初结存材料计划成本 + 本月收入材料计划成本} \times 100\%$$

$$= \frac{-40+30}{210+190} = -2.5\%$$

发出材料成本差异 = 发出材料计划成本 × 本月材料成本差异率
$$= 160 \times (-2.5\%) 万元 = -4 万元$$

发出材料实际成本 = 发出材料计划成本 + 发出材料成本差异
$$= [160+(-4)] 万元 = 156 万元$$

2.1.3　燃料费用的归集与分配

燃料实际上也是原材料，因而其费用分配的程序和方法与原材料相同。对于燃料的处理方法分两种情况。

1. 燃料费用占产品成本比重较小

如果所消耗的燃料数量不多，即在燃料费用占产品成本比重较小的情况下，可以将燃料费用归入"原材料"账户进行核算。核算中，"燃料"可作为"原材料"账户的二级账户进行核算，燃料费用分配可在材料费用分配表中加以反映。

2. 燃料费用占产品成本比重较大

如果企业在生产产品的过程中消耗的燃料数量较多，即在燃料费用占产品成本比重较大的情况下，可以单独设置"燃料"账户，将燃料进行单独核算。核算时，通常将燃料及动力两部分的费用合成一个成本项目，在产品成本明细账中单独设置"燃料及动力"账户，燃料费用分配表应单独编制。

和原材料费用一样，燃料费用也是按用途进行分配的，直接用于产品生产的燃料费用应计入各种产品成本明细账的"燃料及动力"成本项目。直接用于产品生产的燃料费用，应记入"基本生产成本"账户，车间管理消耗的燃料费用、辅助生产消耗的燃料费用、厂部进行生产经营管理消耗的燃料费用、进行产品销售消耗的燃料费用等，应分别记入"制造费用""辅助生产成本""管理费用""销售费用"等账户。已领用的燃料费用总额，应记入"燃料"或"原材料"账户的贷方。如果是生产一种产品发生的燃料费用，可直接计入该产品成本明细账的"燃料及动力"各成本项目，此时的燃料费用属于直接计入费用。如果是生产几种产品共同发生的燃料费用，可分配计入各种产品成本明细账的"燃料及动力"各成本项目，此时的材料费用属于间接计入费用。对于间接计入的燃料费用在各种产品之间的分配，可以采用燃料定额消耗量比例分配法、燃料定额费用比例分配法、重量比例分配法、实际产量分配法、产品体积分配法等。

例 2-6：某工厂 2019 年 5 月份基本生产车间生产的甲、乙两种产品本月共发生燃料费用 40000 元，共生产甲产品 2000 件、乙产品 6000 件，甲产品燃料费用定额为 8 元 / 件，乙产品燃料费用定额为 4 元 / 件；基本生产车间一般耗用 3000 元，管理部门耗用 1700 元。请计算甲、乙产品应负担的燃料费用，并编制燃料费用分配表及会计分录。

按燃料定额费用分配计算甲、乙产品应负担的燃料费用如下：

（1）甲、乙产品的定额费用分别为

甲产品的定额费用 =2000×8 元 =16000 元

乙产品的定额费用 =6000×4 元 =24000 元

（2）燃料费用分配率

燃料费用分配率 =40000÷（2000×8+6000×4）=1

（3）甲、乙两种产品各自应分摊的实际燃料费用为

甲产品应分摊的实际燃料费用 =2000×8×1 元 =16000 元

乙产品应分摊的实际燃料费用 =6000×4×1 元 =24000 元

根据以上计算，编制燃料费用分配表如表 2-3 所示。

表 2-3 燃料费用分配表

2019 年 5 月　　　　　　　　　　　　　　　　　　　　　　（金额单位：元）

摘　要		成本项目	直接计入	分配计入			合计
				定额费用	分配率	分配金额	
基本车间耗用	甲产品	燃料及动力		16000	$\dfrac{40000}{16000+24000}=1$	16000	16000
	乙产品	燃料及动力		24000		24000	24000
	小计			40000		40000	40000
基本车间一般耗用		燃料及动力	3000				3000
管理部门耗用		燃料及动力	1700				1700
合计			4700			40000	44700

根据表 2-3，编制的会计分录如下：

借：基本生产成本——甲产品　　　　　　　16000
　　　　　　　　　——乙产品　　　　　　　24000
　　制造费用　　　　　　　　　　　　　　　3000
　　管理费用　　　　　　　　　　　　　　　1700
　贷：原材料（或燃料）　　　　　　　　　　　44700

2.1.4 低值易耗品的归集与分配

对于原制度中的低值易耗品，在新会计准则中归类到"周转材料"账户核算。对于低值易耗品的摊销额在产品成本中所占比重较小，没有专设成本项目。

低值易耗品是指劳动资料中单位价值在 10 元以上、2000 元以下，或者使用年限在一年以内，不能作为固定资产的劳动资料。比如不作为固定资产核算的各种用具物品，如工具、管理用具、玻璃器皿以及在经营过程中周转使用的包装物等。低值易耗品与固定资产有相似之处，即在生产过程中可以多次使用，但不改变其实物形态，在使用时需要维修，报废时可能存在残值。由于它价值低，使用期限短，可采用简便的方法，将其价值摊入产品成本。

关于低值易耗品费用的摊销分配，通常是通过编制"低值易耗品摊销分配表"来进行的。摊销分配时，用于产品生产，间接计入的低值易耗品摊销费用，应借记"制造费用"账户；用于辅助生产车间的低值易耗品摊销费用，应借记"辅助生产成本"账户；用于销售产品的低值易耗品摊销费用，应借记"销售费用"账户，用于组织企业生产经营活动管理的低值易耗品摊销费用，应借记"管理费用"账户。已领用的低值易耗品总额，应贷记"周转材料"账户。

对于低值易耗品常采用的摊销方法有一次摊销法、分期摊销法和五五摊销法。

1. 一次摊销法

一次摊销法是指当领用低值易耗品时，将其价值全部一次转入产品成本的方法。它适用于单位价值较低、使用期限较短或者容易破损的低值易耗品（如玻璃器皿）等。当摊销低值易耗品价值时，其最高单价和适用品种须严格控制，防止损失浪费，否则会影响各期产品成本负担和在用低值易耗品的管理。

采用一次摊销法摊销低值易耗品，领用时应按其账面价值，借记"辅助生产成本""制造费用""管理费用"和"销售费用"等账户，贷记"周转材料"账户。报废时，报废的残料价值冲减有关的成本、费用账户，借记"原材料"等账户，贷记"辅助生产成本""制造费用""管理费用"和"销售费用"等账户。

例 2-7：某工业企业基本生产车间领用的低值易耗品采用一次摊销法，2018 年 11 月，该车间领用生产工具一批，其实际成本为 800 元，其中基本生产车间 500 元，供水车间 300 元；供水车间在本月份之前领用的另一批生产工具在本月报废，残料验收入库，价值 50 元。

根据低值易耗品采用一次摊销法编制会计分录如下：

（1）领用工具时

借：辅助生产成本——供水车间　　　　　　　　300
　　制造费用　　　　　　　　　　　　　　　　500
　　贷：周转材料　　　　　　　　　　　　　　　　800

（2）报废生产工具残料入库时

借：原材料　　　　　　　　　　　　　　　　　50
　　贷：辅助生产成本——供水车间　　　　　　　　50

2. 分期摊销法

分期摊销法是根据领用低值易耗品的原值和预计使用期限计算的每月平均摊销额，将其价值根据使用期限的长短，分月平均摊销产品成本的方法。该摊销期一般不应超过 12 个月。此种方法适用于使用期限较长而不易损坏的低值易耗品（如多次反复使用的专用工具）、单位价值较高，或一次领用数量较多的低值易耗品。

采用分期摊销法，需要单独设置"周转材料——在用""周转材料——在库"和"周转材料——摊销"三个二级账户。当使用部门从仓库领用低值易耗品时，借记"周转材料——在用"账户，贷记"周转材料——在库"账户。当各月进行低值易耗品的价值摊销时，借记"辅助生产成本""制造费用""管理费用"和"销售费用"等账户，贷记"周转材料——摊销"账户。当报废低值易耗品时，收回的残料价值可作为冲减有关费用处理，借记"原材料"账户，贷记"辅助生产成本""制造费用""管理费用"和"销售费用"等账户；同时注销其累计已摊销额，借记"周转材料——摊销"账户，贷记"周转材料——

在用"账户。如果低值易耗品按计划成本进行日常核算,那么领用时按计划成本计价,月末应调整分配所领用低值易耗品的成本差异。

例 2-8:某工业企业装配车间于 2018 年 5 月初领用生产工具一批,其实际成本为 8000 元(即每月摊销额为 8000÷8=1000 元),该批低值易耗品在一年内按月平均摊销;本年度 12 月月末该批低值易耗品报废残料入库,价值 500 元。

根据低值易耗品采用一次摊销法编制会计分录如下:

(1)领用工具时

借:周转材料——在用　　　　　　　　　8000
　　贷:周转材料——在库　　　　　　　　　　8000

(2)各月(5~12月)摊销低值易耗品价值时

借:制造费用　　　　　　　　　　　　1000
　　贷:周转材料——摊销　　　　　　　　　　1000

(3)12 月报废生产工具残料入库时

借:原材料　　　　　　　　　　　　　500
　　贷:制造费用　　　　　　　　　　　　　　500
借:周转材料——摊销　　　　　　　　8000
　　贷:周转材料——在用　　　　　　　　　　8000

3. 五五摊销法

五五摊销法也称五成摊销法,是指低值易耗品在领用时先摊销其价值的一半(五成),报废时再摊销其价值的一半的方法。采用这种方法,低值易耗品在报废以前在账面上会一直保留其价值的一半,表明在使用中的低值易耗品占用着一部分资金,有利于对实物的使用进行管理,防止出现大量的账外物资。该方法适用于价值较低、使用期限较短的低值易耗品,也适用于每期领用数量和报废数量大致相等的低值易耗品。

采用五五摊销法二级科目的设置与分次摊销法下的相同。

例 2-9:某公司生产车间于 2018 年 6 月领用专用工具一批,其实际成本为 28000 元,该批低值易耗品在一年内按五五摊销法进行摊销(即摊销分配金额为 28000÷2=14000 元);本年度 12 月月末该批低值易耗品报废残料入库,价值 2500 元。

根据低值易耗品采用一次摊销法编制会计分录如下:

(1)领用专用工具时

借:周转材料——在用　　　　　　　　28000
　　贷:周转材料——在库　　　　　　　　　　28000

(2)摊销低值易耗品价值时

借:制造费用　　　　　　　　　　　14000
　　贷:周转材料——摊销　　　　　　　　　　14000

（3）报废生产工具残料入库时

借：原材料　　　　　　　　　　　　　　　　　　　　　2500
　　　贷：制造费用　　　　　　　　　　　　　　　　　　　2500
借：周转材料——摊销　　　　　　　　　　　　　　　　　28000
　　　贷：周转材料——在用　　　　　　　　　　　　　　　28000

2.2　外购动力费用的归集与分配

动力按其来源不同，可分为自制和外购两类。自制动力通过辅助生产成本核算；外购动力费用主要是指企业向外单位购买电力、热力、蒸汽、煤气等支付的费用，通常在基本生产车间、辅助生产车间、销售机构和行政管理部门等产生。本书以外购动力为例进行讲解。

2.2.1　外购动力费用的归集

1. 收集原始数据

在各部门、车间有电表的情况下，需要将用于生产车间的生产和照明用电，以及其他部门照明和办公等用电，进行抄录电表数据。在车间生产多种产品而只有唯一的生产电表的情况下，则需要将生产用电按标准在产品之间进行正确分配。

2. 外购动力费用的核算

外购动力费用的核算有两种方法：第一种是支付外购动力费用时就按其用途借记有关成本、费用账户，贷记"银行存款"账户；第二种是通过"应付账款"账户核算，即在付款时先借记"应付账款"账户，贷记"银行存款"账户，待月末再按照外购动力的用途借记各成本、费用账户，贷记"应付账款"账户。这种方法每月只需在月末分配一次动力费用，可简化核算工作量，在实际工作中多数企业采用这种方法。

2.2.2　外购动力费用的分配

1. 基本生产车间耗用的动力

基本生产车间耗用的动力按用途，可分为直接用于产品生产的生产工艺动力用电和基本生产车间照明用电。

1）直接用于产品生产的生产工艺动力用电，应记入"基本生产成本"总账和相应产品的基本生产成本明细账的"燃料及动力"成本项目。

2）基本生产车间照明用电，则记入"制造费用"总账和所属明细账进行归集。月末分配记入"基本生产成本"总账和相应产品的基本生产成本明细账的"制造费用"成本项目。

2. 辅助生产车间耗用的动力

1）直接用于辅助产品生产工艺动力用电，应记入"辅助生产成本"总账和相应产品或劳务的明细账的"燃料及动力"成本项目。用于辅助生产车间照明用电先记入"制造费用"总账和所属明细账进行归集。月末分配记入"辅助生产成本"总账和所属明细账的"制造费用"成本项目。

2）如果辅助生产不对外提供商品产品，而且当辅助生产车间规模较小、辅助产品或劳务单一时，那么为了简化核算工作，可不设辅助生产的"制造费用"科目，辅助生产车间耗用所有电力直接全部记入"辅助生产成本"总账和相应的明细账。

3. 销售机构、行政管理部门耗用的电力

销售机构、行政管理部门耗用的电力，不计入产品成本，而应分别记入"营业费用""管理费用"总账和所属明细账，作为期间费用转入"本年利润"账户，冲减当期损益。

针对以上三种用电，外购电力费用可按用电量的比例进行分配，而对于基本生产车间的动力用电，一般不能按产品分别安装电表。因为基本车间通常只有一个电表却生产多种产品，所以基本生产车间的动力用电费用需要按机器工时比例、生产工时比例、定额耗电量比例或其他比例进行分配。动力费用分配的计算公式如下：

$$电力费用分配率 = \frac{电力费用总额}{各车间、部门动力和照明用电量之和}$$

$$某车间、部门照明用电费用 = 该车间、部门照明用电量 \times 电力费用分配率$$

$$某车间动力用电费用 = 该车间动力用电量 \times 电力费用分配率$$

$$某车间动力用电费用分配率 = \frac{该车间动力用电费用}{该车间各种产品生产工时（或机器工时）之和}$$

$$某产品分配动力费用电费 = 该车间某产品生产工时（或机器工时） \times 该车间动力用电费用分配率$$

在实际工作中，动力费用的分配一般是通过编制"动力费用分配表"进行的。

例 2-10：某公司 2018 年 2 月应付电费 64200 元，各车间、部门的用电量共计 53500kW·h，其中直接用于产品生产的耗电 50000kW·h（没有产品安装电表），基本车间照明耗电 1000kW·h，供水车间用电 2000kW·h，行政管理部门用电 500 kW·h。按规定，直接用于产品生产的电费按产品的机器工时比例进行分配，A 产品机器工时为 5000 小时，B 产品机器工时为 3800 小时，C 产品机器工时为 1200 小时。各产品之间的动力电费按用电量比例分配，各产品之间的动力用电按机器定额消耗比例分配。请编制"外购动力费用分配汇总表"，并编制相应的会计分录。

（1）计算外购动力费用分配汇总表中的相关数据

1）计算电力费用分配率

电力费用分配率 =64200÷53500=1.2

2）计算车间、部门照明用电费用

$$基本车间照明用电费用 =1000 \times 1.2 \text{元} =1200 \text{元}$$
$$供水车间 =2000 \times 1.2 \text{元} =2400 \text{元}$$
$$行政管理部门 =500 \times 1.2 \text{元} =600 \text{元}$$

3）计算车间动力用电费用

$$基本车间动力用电费用 =50000 \times 1.2 \text{元} =60000 \text{元}$$

4）计算车间动力用电费用分配率

$$车间动力用电费用分配率 =60000 \div (5000+3800+1200)=6$$

5）计算产品分配动力用电费用

$$A 产品分配动力用电费用 =5000 \times 6 \text{元} =30000 \text{元}$$
$$B 产品分配动力用电费用 =3800 \times 6 \text{元} =22800 \text{元}$$
$$C 产品分配动力用电费用 =1200 \times 6 \text{元} =7200 \text{元}$$

（2）编制"外购动力费用分配汇总表"如表 2-4 所示

表 2-4 外购动力费用分配汇总表

2018 年 2 月

应借账户		成本项目	用电量/kW·h（分配率：1.2）	机器工时（分配率：6）	分配金额（元）
基本生产成本	A 产品	燃料及动力		5000	30000
	B 产品	燃料及动力		3800	22800
	C 产品	燃料及动力		1200	7200
	小计		50000	10000	60000
辅助生产成本	供水车间	燃料及动力	2000		2400
制造费用	基本生产车间	水电费	1000		1200
管理费用	行政管理部门	水电费	500		600
合计			53500	10000	64200

（3）根据表 2-4 外购动力费用分配汇总表，编制的会计分录如下

```
借：基本生产成本——A 产品          30000
         ——B 产品          22800
         ——C 产品          7200
   辅助生产成本——供水车间         2400
   制造费用                  1200
   管理费用                   600
   贷：应付账款                    64200
```

2.3 薪酬费用的归集与分配

2.3.1 职工薪酬的含义与支付形式

职工薪酬是指企业为获得职工提供的服务而给予各种形式的报酬以及其他相关支出,包括职工在职期间和离职后提供给职工的全部货币性薪酬和非货币性福利。主要包括:工资薪金、职工福利费、社会保险费、住房公积金、工会经费和职工教育经费等,其具体支付形式如下。

1. 工资薪金

工资薪金是指企业在每一纳税年度支付给在本企业任职或者受雇的员工的所有现金和非现金形式的劳动报酬,包括基本工资、奖金、津贴、补贴、年终加薪、加班工资以及与任职或者受雇有关的其他支付工资。

(1)基本工资

基本工资又可分为计时工资和计件工资两种。其中,计时工资是指按职工的工资标准和工作时间支付给职工的工资;而计件工资是指按合格品数量及料废品(因材料质量低劣造成的废品)数量和按规定的计件单价计算支付给职工的工资。对于因工人过失造成的工废品不应支付工资。

(2)奖金

奖金是基本工资以外支付给职工超额完成任务的劳动报酬以及按规定奖励标准支付给职工的货币奖励,如生产奖、劳动竞赛奖等。

(3)津贴

为了补偿职工特殊或额外的劳动消耗而支付给职工的津贴,如加班、工龄、职称、岗位、高温、通信等。

(4)补贴

为了保证职工生活水平不受物价的影响而支付给职工的补贴,如物价和生活补贴等。

(5)年终加薪

年终加薪是指企业按照规定程序向个人多发放一个月工资,俗称"第13个月工资",也称"双薪",实际上就是单位对员工全年奖励的一种形式。

(6)加班工资

加班工资是指按照规定的标准和职工加班加点的时间支付给职工的劳动报酬,如工作日加班、周末加班和节假日加班等。

(7)其他支付工资

其他支付工资是指与任职或者受雇有关的其他支出,如病假、产假、探亲假以及因解除与职工的劳动关系给予的补偿等。

2. 职工福利费

职工福利费是指企业为职工提供的除职工工资、奖金、津贴、纳入工资总额管理的补贴、职工教育经费、社会保险费和补充养老保险费（年金）、补充医疗保险费及住房公积金以外的福利待遇支出，由企业根据自身实际情况合理确定提取比例，但最大提取比例不得超过工资总额的 14%。职工福利费包括：

1）为职工卫生保健、生活等发放或支付的各项现金补贴和非货币性福利。包括职工因公外地就医费用、暂未实行医疗统筹企业职工医疗费用、职工供养直系亲属医疗补贴、职工疗养费用、自办职工食堂经费补贴或未办职工食堂统一供应午餐支出、符合国家有关财务规定的供暖费补贴、防暑降温费等。非货币性福利是指企业以非货币性资产支付给职工的薪酬，主要包括企业以自产产品发放给职工作为福利、将企业拥有的资产无偿提供给职工使用、为职工无偿提供医疗保健服务等。为了反映非货币性福利的支付与分配情况，应在"应付职工薪酬"科目下设置"非货币性福利"明细科目。

2）企业尚未分离的内设集体福利部门所发生的设备、设施和人员费用。包括职工食堂、职工浴室、理发室、医务所、托儿所、疗养院、集体宿舍等集体福利部门设备、设施的折旧、维修保养费用以及集体福利部门工作人员的工资薪金、社会保险费、住房公积金、劳务费等人工费用。

3）职工困难补助，或者企业统筹建立和管理的专门用于帮助、救济困难职工的基金支出。

4）离退休人员统筹外费用。包括离休人员的医疗费及离退休人员其他统筹外费用。

5）按规定发生的其他职工福利费。包括丧葬补助费、抚恤费、职工异地安家费、独生子女费、探亲假路费，以及符合企业职工福利费定义但没有包括在本通知各条款项目中的其他支出。

3. 社会保险费

社会保险费是指企业按照国家规定的基准和比例计算，向社会保险经办机构缴纳的保险，包括医疗、养老、失业、工伤、生育等多种保险费。

4. 住房公积金

住房公积金是指国家机关、国有企业、城镇集体企业、外商投资企业、城镇私营企业及其他城镇企业、事业单位、民办非企业单位、社会团体及其在职职工缴存的长期住房储金。

5. 工会经费

工会经费是指工会组织开展各项活动所需要的费用。

6. 职工教育经费

职工教育经费是指企业按工资总额的一定比例提取用于职工教育事业的一项费用，是企业为职工学习先进技术和提高文化水平而支付的费用，一般不会超过工资薪金总额的 8%。

2.3.2 工资费用的原始记录

要想正确计算应付工资，必须有健全和正确的原始记录作为依据。不同的工资制度所依据的原始记录不同。计算计时工资费用，以考勤记录中的工作时间记录为依据；计算计件工资费用，以产量记录中的产品数量和质量记录为依据。目前主要的原始记录有工资卡、考勤记录和产量工时记录三种。除了这三种以外，还有工时记录、工资表和工资汇总表等。

1. 工资卡

工资卡反映职工到岗、离职、工龄、内部调动、职务职级变动、工资标准等级变动、各种津贴和补贴变动等基本情况。

2. 考勤记录

考勤记录是计算职工计时工资的原始资料，一般是每月一人一张，按部门设置。考勤登记职工出勤时间和缺勤时间的原始记录，其形式可以采用考勤簿、考勤卡等。月末，考勤人员应将由车间、部门负责人检查签章后的考勤记录及时送交会计部门。经会计部门审核的考勤记录，即可作为计算计时工资的依据。考勤缺勤一般包含事假和病假。

3. 产量工时记录

产量工时记录是登记工人或小组在出勤时间内完成产品数或每件产品耗用工时数的原始记录。不同生产性质的企业，产量工时记录的格式和登记程序不完全相同，一般有工作通知单、工序进程单、工作班产量记录等。经会计部门审核的考勤记录，可作为计算计件工资的依据。

2.3.3 工资费用的计算

企业根据具体情况的不同，工资费用可以有多种计算方法。采用哪一种方法进行工资计算由企业自行确定，但确定以后不应该随意变动。现主要采用两种工资制度进行工资计算：一种是计时工资制度，主要用于管理人员及不能计算产量的生产工人；另一种是计件工资制度，主要用于可以计算产量的工人。奖金、津贴和补贴以及加班加点工资等按照国家标准执行，不再详细叙述。

1. 计时工资制度的计算

计时工资制度的计算依据的是考勤记录、工资等级和国家的有关规定。若职工当月是全勤，不论该月份是大或是小，都可以取得固定的月标准工资。但由于职工每月的出勤和缺勤的情况不同，每月的应得计时工资也不尽相同。在职工有缺勤的情况下，计算有缺勤职工的应得计时工资有三种基本方法：月薪制，适用于企业固定的职工；日薪制，适用于临时性的职工；年薪制，即直接按整年发放职工的工资，适用于企业高层领导。

（1）月薪制

1）按月标准工资扣除缺勤天数应扣工资额计算。

月标准工资是按职工的工资等级和国家规定的工资标准确定的。

$$应付计时工资 = 月标准工资 - 缺勤工资 + 加班工资 + 奖金 + 各种补贴$$

其中，缺勤工资、加班工资和小时工资的计算公式为

$$缺勤工资 = 事假和矿工天数 \times 日工资 + 病假天数 \times 日工资 \times 扣款率$$
$$加班工资 = 小时工资 \times 加班工时$$
$$小时工资 = 月标准工资 \div (月计薪天数 \times 8 小时)$$

日工资的计算方法又有两种，具体如下。

① 每月按固定的 30 天计算，按这种方法计算日工资，不论月份大小，一律按 30 天计算。月内的星期日、法定假日视为出勤，照付工资。缺勤期间的节假日也算作缺勤，照扣工资。日工资的计算公式为

$$日工资 = 月标准工资 \div 30$$

② 每月按 20.83 天计算，按照这种算法，全年日历数 365 天减去 104 个法定休息日和 11 个法定假日后，再除以 12 个月，即（365-104-11）÷12=20.83 天。在这种计算方法下日工资的计算公式为

$$日工资 = 月标准工资 \div 20.83$$

在计算缺勤工资时，事假缺勤应扣缺勤期间的全部工资，而病假工资则按国家劳保条例规定，病假在 6 个月以内的应按工龄长短分别计算。职工因工受伤治疗期间、女工产假、职工探亲假、婚丧假，不论工龄长短，应按 100% 发给。

2）根据职工的出勤天数计算。

$$应付计时工资 = 出勤天数 \times 日工资 + 缺勤工资 + 加班工资 + 奖金 + 各种补贴$$

其中，缺勤工资的计算公式为

$$缺勤工资 = 病假天数 \times 日工资 \times (1 - 扣款率)$$

加班工资、奖金和各种补贴与按缺勤天数一样计算。

（2）日薪制

日薪制与月薪制中根据职工的出勤天数计算方式一样。

例 2-11： 某公司职工 2019 年 7 月份月工资标准为 4500 元，本月出勤 20 天，事假 1 天，病假 2 天，本月制度休假 8 天。该职工病假标准工资扣款比例为 10%。该职工病、事假期间没有节假日。各种补贴及津贴 500 元，本月应得综合奖 1000 元。要求计算该职工工资。

（1）采用 30 天算日工资，按出勤天数算月工资

日工资 =4500÷30 元 =150 元
月工资 =[（20+8）×150+2×150×90%+500+1000] 元 =5970 元

(2) 采用 30 天算日工资, 按扣缺勤工资算月工资

日工资 =4500÷30 元 =150 元

月工资 ={4500−[1×150+2×150×（1−90%）]+500+1000} 元 =5820 元

(3) 采用 20.83 天算日工资, 按出勤天数算月工资

日工资 =4500÷20.83 元 =216.03 元

月工资 =[18×216.03+2×216.03×90%+500+1000] 元 =5777.39 元

(4) 采用 20.83 天算日工资, 按扣缺勤工资算月工资

日工资 =4500÷20.83 元 =216.03 元

月工资 =[4500−（1×216.03+2×216.03×10%）+500+1000] 元 =5740.76 元

2. 计件工资制度的计算

计件工资是根据工作班产量记录或工作通知单登记的产量, 乘以规定的计件单价计算的工资。该产量包括质量验收合格的产品数量以及由于材料质量原因导致的料废品数量。对于因材料质量低劣造成的料废品, 应照付工资; 对于因工人过失造成的工废品, 不应支付工资, 有的还需要由工人进行赔偿。计件工资通常分为个人计件和集体计件两种形式。计件工资的计算公式为

应付计件工资 =∑ 月内各产品数量 × 各产品的计件单价

∑（合格品数量 × 合格品计件单价 + 料废品数数量 × 料废品计件单价）

(1) 个人计件工资的计算

个人计件工资是指以劳动者个人所完成的工作量来计算工资。通常是在个人单独操作, 且能够制定个人劳动定额和计算个人工作量的工作中实行。

例 2-12：某技工本月加工 A 配件 600 个, 计件单价 0.8 元/个; 加工 B 配件 200 个, 计件单价 1.2 元/个, 经验收 A 配件料废品 3 个, 工废品 10 个; B 配件工废品 5 个, 其余均为合格品。该工人本月应得计件工资为

应付计件工资 =∑ 月内各产品数量 × 各产品的计件单价
=[（600−10）×0.8+（200−5）×1.2] 元
=706 元

(2) 集体计件工资的计算

集体计件工资是以班组为对象计算的计件工资。集体计件工资还要在集体内部各工人之间按照贡献大小进行分配, 一般应以每人的工资标准和工作日数的乘积为分配标准进行分配。

例 2-13：某工厂甲车间一班组三位不同工资级别的工人张三、李四、王五共同完成 A 产品的加工任务。本月完成合格 A 产品 1440 件, 每件计价 2.5 元, 这三位工人的每小时工资分别为 1.2 元、1 元、0.9 元, 本月三人实际工作小时数分别为 220 小时、240 小时、240

小时，每人本月各种津贴均为 120 元，其中一班组工人张三请病假两天半，工龄 7 年，试计算三位工人的实得工资。

$$张三病假期间应发的计时工资 =1.2 \times 8 \times 2.5 \times 90\%（扣10\%）元 =21.6 元$$
$$集体应得计件工资总额 =1440 \times 2.5 元 =3600 元$$
$$集体计时工资的总额 =（1.2 \times 220+1 \times 240+0.9 \times 240）元 =720 元$$
$$集体计件工资分配率 =3600 \div 720=5$$

则甲车间一班组的三位工人的计件工资计算表如表 2-5 所示。

表 2-5　计件工资计算表　　　　（金额单位：元）

工人姓名	每小时工资	实际工时（小时）	计时工资	分配率	计件工资	津贴及补助	特殊工资（病假）	应付工资
张三	1.20	220	1.20×220=264		264×5=1320	120	21.6	1461.6
李四	1.00	240	1.00×240=240		240×5=1200	120		1320
王五	0.90	240	0.90×240=216		216×5=1080	120		1200
合计		700	720	5	3600	360		3981.6

2.3.4　职工薪酬的归集与分配

企业应根据工资卡、考勤记录、产量记录等原始凭证按月编制"工资结算单"，再由财会部门按月汇总编制"工资结算汇总表"，其中"工资结算单"中应付工资的金额也是计算工资费用的依据。

月末，企业需将本月应付工资按用途进行分配。对于产品生产工人的薪酬，借记"基本生产成本"账户；对于辅助生产工人的薪酬，借记"辅助生产成本"账户；对于车间一般管理人员的薪酬，借记"制造费用"账户；对于销售部门人员的薪酬，借记"销售费用"账户；对于行政管理部门人员的薪酬，借记"管理费用"账户；对于固定资产购建工程人员的薪酬，借记"在建工程"账户；对于长期病假人员的薪酬和因解除与职工的劳动关系给予的补偿等其他薪酬费用，借记"管理费用"账户。关于所有职工的薪酬，贷记"应付职工薪酬——工资"账户。

产品生产工人工资中的计件工资，属于直接计入费用，可根据工资结算单直接计入产品生产成本；计时工资则属于间接计入费用，应按产品的生产工时比例，分配计入产品生产成本；奖金、津贴和补贴，以及特殊情况下支付的工资等，一般也属于间接计入费用，应按直接计入的工资比例或生产工时比例，分配计入产品生产成本。

企业提取的职工福利费、社会保险费、住房公积金、工会经费、职工教育经费和非货币性福利也在应付职工薪酬中核算。其中，福利费按实际发生额据实列支，直接计入相关成本、费用中。

工业成本核算

例 2-14：某企业第一生产车间主要生产甲、乙、丙三种产品。2018 年 3 月应付职工工资 200000 元，其中，产品生产工人工资 165000 元，车间管理人员工资 9000 元，厂部管理人员工资 26000 元；本月甲、乙、丙三种产品的实际生产工时分别为 15000 小时、7000 小时、8000 小时。按照有关规定，企业确定的职工福利费提取比例为工资总额的 8%。按照有关规定，对医疗保险费、养老保险费、失业保险费、工伤保险费和生育保险费等社会保险费，企业依据职工工资总额分别按 10%、20%、3%、2% 和 2% 的比例提取。按照有关规定，对住房公积金、工会经费、职工教育经费，企业分别按照职工工资总额的 10%、3% 和 2% 比例提取。

（1）编制职工福利费计算表如表 2-6 所示

表 2-6 职工福利费计算表

2018 年 3 月 （金额单位：元）

车间或部门（人员类别）	工资总额	计提比例	提取职工福利费
产品生产工人	165000		13200
车间管理人员	9000	8%	720
厂部管理人员	26000		2080
合计	200000		16000

（2）编制社会保险费计算表如表 2-7 所示

表 2-7 社会保险费计算表

2018 年 3 月 （金额单位：元）

车间或部门（人员类别）	工资总额	医疗保险费 10%	养老保险费 20%	失业保险费 3%	工伤保险费 2%	生育保险费 2%	社会保险费合计
产品生产工人	165000	16500	33000	4950	3300	3300	61050
车间管理人员	9000	900	1800	270	180	180	3330
厂部管理人员	26000	2600	5200	780	520	520	9620
合计	200000	20000	40000	6000	4000	4000	74000

（3）编制住房公积金、工会经费、职工教育经费计算表如表 2-8 所示

表 2-8 住房公积金、工会经费、职工教育经费计算表

2018 年 3 月 （金额单位：元）

车间或部门（人员类别）	工资总额	住房公积金 10%	工会经费 3%	职工教育经费 2%
产品生产工人	165000	16500	4950	3300
车间管理人员	9000	900	270	180
厂部管理人员	26000	2600	780	520
合计	200000	20000	6000	4000

（4）编制职工薪酬汇总表如表 2-9 所示。

表 2-9 职工薪酬汇总表

2018 年 3 月 （金额单位：元）

车间或部门（人员类别）	产品生产工人	车间管理人员	厂部管理人员	合计
工资总额	165000	9000	26000	200000
职工福利费	13200	720	2080	16000
社会保险费	61050	3330	9620	74000
——医疗保险费	16500	900	2600	20000
——养老保险费	33000	1800	5200	40000
——失业保险费	4950	270	780	6000
——工伤保险费	3300	180	520	4000
——生育保险费	3300	180	520	4000
住房公积金	16500	900	2600	20000
工会经费	4950	270	780	6000
职工教育经费	3300	180	520	4000
合计	264000	14400	41600	310000

（5）编制直接人工费用分配表（生产工时分配法）如表 2-10 所示

表 2-10 直接人工费用分配表

2018 年 3 月 （金额单位：元）

产品名称	实际生产工时（小时）	分配率	分配金额
甲产品	15000		132000
乙产品	7000	8.8	61600
丙产品	8000		70400
合计	30000		264000

注：其中分配率 = 所有产品生产工人费用 ÷ 所有产品实际生产总工时

根据表 2-9 和表 2-10，编制的会计分录如下：

借：基本生产成本——甲产品　　　　　　　　132000
　　　　　　　　——乙产品　　　　　　　　　61600
　　　　　　　　——丙产品　　　　　　　　　70400
　　制造费用——基本生产车间　　　　　　　　14400
　　管理费用　　　　　　　　　　　　　　　　41600
　贷：应付职工薪酬——工资　　　　　　　　200000
　　　　　　　　　——福利费　　　　　　　　16000
　　　　　　　　　——社会保险费　　　　　　74000
　　　　　　　　　——住房公积金　　　　　　20000
　　　　　　　　　——工会经费　　　　　　　6000
　　　　　　　　　——职工教育经费　　　　　4000

2.4 折旧费用的归集与分配

2.4.1 固定资产折旧费用概述

固定资产折旧费用是固定资产在长期使用过程中，因磨损而转移到产品成本费用中的那部分价值。在固定资产有效使用期间，会始终保持完整的实物形态，但由于磨损（有形损耗）和科学技术的发展（无形损耗），固定资产价值逐渐减少，为了保证固定资产实物的再生产，对于固定资产由于使用而发生的磨损价值就以计提折旧费用的方式，作为期间费用从产品销售收入中得到补偿形成一种基金准备，用于固定资产的更新和改造。进行固定资产折旧费用的核算，先要计算折旧，然后分配折旧费用。计算各期折旧费取决于三个因素：①固定资产原值；②固定资产预计净残值，即固定资产预计在报废清理时所取得的残余价值收入和支付的各项清理费用的差额；③固定资产预计使用年限。其中固定资产预计净残值和使用年限一旦确定，不能随意改动。固定资产折旧费用的计算方法主要有四种：平均年限法、工作量法、双倍余额递减法和年数总和法。目前我国主要采用前两种方法，下面对前两种方法进行详细介绍，后两种方法则简单介绍。

1. 平均年限法

平均年限法又称直线法，是指将固定资产的应记折旧费用平均分摊到固定资产预计使用寿命内，从而计算出每月固定资产折旧费用。该方法是最简单、最普遍的折旧方法，适用于各个时期使用情况大致相同的固定资产折旧。其计算公式为

$$固定资产年折旧费用 = \frac{固定资产原值 - 固定资产预计净残值}{固定资产预计使用年限}$$

$$固定资产年折旧率 = \frac{固定资产年折旧费用}{固定资产原值} \times 100\%$$

$$固定资产年折旧率 = \frac{1 - 固定资产预计净残值率}{固定资产预计使用年限} \times 100\%$$

或

$$固定资产月折旧费用 = 固定资产年折旧费用 / 12$$
$$固定资产月折旧率 = 固定资产年折旧率 / 12$$

其中，固定资产预计净残值率等于固定资产预计净残值与固定资产原值的比值。按现有规定，一般为固定资产原值的 3%~5%。

2. 工作量法

工作量法是指根据固定资产实际工作量计算出每期应计折旧费用，是平均年限法的补充和延伸。工作量在实际工作中可以是总行驶里程，也可以是总工作台班、总工作小时等。该方法适用于在使用期间有很大的负担程度差异，提供的经济效益并不是很均衡的部分固定资产。其计算公式为

$$单位工作量折旧额 = \frac{固定资产原值 \times (1 - 固定资产预计净残值率)}{固定资产预计总工作量}$$

某项固定资产月折旧费用＝该项固定资产当月实际完成工作量×单位工作量折旧费用

3. 双倍余额递减法

双倍余额递减法是指在不考虑固定资产净残值的情况下，根据每年年初固定资产净值和双倍的直线法折旧率计算出固定资产折旧费用。该方法是一种加速折旧方法，因为固定资产的账面余额会随着折旧的计提减少，而折旧率不变，所以各期计提的折旧费用必然会逐年减少。它适用于在使用前期计提折旧较多，而在使用后期则计提折旧较少的固定资产。

4. 年数总和法

年数总和法又称总和年限法、折旧年限积数法、年数比率法、级数递减法或年限合计法，是指用固定资产原值减去预计残值后的净额，乘以固定资产年折旧率（折旧率逐年递减），计算出固定资产折旧费用。该方法也是一种加速折旧的方法，适用于由于技术进步，产品更新换代较快，或者常年处于强震动、高腐蚀状态的固定资产。

2.4.2 固定资产折旧费用的归集与分配

要想归集固定资产折旧费用，需要确定应计提折旧固定资产的范围。

在企业里有多种多样的固定资产，但并非所有固定资产都要计提折旧。下面将企业的固定资产按照应计提折旧和不应计提折旧来分类。

应计提折旧的固定资产包括：企业在用的固定资产，包括经营用固定资产、非经营用固定资产、租出固定资产等。比如：

1）房屋和建筑物。

2）在用机器设备、仪器仪表、运输工具、工具器具。

3）季节性停用、大修理停用的固定资产。

4）以融资租赁方式租入和以经营租赁方式租出的固定资产。

5）已达到预定可使用状态的固定资产，如果尚未办理竣工结算的，那么应按估计价值暂估入账，并计提折旧。待办理了竣工结算手续后，再按照实际成本调整原来的暂估价值，同时调整原已计提的折旧。

不应计提折旧的固定资产包括：

1）除房屋、建筑物以外的未使用、不需用的固定资产。

2）以经营租赁方式租入的固定资产。

3）已提足折旧、仍继续使用的固定资产。

4）按规定单独估价作为固定资产入账的土地。

5）已全额计提减值准备的固定资产。

6）破产、关停企业的固定资产。

7）未提足折旧、提前报废的固定资产。

固定资产折旧费不单设成本项目，它是按照固定资产的使用部门归集，然后再与车间、部门的其他费用一起分配计入产品成本及期间费用，借记"制造费用""管理费用""销售费用"等账户，贷记"累计折旧"账户。折旧费用的分配，通过"固定资产折旧费用分配表"进行。

例 2-15：某公司 2019 年 3 月固定资产折旧费用分配表如表 2-11 所示。要求做出 3 月份计提累计折旧的会计分录。

表 2-11 固定资产折旧费用分配表

某公司　2019 年 3 月　　　　　　　　　　　　　　（金额单位：元）

应借项目	车间部门		2月份折旧费用	2月份增加折旧费用	2月份减少折旧费用	本月折旧费用
制造费用	基本生产车间		5000	1560	430	6130
	辅助生产车间	机修车间	2200	670		2870
		运输车间	1890	520	260	2150
		小计	4090	1190	260	5020
管理费用	行政管理部门		3740	310	190	3860
合计			12830	3060	880	15010

根据表 2-11 编制会计分录如下：

借：制造费用　　　　　　　　　　　6130
　　辅助生产成本——机修车间　　　2870
　　　　　　　　——运输车间　　　2150
　　管理费用　　　　　　　　　　　3860
　　贷：累计折旧　　　　　　　　　　　　15010

2.5 固定资产修理费用的归集与分配

固定资产修理费用是指固定资产在较长时间的使用过程中，各个部件会发生不同程度的损坏现象，为了保证固定资产的良好状况，应对其进行必要的修理，以恢复正常性能所产生的费用。固定资产修理按管理要求和修理的规模不同，可分为经常性修理和大修理两种，下面对这两种修理所产生的费用进行归集与分配。

1. 经常性修理费用的归集与分配

经常性修理费用是为维持固定资产正常工作状态的修理所产生的费用。它每次修理的范围和规模较小，修理费用较低，修理次数频繁，因此，经常性修理费用一般都作为当期损耗借记"管理费用"，贷记"银行存款"。

例 2-16：某公司以银行存款支付本月发生的固定资产经常性修理费用共计 8000 元，试进行账务处理。

根据该资料，编制会计分录如下：
借：管理费用　　　　　　　　　　　　　　　　8000
　　贷：银行存款　　　　　　　　　　　　　　　　　8000

2. 大修理费用的归集与分配

大修理费用是为恢复固定资产原生产能力的修理所产生的费用。它在固定资产整个使用期内修理次数较少，每次修理的范围和规模较大且支出费用较高。通常，固定资产大修理发生的时间间隔都在一年以上，在发生大修理费用时，借记"长期待摊费用"账户，贷记"银行存款"等账户。摊销时，借记"管理费用"账户，贷记"长期待摊费用"账户。

例 2-17：某机械公司有 6 辆汽车，2016 年 5 月公司进行两年一次的大修理，花费大修理费用 48000 元，以银行存款支付，修理费用按月摊销，两年摊完，试进行相关的账务处理。

每月应摊销大修理费用 =48000 ÷ (2 × 12) 元 =2000 元

根据该资料，编制会计分录如下：
借：长期待摊费用——大修理费　　　　　　　48000
　　贷：银行存款　　　　　　　　　　　　　　　　48000
每月摊销时：
借：管理费用　　　　　　　　　　　　　　　　2000
　　贷：长期待摊费用——大修理费　　　　　　　　2000

2.6　利息费用的归集与分配

利息费用可分为由短期借款和长期借款所产生的利息，本书只介绍短期借款的利息费用的会计处理。对于企业发生的短期借款利息，不是产品成本的部分，一般作为财务费用计入期间费用处理。对于短期借款利息的支付，则根据以下不同情况进行处理。

1）如果短期借款利息按季支付，并且数额较大，则通常采用预提法，即在每个季度的前两个月，将本月应负担的利息费用预提出来，借记"财务费用"账户，贷记"应付利息"账户，在每个季度的第三个月实际支付时，按已预提的利息额，借记"应付利息"账户，按实际支付的利息额与预提数的差额，借记"财务费用"账户，按实际支付的利息额，贷记"银行存款"账户。

2）如果短期借款利息按季支付，数额不大，则为了简便核算，不再采用预提法，即在每个实际支付利息的月份，将其全部作为当月的财务费用处理，借记"财务费用"账户，按实际支付的利息额，贷记"银行存款"账户。

3）如果短期借款利息是按月支付，或按季支付但数额较小，则采用直接转销法，即在实际支付利息的月份，全额直接计入当期损益，借记"财务费用"账户，贷记"银行存款"账户。

例 2-18：某企业 2017 年 1 月 1 日向银行借入 300000 元，期限 12 个月，年利率 5%，每季度付息一次，到期归还本金。公司采用预提法进行利息费用的核算，根据以上资料，编制会计分录如下：

1 月、2 月各月预提利息费用：300000×5%÷12 元 =1250 元

1 月、2 月共预提利息额：1250×2 元 =2500 元

借：财务费用　　　　　　　　　　　　　1250
　　贷：应付利息　　　　　　　　　　　　　　1250

3 月末实际支付借款利息 3750 元。

借：应付利息　　　　　　　　　　　　　2500
　　财务费用　　　　　　　　　　　　　1250
　　贷：银行存款　　　　　　　　　　　　　　3750

按照全责发生制原则，长期借款的利息费用应分析确认。企业取得的长期借款，通常采用到期一次还本付息的方式，分期确认的利息费用应按以下原则计入有关成本、费用。

属于筹建期间的，计入管理费用；属于生产经营期间的，计入财务费用。如果长期借款用于构建固定资产的，在固定资产尚未达到预定可使用状态前，所发生的利息计入在建工程成本。固定资产达到预定可使用状态后，发生的利息支出计入财务费用。核算时，根据借款用途，分别借记"在建工程""管理费用""财务费用"等账户，贷记"长期借款"账户。

2.7　税金费用的归集与分配

企业产生的税金费用不是产品成本的组成部分，而是作为管理费用计入期间费用处理。税金没有单独设置成本账户，而是在管理费用中设置税金费用账户。税金费用主要包括：房产税、车船使用税、土地使用税和印花税等。

房产税是指根据房产账面原值或出租房屋的租金收入，按一定方法和规定的税率计算。车船使用税是指按照车船种类、数量、吨位等和规定的征收定额计算。土地使用税是指根据具体情况，按用地面积和不同等级的计税标准计算。对于这三种税，根据计算出的税金借记"管理费用"账户，贷记"应缴税费"账户进行核算。

印花税是指对书立、购销、加工、租赁、借款等合同和营业账簿等凭证行为征收的税款，根据不同征税项目的性质，分别按比例税率或计税定额计算。根据会计制度规定，企业缴纳的印花税不通过"应缴税费"账户核算，购买印花税票，并且当金额较少时，借记

"管理费用"账户,贷记"银行存款"账户。

例 2-19:某公司本月用支票购买印花税票 300 元,本月应交房产税 2000 元,应交车船使用税 800 元,应交土地使用税 2300 元。公司编制的会计分录如下:

借:管理费用	5400
贷:应交税费——应交房产税	2000
——应交车船使用税	800
——应交土地使用税	2300
银行存款	300

2.8 其他支出费用的归集与分配

工业企业要素费用中的其他费用,是指上述各项要素费用以外的费用支出,包括:差旅费、邮电费、保险费、租赁费、办公费、水电费、劳动保护费、运输费、交通补助费、技术研发费、业务招待费等。这些费用一般不专门设置成本账户,在费用发生时,根据相关凭证按照发生的车间、部门等,分别借记"辅助生产成本""制造费用""管理费用""在建工程"等账户,贷记"银行存款"或"库存现金"账户。

例 2-20:某企业本月用银行存款支付各部门的邮电费、租赁费、办公费、保险费等其他费用如下:供电车间 1200 元,基本生产车间 900 元,管理部门 3100 元,销售部门 700 元(其他费用略)。应编制的会计分录如下:

借:辅助生产成本——供电车间	1200
制造费用——基本生产车间	900
管理费用	3100
销售费用	700
贷:银行存款	5900

2.9 辅助生产费用的归集与分配

辅助生产主要是为基本生产和行政管理部门服务而进行的产品生产和劳务供应。有的只生产一种产品或提供一种劳务,如供电、供汽、运输等辅助生产;有的则生产多种产品或提供多种劳务,如从事工具、模型、备件的制造以及机器设备的修理等辅助生产。辅助生产提供的产品和劳务,有时也对外销售,但这不是辅助生产的主要目的。辅助生产费用是指辅助生产部门在进行产品生产和劳务供应时所发生的各种费用。

2.9.1 辅助生产费用的归集

辅助生产费用的归集,是通过"辅助生产成本"总账科目进行的。该科目应按车间和产品品种设置明细账,进行明细核算。

对于辅助生产车间生产单一产品或提供一种劳务所发生的全部费用可直接计入"辅助生产成本"明细账中。对于辅助生产车间生产多种产品或提供多种劳务所发生的费用应按各种产品或劳务来设置明细账。

对于辅助生产车间完工的产品或劳务成本,应从"辅助生产成本"科目及其明细账的贷方转出。如果"辅助生产成本"科目的借方有余额,则表示为辅助生产的在产品成本。

对于辅助基本生产车间生产发生的直接材料、直接人工等直接费用,分别根据"原材料费用分配表""外购动力费用分配表""职工薪酬分配表"和有关凭证,借记"辅助生产成本"科目及其明细账。对于辅助生产发生的间接费用(如多种产品共同消耗的材料、水电费和办公费等),一般情况下,会计部门通常先借记"制造费用"科目,然后对这些费用进行单独归集,在每个会计期间终了,再按一定的标准(如生产各种产品所耗的工时)将所归集的费用,从该科目的贷方直接转入或分配转入"辅助生产成本"科目及其明细账的借方。通常,对于大、中型企业产生的制造费用较多的情况,需要单独设置"制造费用"科目及其明细账,辅助生产费用明细账就如表2-12所示,表中增加"制造费用分配表"一行,具体明细如表2-13所示。但是对于辅助生产车间规模较小、制造费用很少且辅助生产不对外提供产品和劳务的,为简化核算工作,辅助生产的制造费用也可以不通过制造费用科目,而直接记入辅助生产成本科目。此时,表2-12中没有"制造费用分配表"这一行,且制造费用这一列需要换成固定资产修理费、折旧费、办公费等多列,同样也不存在表2-13。

表 2-12 辅助生产费用明细账

辅助车间:×× ××××年××月 (金额单位:元)

摘 要	直接材料	直接燃料和动力	直接人工	制造费用	合计
原材料费用分配表	10000				10000
外购动力费用分配表		1500			1500
工资费用分配表			30000		30000
待分配费用小计	10000	1500	30000		41500
制造费用分配表				18000	18000
辅助生产成本分配表合计 (直接分配法)	10000	1500	30000	18000	59500
转出	10000	1500	30000	18000	59500

第 2 章 工业成本核算的费用归集与分配

表 2-13 制造费用明细账

辅助车间：×× ××××年××月 （金额单位：元）

摘　　要	机物料消耗	燃料和动力	人工费	固定资产折旧费	办公费	利息	合计
原材料费用分配表	3500						3500
外购动力费用分配表		3000					3000
职工薪酬分配表			9000				9000
固定资产折旧费用分配表				1000			1000
其他费用分配表					550	950	1500
待分配费用小计	3500	3000	9000	1000			16500
辅助生产成本分配表	3500	3000	9000	1000	550	950	18000
转出	3500	3000	9000	1000	550	950	18000

2.9.2 辅助生产费用的分配

辅助生产费用的分配，是指在月末时将辅助生产车间发生的各项费用分配到各受益对象中去的过程，应通过编制"辅助生产费用分配表"进行。

对于归集在"辅助生产成本"科目及其明细账借方的辅助生产费用，由于所生产的产品和提供的劳务不同，其所发生的费用分配转出的程序方法也不一样。制造工具、模型、备件等产品所发生的费用，应计入完工工具、模型、备件等产品的成本。完工时，作为自制工具或材料入库，从"辅助生产成本"科目及其明细账的贷方转入"周转材料"或"原材料"科目的借方；领用时，按其用途和使用部门，一次或分期摊入成本。提供水、电、气和运输、修理等劳务所发生的辅助生产费用，多按受益单位耗用的劳务数量在各单位之间进行分配，分配时，借记"制造费用"或"管理费用"等科目，贷记"辅助生产成本"科目及其明细账。在结算辅助生产明细账之前，还应将各辅助车间的制造费用分配转入各辅助生产明细账，归集辅助生产成本。

辅助生产提供的产品和劳务，通常是为基本生产车间和管理部门使用和服务的。但在某些辅助生产车间之间也有相互提供产品和劳务的情况。例如，供电车间为供水车间提供电力，供水车间也为供电车间提供水。这样，为了计算供电成本，就要确定供水成本；而要计算供水成本，又要确定供电成本。因此，就需要找到相应的办法来解决一个辅助生产费用在各辅助生产车间交互分配的问题。

对于辅助生产费用的分配，可以按照一定的原则和方法，将辅助生产费用分配到各个受益单位或产品上去。辅助生产费用分配的原则为：谁受益谁负担，多受益多负担，少受益少负担，不受益不负担。通常采用的分配方法有：直接分配法、交互分配法、代数分配法、顺序分配法和计划成本分配法等。

1. 直接分配法

直接分配法是指不考虑辅助生产内部相互提供的劳务量，直接将各辅助生产车间发生的费用分配给辅助生产以外的各个受益单位或产品的一种分配方法。

分配计算公式如下：

$$某车间辅助生产费用的分配率（单位成本）=\frac{该车间辅助生产费用总额}{该车间对外提供的产品或劳务总量}$$

某辅助生产车间以外各受益对象应分配的费用＝
辅助生产费用的分配率（单位成本）×受益对象的耗用量

例 2-21：某企业有供水、供电两个辅助生产车间，供水车间 2019 年 5 月发生费用 25160 元，供电车间发生费用 8095 元。劳务供应情况如表 2-14 所示。采用直接分配法编制分配表和会计分录（要求：分配率保留四位小数）。

表 2-14　辅助生产车间供应劳务数据表

2019 年 5 月

受益单位分配		供水 /t	供电 /kW·h
基本生产——甲产品			5600
基本生产车间		5400	6500
辅助生产车间	供电	1500	
	供水		2000
管理部门		600	1400
销售部门		500	500
合计		8000	16000

相关数据的计算过程如下：

（1）供电车间

$$对外提供的劳务供应总量=（16000-2000）kW·h=14000kW·h$$

$$供电车间辅助生产费用的分配率=\frac{该车间辅助生产费用总额}{该车间对外提供的产品或劳务总量}$$

$$=\frac{8095}{14000}元/kW·h=0.5782元/kW·h$$

基本生产车间甲产品分配的费用 =0.5782×5600 元 =3237.92 元

基本生产车间分配的费用 =0.5782×6500 元 =3758.3 元

管理部门分配的费用 =0.5782×1400 元 =809.48 元

销售部门分配的费用 =（8095-3237.92-3758.3-809.48）元 =289.3 元

（2）供水车间

$$对外提供的劳务供应总量 = (8000-1500)t = 6500t$$

$$供电车间辅助生产费用的分配率 = \frac{该车间辅助生产费用总额}{该车间对外提供的产品或劳务总量}$$

$$= \frac{25160}{6500}元/t = 3.8708元/t$$

基本生产车间分配的费用 = 3.8708 × 5400 元 = 20902.32 元

管理部门分配的费用 = 3.8708 × 600 元 = 2322.48 元

销售部门分配的费用 = (25160-20902.32-2322.48) 元 = 1935.2 元

根据计算结果，按照直接分配法分配的辅助生产费用如表 2-15 所示。

表 2-15 辅助生产费用分配表（直接分配法）

2019 年 5 月 （金额单位：元）

项 目		供电	供水	金额合计
待分配费用		8095	25160	33255
对外提供的劳务供应总量		14000	6500	
辅助生产费用的分配率（单位成本）		0.5782	3.8708	
基本生产车间甲产品耗用	耗用数量	5600		
	分配金额	3237.92		3237.92
基本生产车间一般耗用	耗用数量	6500	5400	
	分配金额	3758.3	20902.32	24660.62
管理部门	耗用数量	1400	600	
	分配金额	809.48	2322.48	3131.96
销售部门	耗用数量	500	500	
	分配金额	289.3	1935.2	2224.5
分配金额合计		8095	25160	33255

根据表 2-15，编制会计分录如下：

借：基本生产成本——甲产品　　　　　　　　　　3237.92

　　制造费用　　　　　　　　　　　　　　　　24660.62

　　管理费用　　　　　　　　　　　　　　　　3131.96

　　销售费用　　　　　　　　　　　　　　　　2224.5

　　贷：辅助生产成本——供电　　　　　　　　8095

　　　　辅助生产成本——供水　　　　　　　　25160

直接分配法的优点是计算简便。但因为对各辅助生产车间相互之间提供的产品或劳务不进行分配，所以存在诸多缺点。第一，在辅助生产成本明细账中，没有全面反映辅助生产车间本月发生的生产费用。在例 2-20 中，供电车间提供的劳务费用未包括供水费用，供水车间提供的劳务费用未包括供电费用。第二，因为向其他辅助车间提供的产品或劳务的价值与耗用其他辅助车间产品或劳务价值不一定相等，所以分配的结果不够准确。第三，由于无偿耗用其他辅助车间的产品或劳务，会助长浪费，不利于辅助车间的经济核算。

当辅助生产车间相互提供产品或劳务量差异较大时，采用直接分配法分配结果往往与实际不符，因此，这种分配方法只适用于只有一个辅助生产车间，或有多个辅助生产车间但辅助生产车间内部相互提供产品或劳务不多的企业。

2. 交互分配法

交互分配法是指将辅助生产费用先在各辅助生产车间内部进行交互分配，再对外分配（将交互分配后的实际费用分配给辅助生产车间以外的受益对象），即先根据各辅助生产车间相互提供的产品或劳务的数量和交互分配前的费用分配率（单位成本），在各辅助生产车间之间进行分配；然后将各辅助生产车间交互分配后的实际费用（交互分配前待分配的成本费用加上交互分配后转入的成本费用，减去交互分配后转出的成本费用）；再按提供产品或劳务的数量和交互分配后的单位成本（费用分配率），在辅助生产车间以外的各受益单位之间进行分配。其有关步骤及计算公式如下：

第一步：对内分配。辅助生产车间以外的受益对象不进行分配，只将辅助生产费用在各辅助生产车间之间进行交互分配。其公式为

$$某辅助生产车间费用的交互分配率 = \frac{该车间待分配费用总额}{该车间提供的劳务总量}$$

在计算出某辅助生产车间费用的交互分配率后，可计算出该辅助生产车间应分配的费用。

$$某辅助生产车间应分配的费用 = 该辅助生产车间耗用劳务量 \times 交互分配率$$

第二步：计算交互分配后的实际费用。计算对辅助生产车间以外受益对象分配的费用，即各辅助生产车间交互分配后的实际费用，公式为

$$交互分配后的实际费用 = 交互分配前待分配的费用 + 交互分配后转入的费用 - 交互分配后转出的费用$$

其中，交互分配后转入的费用是指某辅助车间应负担其他车间的辅助生产费用；交互分配后转出的费用是指其他车间应负担本车间的辅助生产费用。

第三步：对外分配。将辅助生产车间交互分配后的实际费用在辅助生产车间以外各受益对象间进行分配。其公式为：

$$某辅助车间生产费用的对外分配率 = \frac{交互分配前的待摊费用 + 交互分配转入的费用 - 交互分配转出的费用}{对外提供的劳务总量}$$

$$某辅助生产车间各受益对象承担分配费用 = 该部门耗用劳务量 \times 对外分配率$$

例 2-22：沿用例 2-21 资料，按交互分配法编制分配表和会计分录。

相关数据的计算过程如下：

（1）对内分配

供电车间（对内）交互分配率 =8095÷16000 元 /kW·h=0.5059375 元 /kW·h
供水车间（对内）交互分配率 =25160÷8000 元 /t=3.145 元 /t
　　供电车间应分配的电费 =0.5059375×2000 元 =1011.875 元
　　供水车间应分配的水费 =3.145×1500 元 =4717.5 元

（2）交互分配后的实际费用

供电车间交互分配后的实际费用 =8095+4717.5−1011.875=11800.625 元
供水车间交互分配后的实际费用 =25160+1011.875−4717.5=21454.375 元

（3）对外分配

供电车间对外分配率 =11800.625÷（16000−2000）元 /kW·h=0.8429 元 /kW·h
供水车间对外分配率 =21454.375÷（8000−1500）元 /t=3.3007 元 /t
　基本生产车间甲产品应分配的电费 =0.8429×5600 元 =4720.24 元
　　基本生产车间应分配的电费 =0.8429×6500 元 =5478.85 元
　　基本生产车间应分配的水费 =3.3007×5400 元 =17823.78 元
　　管理部门应分配的电费 =0.8429×1400 元 =1180.06 元
　　管理部门应分配的水费 =3.3007×600 元 =1980.42 元
　销售部门应分配的电费 =（11800.625−5478.85−1180.06）元 =421.475 元
　销售部门应分配的水费 =（21454.375−17823.78−1980.42）元 =1650.175 元

根据计算结果，按交互分配法分配的辅助生产费用如表 2-16 所示。

表 2-16　辅助生产费用分配表（交互分配法）

2019 年 5 月　　　　　　　　　　　　　　　　　　（金额单位：元）

项　　目			供电	供水	金额合计
待分配费用			8095	25160	33255
劳务供应总量			16000	8000	
对内交互分配率（对内单位成本）			0.5059375	3.145	
对内分配	供电车间	耗用数量		1500	
		分配金额		4717.5	4717.5
	供水车间	耗用数量	2000		
		分配金额	1011.875		1011.875
	分配金额小计		1011.875	4717.5	5729.375
对外分配金额			11800.625	21454.375	33255
对外交互分配率（对外单位成本）			0.8429	3.3007	
对外分配	基本生产车间甲产品耗用	耗用数量	5600		
		分配金额	4720.24		4720.24
	基本生产车间一般耗用	耗用数量	6500	5400	
		分配金额	5478.85	17823.78	23302.63
	管理部门	耗用数量	1400	600	
		分配金额	1180.06	1980.42	3160.48
	销售部门	耗用数量	500	500	
		分配金额	421.475	1650.175	2071.65
分配金额合计			11800.625	21454.375	33255

注：数字四舍五入，小数位差计入销售费用。

根据表 2-16，编制会计分录如下：

（1）对内交互分配分录

借：辅助生产成本——供水车间　　　　　　　4717.5
　　　贷：辅助生产成本——供电车间　　　　　　　4717.5
借：辅助生产成本——供电车间　　　　　　　1011.875
　　　贷：辅助生产成本——供水车间　　　　　　　1011.875

（2）对外分配分录

借：基本生产成本——甲产品　　　　　　　　4720.24
　　制造费用　　　　　　　　　　　　　　　23302.63
　　管理费用　　　　　　　　　　　　　　　3160.48
　　销售费用　　　　　　　　　　　　　　　2071.65
　　　贷：辅助生产费用——供电车间　　　　　　　11800.625
　　　　　　　　　　　　——供水车间　　　　　　　21454.375

采用交互分配法，优点是由于对辅助生产车间相互提供的产品或劳务进行了一次交互分配，在辅助生产成本明细账中，能够反映辅助生产车间的全部生产费用，分配的结果也比较准确，并且有利于辅助生产车间的经济核算。缺点是由于对辅助生产费用的分配要分两步进行，增加了计算工作量。此外，由于交互分配的费用分配率是根据交互分配前本月发生的生产费用计算的，低于对外分配的费用分配率，分配的结果不是很准确。

根据交互分配法的优点和缺点，交互分配法适用于有两个或两个以上的辅助生产车间，且各辅助生产车间之间相互提供的产品或劳务数量较多的企业。

3. 代数分配法

代数分配法是运用代数中多元一次联立方程的原理，在辅助生产车间之间相互提供产品或劳务情况下的一种辅助生产成本费用分配方法，即先根据各辅助生产车间相互提供的产品和劳务的数量，列出联立方程式并进行求解，计算出辅助生产产品或劳务的费用分配率（单位成本）；然后，根据各受益单位（包括辅助生产内部和外部各单位）耗用产品或劳务的数量和费用分配率，计算分配辅助生产费用。

例 2-23：沿用例 2-21 资料，按照代数分配法编制分配表和会计分录。

相关的计算过程如下：

假设水单位成本为 x 元 /t，电单位成本为 y 元 /kW·h，则

$$\begin{cases} 25160 + 2000y = 8000x \\ 8095 + 1500x = 16000y \end{cases}$$

解得：$x=3.35$ 元 /t，$y=0.82$ 元 /kW·h

（1）供电车间

辅助生产车间供电车间分配的费用 =0.82×2000元 =1640元
基本生产车间甲产品分配的费用 =0.82×5600元 =4592元
基本生产车间分配的费用 =0.82×6500元 =5330元
管理部门分配的费用 =0.82×1400元 =1148元
销售部门分配的费用 =0.82×500元 =410元

（2）供水车间

辅助生产车间供水车间分配的费用 =3.35×1500元 =5025元
基本生产车间分配的费用 =3.35×5400元 =18090元
管理部门分配的费用 =3.35×600元 =2010元
销售部门分配的费用 =3.35×500元 =1675元

根据计算结果，按照代数分配法分配的辅助生产费用如表 2-17 所示。

表 2-17 辅助生产费用分配表（代数分配法）

2019 年 5 月　　　　　　　　　　　　　　　　（金额单位：元）

项目			供电	供水	金额合计
待分配费用			8095	25160	33255
劳务供应总量			16000	8000	
辅助生产费用的分配率（单位成本）			0.82	3.35	
辅助车间耗用	供电车间	耗用数量		1500	
		分配金额		5025	5025
	供水车间	耗用数量	2000		
		分配金额	1640		1640
	分配金额小计		1640	5025	6665
基本生产车间甲产品耗用		耗用数量	5600		
		分配金额	4592		4592
基本生产车间一般耗用		耗用数量	6500	5400	
		分配金额	5330	18090	23420
管理部门		耗用数量	1400	600	
		分配金额	1148	2010	3158
销售部门		耗用数量	500	500	
		分配金额	410	1675	2085
分配金额合计			13120	26800	39920

根据表 2-17，编制会计分录如下：

借：辅助生产成本——供水车间　　　　　　　　　5025
　　　　　　　　——供电车间　　　　　　　　　1640
　　基本生产成本——甲产品　　　　　　　　　　4592
　　制造费用　　　　　　　　　　　　　　　　　23420
　　管理费用　　　　　　　　　　　　　　　　　3158
　　销售费用　　　　　　　　　　　　　　　　　2085
　贷：辅助生产成本——供电　　　　　　　　　　13120
　　　辅助生产成本——供水　　　　　　　　　　26800

采用代数分配法，优点是其费用成本分配结果最准确，考虑了辅助生产车间之间相互提供的劳务应负担费用问题；缺点是在辅助生产车间较多的情况下，未知数较多，计算复杂。因而这种分配方法适用于辅助生产车间较少，且计算工作已经实现电算化的企业。

4. 顺序分配法

顺序分配法又称梯形分配法，是指在各辅助生产车间分配费用时，先按照各辅助生产车间受益多少的顺序依次排列，受益少的排在前面，受益多的排在后面，然后逐一将费用分配给排在其后受益的辅助生产车间，后面的受益车间发生的费用不用再对前面的辅助生产车间进行分配的一种分配方法。

顺序分配法的操作步骤及基本公式如下：

第一步：计算先分配辅助生产车间的分配率（单位成本），再计算各受益对象应承担的辅助生产费用。公式为

$$先分配辅助生产车间的费用分配率 = \frac{该车间辅助生产费用总额}{该车间提供的产品或劳务总量}$$

各辅助生产车间受益对象承担的费用 = 各受益对象消耗量 × 先分配辅助生产车间的费用分配率

第二步：计算后分配辅助生产车间的分配率，再计算除先分配辅助生产车间以外的受益对象应承担的辅助生产费用。公式为

$$后分配辅助生产车间的费用分配率 = \frac{该车间辅助生产费用总额 + 先分配车间分来的费用}{该车间提供的产品或劳务总量 - 提供给先分配车间的产品或劳务总量}$$

除先分配车间外各受益对象应承担的费用 =
除先分配车间外各受益对象耗用量 × 后分配辅助生产车间的费用分配率

例 2-24：沿用例 2-21 资料，按照顺序分配法编制分配表和会计分录。
相关的计算过程如下：
（1）供水车间

第2章　工业成本核算的费用归集与分配

$$供水车间辅助生产费用的分配率 = \frac{该车间辅助生产费用总额}{该车间提供的产品或劳务总量}$$

$$= \frac{25160}{8000}元/t = 3.145元/t$$

辅助生产车间供水车间分配的费用 = 3.145 × 1500 元 = 4717.5 元
基本生产车间分配的费用 = 3.145 × 5400 元 = 16983 元
管理部门分配的费用 = 3.145 × 600 元 = 1887 元
销售部门分配的费用 = 3.145 × 500 元 = 1572.5 元

（2）供电车间

$$供电车间辅助生产费用的分配率 = \frac{该车间辅助生产费用总额 + 供电车间分配来的费用}{该车间对外提供的产品或劳务总量}$$

$$= \frac{8095 + 4717.5}{16000 - 2000}元/kW·h = 0.9152元/kW·h$$

基本生产车间甲产品分配的费用 = 0.9152 × 5600 元 = 5125.12 元
基本生产车间分配的费用 = 0.9152 × 6500 元 = 5948.8 元
管理部门分配的费用 = 0.9152 × 1400 元 = 1281.28 元
销售部门分配的费用 = （12812.5 - 5125.12 - 5948.8 - 1281.28）元 = 457.3 元

根据计算结果，按照顺序分配法分配的辅助生产费用如表2-18所示。

表2-18　辅助生产费用分配表（顺序分配法）

2019年5月　　　　　　　　　　　　　　（金额单位：元）

项目			供水（先分配）	供电（后分配）	金额合计
本月发生的实际费用			25160	8095	33255
劳务供应总量			8000	16000	
待分配费用			25160	12812.5	37972.5
对外劳务供应总量			6500	14000	
辅助生产费用的分配率（单位成本）			3.145	0.9152	
辅助车间耗用	供电车间	耗用数量	1500		
		分配金额	4717.5		4717.5
	供水车间	耗用数量		2000	
		分配金额		—	—
	分配金额小计		4717.5	—	4717.5
基本生产车间甲产品耗用		耗用数量		5600	
		分配金额		5125.12	5125.12
基本生产车间一般耗用		耗用数量	5400	6500	
		分配金额	16983	5948.8	22931.8
管理部门		耗用数量	600	1400	
		分配金额	1887	1281.28	3168.28
销售部门		耗用数量	500	500	
		分配金额	1572.5	457.3	2029.8
分配金额合计			25160	12812.5	37972.5

根据表 2-18，编制会计分录如下：

（1）供水车间

借：辅助生产成本——供电车间　　　　　　　　　4717.5
　　　制造费用　　　　　　　　　　　　　　　　　16983
　　　管理费用　　　　　　　　　　　　　　　　　1887
　　　销售费用　　　　　　　　　　　　　　　　　1572.5
　　贷：辅助生产成本——供水　　　　　　　　　　　　　25160

（2）供电车间

借：基本生产成本——甲产品　　　　　　　　　　5125.12
　　　制造费用　　　　　　　　　　　　　　　　　5948.8
　　　管理费用　　　　　　　　　　　　　　　　　1281.28
　　　销售费用　　　　　　　　　　　　　　　　　457.3
　　贷：辅助生产成本——供水　　　　　　　　　　　　　12812.5

顺序分配法的优点是各种辅助生产费用只计算一次，计算简便；缺点是分配结果不太准确，而且不利于调动排在前的辅助生产车间降低耗用的积极性，因为排在前的辅助生产车间不负担排在后的辅助生产车间的费用。

根据顺序分配法的优、缺点，该方法主要适用于各辅助生产车间之间相互提供劳务有明显顺序的企业，而且在排在前的辅助生产车间耗用比排在后的辅助生产车间费用较少的情况下使用。

5. 计划成本分配法

计划成本分配法是指辅助生产车间生产的产品或劳务，按照计划单位成本计算、分配辅助生产费用，然后再按照实际费用与计划分配额之差进行调整分配的一种分配方法。

辅助生产车间为各受益单位（包括其他辅助生产车间）提供的产品或劳务，一律按产品或劳务的实际耗用量和计划单位成本进行分配。辅助生产车间实际发生的费用（包括交互转入的费用）与计划分配额之间的差异，可以再分配给辅助生产车间以外各受益单位负担，但为简化计算工作，一般全部调整计入管理费用，不再分配给其他各受益对象。

例 2-25：沿用例 2-21 资料，假设水计划单位成本 3.5 元/t，电的计划单位成本 0.8 元/kW·h。按照计划成本分配法编制分配表和会计分录。

相关计算过程如下：

（1）按计划成本计算辅助生产车间费用分配额

① 供水车间

辅助生产车间供水车间分配的费用 = 3.5 × 1500 元 = 5250 元
基本生产车间分配的费用 = 3.5 × 5400 元 = 18900 元
管理部门分配的费用 = 3.5 × 600 元 = 2100 元
销售部门分配的费用 = 3.5 × 500 元 = 1750 元

② 供电车间

$$辅助生产车间供电车间分配的费用 =0.8 \times 2000 元 =1600 元$$
$$基本生产车间甲产品分配的费用 =0.8 \times 5600 元 =4480 元$$
$$基本生产车间分配的费用 =0.8 \times 6500 元 =5200 元$$
$$管理部门分配的费用 =0.8 \times 1400 元 =1120 元$$
$$销售部门分配的费用 =0.8 \times 500 元 =400 元$$

（2）计算辅助生产车间的计划成本

$$供水车间的计划成本 =3.5 \times 8000 元 =28000 元$$
$$供电车间的计划成本 =0.8 \times 16000 元 =12800 元$$

（3）计算辅助生产车间的实际成本

$$供水车间的实际成本 =（25160+1600）元 =26760 元$$
$$供电车间的实际成本 =（8095+5250）元 =13345 元$$

（4）计算辅助生产车间的成本差异

$$供水车间的成本差异 =（26760-28000）元 =-1240 元$$
$$供电车间的成本差异 =（13345-12800）元 =545 元$$

根据计算结果，按照计划成本分配法分配辅助生产费用如表 2-19 所示。

表 2-19 辅助生产费用分配表（计划成本分配法）

2019 年 5 月　　　　　　　　　　　　　　　　（金额单位：元）

项目			供水	供电	金额合计
待分配费用			25160	8095	33255
劳务供应总量			8000	16000	
辅助生产费用分配率（实际单位成本）			3.5	0.8	
辅助车间耗用	供电车间	耗用数量	1500		
		分配金额	5250		5250
	供水车间	耗用数量		2000	
		分配金额		1600	1600
	分配金额小计		5250	1600	6850
基本生产车间甲产品耗用		耗用数量		5600	
		分配金额		4480	4480
基本生产车间一般耗用		耗用数量	5400	6500	
		分配金额	18900	5200	24100
管理部门		耗用数量	600	1400	
		分配金额	2100	1120	3220
销售部门		耗用数量	500	500	
		分配金额	1750	400	2150
按计划成本分配金额合计			28000	12800	40800
实际成本金额合计			26760	13345	40105
辅助生产成本差异（超支或节约额）			-1240	545	-695

注：最后一栏中，负数表示辅助生产成本节约，正数则表示辅助生产成本超支。

根据表 2-19，编制会计分录如下：

（1）按计划成本分配费用

借：辅助生产成本——供水车间　　　　　　　　1600
　　　　　　　　——供电车间　　　　　　　　5250
　　基本生产成本——甲产品　　　　　　　　　4480
　　制造费用　　　　　　　　　　　　　　　24100
　　管理费用　　　　　　　　　　　　　　　　3220
　　销售费用　　　　　　　　　　　　　　　　2150
　　贷：辅助生产成本——供水车间　　　　　　26760
　　　　　　　　——供电车间　　　　　　　　13345

（2）结转差额（超支用蓝字，节约用红字）

借：管理费用　　　　　　　　　　　　　　　　695
　　贷：辅助生产成本——供水车间　　　　　　1240
　　　　　　　　——供电车间　　　　　　　　545

采用按计划成本分配法，优点是首先由于计划单位成本是早已确定的，不需计算费用分配率，辅助生产费用的分配计算很简便；其次通过辅助生产成本差异的计算，可以考核辅助生产成本计划的执行情况；最后由于辅助生产成本差异全部列入管理费用，产品成本不受辅助生产成本差异的影响，便于进行成本分析。缺点是采用该种分配方法，如果企业没有合理地制订辅助生产劳务的计划单位成本，就会影响产品成本和利润的正确性。因此，计划成本分配法适用于具有较高管理水平或者单位计划成本比较稳定、准确的企业。

2.10　制造费用的归集与分配

制造费用是指企业各生产单位为组织和管理生产而发生的应计入产品成本的各项间接费用，以及企业各生产单位所发生的固定资产使用费。

制造费用包括：车间管理人员和辅助工人的工资及福利费、固定资产折旧费、固定资产修理费、低值易耗品摊销、差旅费、租赁费、办公费（如车间生产管理部门的办公费用等）、水电费（如车间管理部门用电或用水等）、交通费、运输费（如办公用车辆的养路费、管理费和耗用燃料费等）、保险费（财产保险费用）、物料消耗（车间管理部门耗用的一般消耗材料，不包括固定资产修理和劳动保护用材料）、生产用工具费、劳动保护费（如防暑降温费等）、季节性修理期间的停工损失、取暖费、试验检验费（如对材料、半成品、成品、仪器仪表等试验、检验费）以及其他制造费用。

2.10.1　制造费用的归集

企业发生的各项制造费用，是按其用途和发生地点，通过"制造费用"账户进行归集和分配的。根据管理的需要,"制造费用"账户可以按生产车间开设明细账,账内按照费用项目开设专栏,进行明细核算。当费用发生时,根据有关的支出凭证和前述各种费用分配表,借记"制造费用"账户,并视具体情况,分别贷记"原材料""应付职工薪酬""固定资产折旧""固定资产修理"等账户;月末按照一定的标准进行分配,借记"基本生产成本"、"辅助生产成本"等账户,贷记"制造费用"账户。制造费用分配以后,"制造费用"账户一般月末没有余额,因为月末该账户的金额要分配结转到生产成本科目中。但也有些特殊情况,如在季节性生产的车间,月末会有余额。当辅助生产车间的制造费用不通过"制造费用"账户进行核算时,"制造费用"账户仅核算基本生产车间的间接费用,此时的制造费用直接计入"辅助生产成本"账户中。

2.10.2 制造费用的分配

当车间仅生产一种产品时,制造费用可直接计入其产品成本。当车间生产多种产品时,制造费用是间接计入费用,要采用适当的分配方法,将制造费用分配计入该车间的各种产品成本中。

由于制造费用的内容比较杂多,很难找出一项分配标准与所有费用项目都存在因果关系,企业只能根据实际情况选择一种比较合理的分配方法。但是分配方法一经确定,不能随意更改。制造费用分配计入产品成本的方法有很多,通常有按生产工人工时比例分配法、生产工人工资比例分配法、机器工时比例分配法和年度计划分配率分配法等。

1. 生产工人工时比例分配法

生产工人工时比例分配法是指按照各种产品所耗生产工人工时的比例为标准来分配制造费用的方法。在制造费用的各项费用中,有很多费用与产品的生产时间有联系,如车间管理人员和辅助工人的工资及福利费、折旧费和照明费等。如果该车间机械化程度一般,各种产品生产的机械化程度相差不大,那么按产品的生产工时比例分配比较合理。其计算公式为

$$该车间制造费用分配率 = \frac{该车间制造费用总额}{该车间各种产品生产工人工时之和}$$

某种产品本月应分配的制造费用 = 该产品生产工人工时 × 该车间制造费用分配率

注意:公式中生产工人工时可以是各种产品实际耗用的工时,当产品的工时定额比较准确时也可以是定额工时。

例 2-26:某企业基本生产车间生产甲、乙、丙三种产品。本月已归集在"制造费用——基本生产"账户借方的制造费用合计为 57620 元。甲产品生产工时为 5200 小时,乙产品生产工时为 3900 小时,丙产品生产工时为 4300 小时。要求:按生产工人工时比例法分配制造费用。

制造费用分配率 =57620÷（5200+3900+4300）元/小时 =4.3元/小时
甲产品应负担的制造费用 =5200×4.3元 =22360元
乙产品应负担的制造费用 =3900×4.3元 =16770元
丙产品应负担的制造费用 =4300×4.3元 =18490元

根据以上计算结果，编制制造费用分配表，如表 2-20 所示。

表 2-20 制造费用分配表

产品名称	待分配金额（元）	生产工人工时（小时）	分配率	分配金额（元）
甲产品		5200		22360
乙产品	57620	3900	4.3	16770
丙产品		4300		18490
合计	57620	13400		57620

根据表 2-20，编制会计分录如下：
借：基本生产成本——甲产品　　　　　　　　　22360
　　　　　　　——乙产品　　　　　　　　　16770
　　　　　　　——丙产品　　　　　　　　　18490
　贷：制造费用　　　　　　　　　　　　　　　57620

2. 生产工人工资比例分配法

生产工人工资比例分配法是指车间按照计入各种产品成本的生产工人实际工资的比例分配制造费用的一种方法。如果没有生产工时资料，那么可以采用生产工人工资比例分配法，由于生产工人工资与生产工时有密切关系，分配结果亦有一定的合理性，但未能将劳动生产率与产品负担的费用水平联系起来，不如按生产工时比例分配合理。由于各种产品的生产工人工资在工资费用分配表中有现成的资料，核算较简单。其计算公式为

$$该车间制造费用分配率=\frac{该车间制造费用总额}{该车间各种产品生产工人工资之和}$$

某种产品本月应分配的制造费用 = 该产品生产工人工资 × 该车间制造费用分配率

例 2-27：某企业基本生产车间生产甲、乙、丙三种产品。本月已归集在"制造费用——基本生产"账户借方的制造费用合计为 50000 元。生产甲产品的工人工资为 10000 元，乙产品为 7000 元，丙产品为 8000 元。要求：按生产工人工资比例法分配制造费用。

制造费用分配率 =50000÷（10000+7000+8000）元/小时 =2元/小时
甲产品应负担的制造费用 =10000×2元 =20000元
乙产品应负担的制造费用 =7000×2元 =14000元
丙产品应负担的制造费用 =8000×2元 =16000元

根据以上计算结果，编制制造费用分配表，如表 2-21 所示。

表 2-21 制造费用分配表

产品名称	待分配金额（元）	生产工人工资（元）	分配率	分配金额（元）
甲产品		10000		20000
乙产品	5000	7000	2	14000
丙产品		8000		16000
合计	50000	25000		50000

根据表 2-21，编制会计分录如下：

借：基本生产成本——甲产品　　　　　　　　　20000
　　　　　　　　——乙产品　　　　　　　　　14000
　　　　　　　　——丙产品　　　　　　　　　16000
　　贷：制造费用　　　　　　　　　　　　　　50000

3. 机器工时比例分配法

机器工时比例分配法是指车间按照各种产品生产时所用机器设备运转时间的比例分配制造费用的一种方法。在制造费用的各项费用中，有一部分与机器设备的使用时间有联系，如折旧费、修理费、机物料消耗等。如果该车间机械化程度较高，与机器设备使用有关的费用所占比重较大，那么采用机器工时比例分配法比较合理。采用这种分配方法，必须具有各种机器工时的原始记录，核算工作量较大。其计算公式为

$$该车间制造费用分配率 = \frac{该车间制造费用总额}{该车间各种产品机器工时之和}$$

某种产品本月应分配的制造费用 = 该产品机器工时 × 该车间制造费用分配率

制造费用按照上述三种分配方法分配费用，月末时，"制造费用"账户应无余额。

4. 年度计划分配率分配法

年度计划分配率分配法是指车间按年度开始前预制订的年度计划分配率分配以后各月制造费用的一种方法。采用此分配法，首先根据该车间年度计划制造费用总额和计划产量的定额工时，制订制造费用年度计划分配率；然后根据该分配率与本月份的实际产量的定额工时数，计算各种产品本月份应分配的制造费用。其计算公式为

$$该车间制造费用分配率 = \frac{该车间年度计划制造费用总额}{该车间年度计划产量定额工时之和}$$

某种产品本月应分配的制造费用 = 该产品实际产量定额工时 × 该车间制造费用分配率

采用按年度计划分配率分配法分配制造费用时要注意以下几点：

1）不管每月实际发生的制造费用是多少，当月各种产品成本中的制造费用都按年度计划确定的分配率来分配，"制造费用"账户余额到年末再做调整。

2）应合理制订制造费用年度计划分配率，如果在执行过程中，发现年度计划分配率

过高或过低,那么应及时进行修订,否则当年度制造费用的实际数与按年度计划分配率的分配数的差异过大时,会影响产品成本的正确性。

3)"制造费用"账户及其明细账月末可能借方或者贷方有余额。如果12月月末有余额,则表示全年制造费用的实际发生额与计划分配额的差额,一般应在年末调整计入12月份的产品成本,借记"基本生产成本"账户,贷记"制造费用"账户。制造费用的差异分配后,"制造费用"账户应无余额。如果余额在借方,则表示预付费用,属于待摊性质,即实际发生额大于计划分配额,为超支数,用蓝字补加;如果余额在贷方,则表示应付费用,属于预提性质,即实际发生额小于计划分配额,为节约数,用红字冲减。

年末调整"制造费用"差异额(余额)的相关计算公式为

(1)年末制造费用差异额(余额)

$$年末制造费用差异额 = 制造费用实际发生额 - 制造费用计划分配额$$

或

$$年末制造费用差异额 = 制造费用计划分配额 - 制造费用实际发生额$$

(2)年末制造费用差异分配率

$$年末制造费用差异分配率 = \frac{年末制造费用差异额}{制造费用计划分配额}$$

(3)某产品应分配的差异额

$$某产品应分配的差异额 = 该产品计划分配额 \times 年末制造费用差异分配率$$

例 2-28:某企业基本生产车间全年制造费用计划发生额为259200元;全年各种产品的计划产量为:甲产品1200件,乙产品800件。单件产品工时定额为:甲产品8小时,乙产品6小时。5月实际产量为:甲产品300件,乙产品150件;3月实际发生制造费用为55000元,"制造费用"账户本月期初余额为借方1400元。假定本年度实际发生制造费用275460元,至年末累计已分配制造费用267830(其中甲产品已分配167393.75元,乙产品已分配100436.25元)。要求:按计划成本分配法分配制造费用,并编制会计分录。

(1)计算年度计划分配率

甲产品年度计划产量的定额工时 =1200×8 小时 =9600 小时

乙产品年度计划产量的定额工时 =800×6 小时 =4800 小时

年度计划分配率 =259200÷(9600+4800)元 / 小时 =18 元 / 小时

(2)按年度计划分配率计算出5月产品分配制造费用

本月甲产品应分配的制造费用 =300×8×18 元 =43200 元

本月乙产品应分配的制造费用 =150×6×18 元 =16200 元

根据以上计算结果,编制制造费用分配表,如表2-22所示。

表 2-22 5 月制造费用分配表

产品名称	本月实际生产工时（小时）	年度计划分配率	本月分配金额（元）
甲产品	2400	18	43200
乙产品	900		16200
合计	3300		59400

5 月末登记制造费用总账如表 2-23 所示。

表 2-23 5 月月末制造费用总账

摘要	借方（元）	贷方（元）	借或贷	余额（元）
期初余额			借	1400
本月实际发生制造费用	55000		借	56400
月末分配转出		59400	贷	3000

（3）年末调整"制造费用"余额

1）"制造费用"账户为

"制造费用"账户借方余额 =（275460−267830）元 =7630 元

该余额应按已分配比例调整补加。

2）某产品应分配的差异额为

甲产品应调增分配的差异额 =（7630×167393.75）/267830 元 =4768.75 元
乙产品应调增分配的差异额 =（7630×100436.25）/267830 元 =2861.25 元

根据调整费用，编制会计分录如下：

借：基本生产成本——甲产品　　　　　4768.75
　　　　　　　　——乙产品　　　　　2861.25
　　贷：制造费用　　　　　　　　　　　　　　　7630

2.11　生产损失费用的归集与分配

生产损失是指企业在产品生产过程中或由于生产原因而发生的各种不能正常产出的费用，包括生产损耗、生产废料、变质损失、废品损失和停工损失等。本节仅介绍废品损失和停工损失的核算。生产损失都是与产品生产直接有关的损失，因此生产损失应由产品生产成本承担。

2.11.1 废品损失的归集与分配

1. 废品及废品损失的概念

（1）废品的概念与种类

废品是指不符合规定的技术标准，不能按照原定用途使用，或者需要加工修理才能使用的在产品、半成品或产成品，包括在生产过程中和入库后发现的废品。

按废品消除缺陷在技术上的可能性和经济上的合理性可分为可修复废品和不可修复废品。可修复废品是指经过修理可以使用，而且所花费的修复费用在经济上合算的废品；不可修复废品是指不能修复，或者所花费的修复费用在经济上不合算的废品。

按废品产生的原因可分为工废品和料废品。工废品是指由于生产工人操作的问题造成的废品，它属于操作工人的过失，应由操作工人承担责任。料废品是指由于被加工的原材料、半成品和零部件的质量不符合要求而造成的废品，不应由操作工人承担责任。

（2）废品损失的概念

废品损失是指由于制造了不合格产品而发生的损失。它包括在生产过程中发现的和入库后发现的不可修复废品的损失，以及可修复废品的修复费用（耗用的材料费、人工费等），扣除回收的废品残料价值和应由过失单位或个人赔款以后的损失。不包括在废品损失中的有：

1）经过质量检验部门鉴定不需要返修、可以降价出售的不合格品。

2）出售后发现的废品，由于退回废品而支付的运杂费。

3）产成品入库后，由于保管不善等原因而损坏变质的损失，直接列入"管理费用"，冲减当期损益。

4）实行包退、包修、包换"三包"的企业，在产品出售后发现的废品所发生的一切损失，直接列入"管理费用"，冲减当期损益。

当质量检验部门发现废品时，应该填制废品通知单，列明废品的种类、数量、生产废品的原因和过失人等。成本会计人员应该会同检验人员对废品通知单所列废品生产的原因和过失人等项目加强审核。只有经过审核的废品通知单，才能作为废品损失核算的依据。

2. 废品损失的账户设置与核算方法

（1）核算科目的设置

为了单独核算废品损失和在成本项目中归集和分配废品损失，应增设"废品损失"账户。该科目应按车间设立明细账，账内按产品品种分设专户，并按成本项目分设专栏或专行，进行明细核算。

"废品损失"账户的借方归集不可修复废品的生产成本和可修复废品的修复费用。不可修复废品的生产成本，应根据不可修复废品损失计算表，借记"废品损失"账户，贷记"基本生产成本"账户；可修复废品的修复费用，应根据各种费用分配表所列废品损失数额，借记"废品损失"账户，贷记"原材料""应付职工薪酬""辅助生产成本""制造费用"等账户。"废品损失"账户贷方登记废品残料回收的价值、应收赔款和应由本月生产的同种合格产品成本负担的废品损失。该账户月末一般无余额。

（2）废品损失的核算形式

1）不单独核算废品损失。有些企业在生产过程中，不易发生废品，或者废品损失额较小。为了简化核算程序，则可以不单独核算废品损失。在不单独核算废品损失的企业里，不设"废品损失"账户。可修复废品的修复费用，直接计入生产成本的有关成本项目。不可修复废品只扣除产量，不结转成本。废品的残料收入和过失人赔款可直接冲减相应基本生产成本明细账的"直接材料"和"直接人工"成本项目。

2）单独核算废品损失。当企业发生的废品损失费用占比较大时，需要单独核算废品损失，可单独设置"废品损失"账户，账内再按成本项目设专栏明细核算，以便单独体现废品损失的费用额。单独核算废品损失的企业，由于废品的种类不同，核算方法也不相同。

（3）不可修复废品的归集与分配

要归集和分配不可修复废品的损失，就必须先计算废品的成本。废品成本是指生产过程中截至报废时所耗费的一切费用，扣除残值和应收赔款后的损失额。由于不可修复废品的成本与合格产品的成本是归集在一起同时发生的，需要采用一定的方法予以确定。不可修复废品的生产成本，可按废品所耗实际费用计算，也可按废品所耗定额费用计算。

1）按废品所耗实际费用计算。在采用按废品所耗实际费用计算的方法时，由于废品报废以前发生的各项费用是与合格产品一起计算的，要将废品报废以前与合格品计算在一起的各项费用，采用适当的分配方法，在合格品与废品之间进行分配，计算出废品的实际成本，从"基本生产成本"科目的贷方转入"废品损失"科目的借方。

在废品损失的归集与分配过程中，不可修复废品成本的计算是关键。不可修复废品成本通常是从该种产品的实际生产费用中区分成本项目计算确定的。按成本项目分别计算不可修复废品的实际成本的公式如下：

$$废品应负担的材料费用 = \frac{某产品直接材料成本总额}{合格品数量 + 废品约当量} \times 废品约当量$$

$$废品应负担的工资费用 = \frac{某产品直接人工成本总额}{合格品数量 + 废品约当量} \times 废品约当量$$

$$废品应负担的制造费用 = \frac{某产品制造费用总额}{合格品数量 + 废品约当量} \times 废品约当量$$

例 2-29：某企业第一生产车间 2018 年 5 月生产甲产品，经检验甲产品合格数为 2000 件，不可修复废品为 100 件；合格产品生产工时为 11700 小时，废品工时为 300 小时，全部生产工时为 12000 小时。按所耗实际费用计算废品生产成本。甲产品成本计算单（即生产成本明细账）所列合格品和废品的全部生产费用为原材料 300000 元，燃料和动力 104600 元，人工费 160000 元，制造费用 57000 元，共计 621600 元。废品残料回收入库价值为 1900 元，原材料是生产开工时一次投入。原材料费用按合格品数量和废品数量比例分配，其他费用按生产工时比例分配。根据上述资料，编制废品损失计算表。

不可修复废品损失计算表如表 2-24 所示。

表 2-24　不可修复废品损失计算表（按实际成本计算）

车间名称：第一生产车间　　　2018 年 5 月　　　产品名称：甲产品　　（金额单位：元）

项目	数量（件）	原材料	生产工时（小时）	燃料和动力	人工费	制造费用	合计
费用总额	2000	300000	12000	104600	160000	57000	621600
费用分配率		150		52.3	80	28.5	
废品成本	100	15000	300	15690	24000	8550	63240
减：残料		1900					1900
废品损失		13100		15690	24000	8550	61340

根据不可修复废品损失计算表，编制如下会计分录。

① 结转废品实际成本：

　　借：废品损失——甲产品　　　　　　　　　　　　　63240
　　　　贷：基本生产成本——甲产品（原材料）　　　　　　　15000
　　　　　　　　　　——甲产品（燃料和动力）　　　　　　15690
　　　　　　　　　　——甲产品（人工费）　　　　　　　24000
　　　　　　　　　　——甲产品（制造费用）　　　　　　　8550

② 回收废品残料入库价值：

　　借：原材料　　　　　　　　　　　　　　　　　　　1900
　　　　贷：废品损失——甲产品　　　　　　　　　　　　　1900

③ 废品损失转入合格产品成本：

　　借：基本生产成本——甲产品（废品损失）　　　　　61340
　　　　贷：废品损失——甲产品　　　　　　　　　　　　　61340

如果废品是在完工以后发现的，那么这时单位废品负担的各项生产费用应与单位合格品完全相同，可按合格品产量和废品的数量比例分配各项生产费用，计算废品的实际成本。按废品的实际费用计算和分配废品损失，符合实际，但核算工作量较大。

2）按废品所耗定额费用计算

按废品所耗定额费用计算废品的定额成本，由于费用定额事先规定，不仅计算工作比较简便，而且还可以使计入产品成本的废品损失数额不受废品实际费用水平高低的影响。也就是说，废品损失大小只受废品数量差异（差量）的影响，不受废品成本差异（价差）的影响，从而有利于废品损失和产品成本的分析和考核。但是，采用这一方法计算废品生产成本，必须具备准确的消耗定额和费用定额资料。

例 2-30：某企业第一生产车间 2019 年 1 月生产甲产品 7400 件，完工验收入库时，检验员发现不可修复废品 40 件，每件回收残料价值 200 元，按所耗定额费用计算废品的生产成本。其中直接材料费用定额为 300 元，已完成定额工时共计 500 小时，每小时的费用定额为：直接人工 1.2 元，制造费用 1 元。根据上述资料，编制废品损失计算表。

根据上述原始凭证，按定额成本法计算编制下列废品损失计算表如表 2-25 所示：

表 2-25 废品损失计算表（按定额成本计算）

车间名称：第一生产车间　　　　　　2019 年 1 月　　产品名称：甲产品　　（金额单位：元）

项目	数量（件）	直接材料	定额工时	直接人工	制造费用	合计
单件废品费用定额		300		1.2	1	
废品定额成本	40	12000	500	600	500	13100
减：残料价值		8000				8000
废品净损失		4000		600	500	5100

① 发现并结转废品定额成本：

借：废品损失——甲产品　　　　　　　　　　　　13100
　　贷：基本生产成本——甲产品——直接材料　　　　8000
　　　　　　　　　　——甲产品——直接人工　　　　600
　　　　　　　　　　——甲产品——制造费用　　　　500

② 废品残值入库：

借：原材料　　　　　　　　　　　　　　　　　　8000
　　贷：废品损失——甲产品　　　　　　　　　　　　8000

③ 结转废品损失入合格品成本中：

借：基本生产成本——甲产品——废品损失　　　　5100
　　贷：废品损失——甲产品　　　　　　　　　　　　5100

采用按废品所耗定额费用计算废品成本和废品损失的方法，核算工作较简便，有利于考核和分析废品损失和产品成本。但企业必须具备比较准确的定额成本资料，否则会影响成本计算的准确性。

（4）可修复废品损失的核算

可修复废品返修以前发生的费用不是废品损失，保留在"基本生产成本"账户和有关的成本计算单中，不必转出。当返修发生各种修复费用时，应根据各种费用分配表，借记"废品损失"账户，贷记"原材料""应付职工薪酬"等账户。若有残料收入和应收的赔款，则应从"废品损失"科目的贷方，转入"原材料"和"其他应收款"科目的借方，贷记"废品损失"账户。对于废品修复费用减去残料和赔款后的废品净损失，也应从"废品

损失"账户的贷方转入"基本生产成本"账户的借方,在所属有关的产品成本明细账中,记入"废品损失"账户。编制会计分录如下:

1)发生修复费用时:

借:废品损失 ××
  贷:原材料 ××
    应付职工薪酬 ××
    制造费用 ××

2)废品残料的回收价值和应收的赔款,应从"废品损失"科目的贷方转出:

借:原材料(或其他应收款) ××
  贷:废品损失 ××

3)修复费用减去残料和赔款后的废品净损失从该账户的贷方转出,即"废品损失"账户上述借方发生额大于贷方发生额的差额,就是废品损失,分配转由本月同种产品的成本负担:

借:基本生产成本——×产品 ××
  贷:废品损失 ××

通过上述归集和分配,"废品损失"科目月末没有余额。

2.11.2 停工损失的归集与分配

1. 停工损失的概念

停工损失是指由于机器设备发生故障,企业或生产车间、班组被迫停工等而造成的损失,包括停工期内支付的直接人工费用和应负担的制造费用。

企业发生停工的原因是多种多样的,如停电、待料、机械故障、机器设备修理、发生非常灾害以及计划压缩产量等,都可能引起停工。企业在停工期间所发生的停工损失应由开工生产的产品负担,计入产品生产成本。

2. 停工损失的归集与分配

停工损失应由过失单位或保险公司负担的赔款,应从停工损失中扣除。但由于非常灾害造成的停工损失,和由于计划压缩产量而使主要生产车间连续停产1个月以上或整个企业连续停产10天以上所造成的停工损失,按制度规定由营业外支出列支。为了简化核算工作,停工不满1个工作日的,一般不计算停工损失。属于季节性停工的,在停工期间发生的费用,不作为停工损失进行核算,而在"制造费用"账户进行核算。

单独核算停工损失的企业,应设置"停工损失"的总分类账户,或在"基本生产成本"总分类账户下设置"停工损失"明细账,进行停工损失的核算,该账户应按车间和成本项目进行明细核算。"停工损失"的借方应根据停工报告单、费用分配表等有关凭证,将停工期内发生的停工损失费用进行归集,即借记"停工损失"账户,贷记"原材料""应付职工薪酬"和"制造费用"等账户。"停工损失"账户的贷方则登记应由过失单位或保险公司支付的赔款。

不单独核算停工损失的企业,可以不设"停工损失"账户及明细账,停工期间发生的属于停工损失的各项费用,分别记入"制造费用"和"营业外支出"等账户。

例 2-31:某工厂第一车间由于设备大修理,停工 13 天,停工期间应支付给工人基本工资 23700 元,停工期间应负担制造费用 3800 元。第二车间由于外部供电线路原因停工 7 天,停工期间应支付工人工资 14200 元,停工期间应负担制造费用 1900 元。

根据上述资料,编制会计分录如下:

```
借:停工损失——第一车间              27500
         ——第二车间              16100
   贷:应付职工薪酬                  37900
      制造费用——第一车间             3800
            ——第二车间             1900
```

例 2-32:例 2-31 中,第一车间设备大修理为正常停工,停工损失 27500 元,应计入生产成本中;第二车间因停电造成的停工为非正常停工,经交涉电力局同意赔偿 7000 元停工损失,其余应计入营业外支出。

根据上述资料,编制会计分录如下:

```
借:基本生产成本——第一车间           27500
   其他应收款——电力局               7000
   营业外支出                      9100
   贷:停工损失——第一车间            27500
            ——第二车间            16100
```

本章小结

本章学习了各项费用的核算,内容包括外购原材料费、外购动力费、职工薪酬、固定资产折旧费、固定资产修理费、利息支出费、税金费、其他支出费用、辅助生产费用和生产损失等。针对不同的费用采用不同的方法进行归集与分配。

原材料费用核算主要包括:原材料、燃料和低值易耗品。原材料核算企业可以采用实际成本法核算材料的实际成本,也可以采用计划成本法核算材料的实际成本。企业按实际成本法核算,对于发出材料的成本,不管是材料的总账还是明细账,都要按实际成本计价发出材料的金额,按照先进先出法、个别计价法或者加权平均法等方法进行计算。企业按计划成本法核算,除领用时结转发出材料计划成本外,还应按期计算材料成本差异、结转发出材料成本差异,将计划成本调整为实际成本。燃料与原材料核算方法一样,如果企业所耗燃料费用不多，那么可以不用单独设该账户。低值易耗品属于周转材料，一般通过一次摊销法、分次摊销法和五五摊销法等分摊其损耗的价值进入生产成本及相应的项目。

外购动力费用核算按其来源不同，分为自制和外购两类。自制动力通过辅助生产成本核算，本章主要通过举例外购电力，讲解其费用的归集与分配。

职工薪酬主要包括：工资薪金、职工福利费、社会保险费、住房公积金、工会经费、职工教育经费和非货币性福利等。工资薪金中的基本工资，企业可以按照计时或者计件工资进行支付，对于因工人过失造成的废品不应支付工资。职工福利费可由企业根据自身实际情况合理确定提取比例，但最大提取比例不得超过工资总额的14%。

固定资产折旧费包括应计提折旧和不应计提折旧。一定要清楚哪些费用应计提折旧，哪些费用不应计提折旧。

固定资产修理费按管理要求和修理的规模不同，可分为经常性修理和大修理两种。

利息支出分为短期借款利息和长期借款利息。对于短期利息的支付可根据不同情况进行处理，通常采用预提法和直接转销法。企业取得的长期借款，通常采用的是到期一次还本付息的方式，分期确认的利息费用应当按不同的原则计入有关成本、费用。

其他费用是指上述各项要素费用以外的费用支出，包括差旅费、邮电费、保险费、劳动保护费、运输费、办公费、水电费、技术研发费、业务招待费等。

辅助生产费用是指辅助生产部门在进行产品生产和劳务供应时所发生的各种费用。对于辅助生产车间可生产单一产品或提供一种劳务，也可生产多种产品或提供多种劳务。在某些辅助生产车间之间还存在相互提供产品和劳务的情况。为了解决一个辅助生产费用在各辅助生产车间交互分配的问题，需要找到相应的办法。通常采用的分配方法有：直接分配法、交互分配法、代数分配法、顺序分配法和计划成本分配法等。

制造费用账户一般月末无余额。因为月末该账户的金额要分配结转到生产成本科目中，所以结转后无余额。但是也有特殊情况，如在季节性生产的车间，月末会有余额。当辅助生产车间的制造费用不通过"制造费用"账户进行核算时，则"制造费用"账户仅核算基本生产车间的间接费用，此时的制造费用直接计入"辅助生产成本"账户中。当车间仅生产一种产品时，制造费用可直接计入其产品成本。当车间生产多种产品时，制造费用是间接计入费用，要采用适当的分配方法，将制造费用分配计入该车间的各种产品成本中。通常有按生产工人工时比例分配法、生产工人工资比例分配法、机器工时比例分配法和年度计划分配率分配法等。分配方法一经确定，不能随意更改。

生产损失包括：生产损耗、生产废料、变质损失、废品损失和停工损失等。本章仅介绍了废品损失和停工损失的核算。废品损失包括在生产过程中发现的和入库后发现的不可修复废品的生产成本，以及可修复废品的修复费用，扣除回收的废品残料价值和应由过失单位或个人赔款以后的损失。停工损失包括停工期内支付的直接人工费用和应负担的制造费用。

第 2 章　工业成本核算的费用归集与分配

思考题与习题

2-1　思考题

1. 为了进行原材料收发结存的明细核算，可以按照哪些方法进行原材料收发结存的核算？
2. 企业职工薪酬的主要内容包含哪些？工资薪金包含哪些？职工福利费包含哪些？
3. 目前我国固定资产折旧的计提方法主要有哪些？对于工业企业计提的各种折旧费用按其用途应分配计入哪些成本费用账户？
4. 在某些辅助生产车间之间存在相互提供产品和劳务的情况，为了解决一个辅助生产费用在各辅助生产车间交互分配的问题，通常采用的分配方法有哪些？请分别阐述各方法。
5. "制造费用"账户月末结转是否有余额？
6. 制造费用的分配法通常有哪些？请分别阐述各方法。
7. 生产损失包括哪些？废品损失包括哪些？不包括哪些？

2-2　单项选择题

1. 直接用于产品生产并构成产品实体的原材料费用，应计入的账户是（　　）。
   A. 生产成本　　　　B. 制造费用　　　　C. 管理费用　　　　D. 营业费用

2. 几种产品共同耗用的原材料费用，属于间接计入费用，应采用的分配方法是（　　）。
   A. 实际成本分配法　　　B. 材料定额费用比例分配法
   C. 工资比例分配法　　　D. 交互分配法

3. 下列关于"基本生产成本"账户的描述，正确的是（　　）。
   A. 生产所发生的各项费用直接记入该科目的借方
   B. 该科目应按产品分设明细账
   C. 完工入库的产品成本记入该科目的借方
   D. 该科目的余额代表在产品成本

4. 以下不属于低值易耗品摊销的方法是（　　）。
   A. 一次摊销法　　　B. 分期摊销法　　　C. 平均摊销法　　　D. 五五摊销法

5. 生产工人工资比例分配法适用于（　　）。
   A. 机械化程度较高的车间
   B. 季节性生产的车间
   C. 各种产品生产的机械化程度相差不多的车间
   D. 工时定额较准确的车间

6. 以下不属于津贴的是（　　）。
   A. 高温津贴　　　B. 加班津贴　　　C. 工龄津贴　　　D. 物价津贴

7. 8月份生产合格品 60 件，料废品 7 件，加工失误产生废品 3 件，计件单价为 10 元，应付计件工资为（　　）。

　　A.600元　　　　　　B.670元　　　　　　C.700元　　　　　　D.630元

8.下列选项中不应计提折旧的固定资产为（　　）。

　　A.以经营租赁方式租入的固定资产

　　B.以融资租赁方式租入和以经营租赁方式租出的固定资产

　　C.房屋和建筑物

　　D.季节性停用.大修理停用的固定资产

9.当发生大修理费用时，借记"长期待摊费用"账户，贷记"银行存款"等账户，摊销时，借记"管理费用"账户，贷记"（　　）"账户。

　　A.管理费用　　　　B.银行存款　　　　C.长期待摊费用　　　　D.财务费用

10.辅助生产车间的产品或劳务主要用于（　　）。

　　A.辅助生产车间内部的生产和管理　　　　B.基本生产和经营管理

　　C.对外销售　　　　　　　　　　　　　　D.专项工程建造

11.辅助生产费用直接分配法的特点是辅助生产费用（　　）。

　　A.直接计入"生产成本——辅助生产成本"科目

　　B.直接计入辅助生产提供的劳务成本

　　C.直接分配给所有受益的车间、部门

　　D.直接分配给辅助生产以外的各受益单位

12.辅助生产费用分配，首先在辅助生产车间之间进行一次交互分配，然后再对辅助生产车间以外的受益单位进行直接分配，该辅助生产费用分配的方法是（　　）。

　　A.直接分配法　　　B.顺序分配法

　　C.交互分配法　　　D.代数分配法

13.辅助生产费用各种分配方法中计算结果最正确，已经实现会计电算化的企业，分配辅助费用的方法宜选择（　　）。

　　A.直接分配法　　　B.代数分配法

　　C.交互分配法　　　D.计划成本分配法

14.辅助生产费用的顺序分配法，是指各辅助生产车间之间的费用分配应按照辅助生产车间（　　）。

　　A.受益少的排列在前，受益多的排列在后的顺序分配

　　B.受益多的排列在前，受益少的排列在后的顺序分配

　　C.费用少的排列在前，费用多的排列在后的顺序分配

　　D.费用多的排列在前，费用少的排列在后的顺序分配

15.（　　）适用于具有较高管理水平或者单位计划成本比较稳定、准确的企业。

　　A.直接分配法　　　B.代数分配法

C. 计划成本分配法　　D. 顺序分配法

16. 在辅助生产费用采用计划成本分配法时，为了简化计算工资，辅助生产劳务的成本差异一般全部计入（　　）。

A. 生产成本　　　　B. 管理费用

C. 制造费用　　　　D. 营业外损益

17. 在辅助生产费用分配方法中，不考虑各辅助生产车间相互提供产品和劳务的方法是（　　）。

A. 直接分配法　　　B. 代数分配法

C. 计划成本分配法　D. 顺序分配法

18. 辅助生产费用交互分配后的实际费用，应在有关单位之间进行分配，有关单位是指（　　）。

A. 各受益单位　　　B. 各辅助生产车间

C. 基本生产车间　　D. 辅助生产车间以外的各受益单位

19. 以下不属于制造费用分配计入产品成本的方法是（　　）。

A. 生产工人工时比例分配法　　　　B. 生产工人工资比例分配法

C. 实际产量分配法　　　　　　　　D. 机器工时比例分配法

20. （　　）是指车间按年度开始前预制定的年度计划分配率分配以后各月制造费用的一种方法。

A. 生产工人工时比例分配法　　　　B. 年度计划分配率分配法

C. 生产工人工资比例分配法　　　　D. 机器工时比例分配法

21. 制造费用分配以后，"制造费用"账户一般应无余额，如有余额，则是在（　　）。

A. 季节性生产的车间

B. 机械化程度较高的车间

C. 各种产品生产的机械化程度相差不多的车间

D. 工时定额比较准确的产品

22. 生产过程中发现的或入库后发现的各种产品的废品损失，应包括（　　）。

A. 实行"三包"损失　　　　　　　B. 废品过失人员赔偿款

C. 不可修复废品的报废损失　　　　D. 管理不善损坏变质损失

23. 下列各项中，应确认为可修复废品损失的是（　　）。

A. 返修以前发生的生产费用

B. 可修复废品的生产成本

C. 可修复废品的生产成本加上返修过程中发生的修复费用

D. 返修过程中发生的修复费用

24. 应计入产品成本的停工损失是（　　）。

A. 由于火灾造成的停工损失

B. 季节性和固定资产修理期间的停工损失

C. 应由过失单位赔偿的停工损失

D. 由于地震造成的停工损失

25. 应计入产品成本的停工损失是（　　）。

A. 季节性和固定资产修理期间的停工损失

B. 由于地震造成的停工损失

C. 由于火灾造成的停工损失

D. 应由过失单位赔偿的停工损失

2-3　多项选择题

1. 按实际成本法核算原材料收发结存方法有（　　）。

A. 先进先出法　　　B. 实际产量分配法

C. 个别计价法　　　D. 加权平均法

2. 发生下列各项费用时，可以直接借记"基本生产成本"账户的有（　　）。

A. 车间照明用电费　　B. 构成产品实体的原材料费用

C. 车间管理人员工资　D. 车间生产工人工资

E. 车间办公费

3. 用于几种产品生产的共同耗用材料费用的分配，常用的分配标准有（　　）。

A. 工时定额　　　　　B. 生产工人工资

C. 材料定额费用　　　D. 材料定额消耗量

4. 工资费用的原始记录有（　　）。

A. 工资卡　　　　B. 考勤记录　　　　C. 工序进程单

D. 工作班产量记录　E. 工资汇总表

5. 根据有关规定，下列不属于工资总额内容的是（　　）。

A. 退休工资　　　　B. 差旅费　　　　C. 福利人员工资

D. 长病假人员工资　E. 办公费

6. 为了正确计算各期固定资产折旧费，取决于以下（　　）三个因素。

A. 固定资产原值　　B. 固定资产预计净残值

C. 固定资产残值　　D. 固定资产预计使用年限

7. 当企业进行辅助生产费用分配时，可能借记的账户有（　　）。

A. "基本生产成本"　B. "辅助生产成本"　C. "制造费用"

D. "在建工程"　　　E. "财务费用"

8. 某企业采用代数分配法分配辅助生产费用。某月份供电车间的待分配费用为17000元，供电总量为90000kW·h，其中供水车间耗用10000kW·h；供水车间的待分配费用为35000元，供水总量为48000t，其中供电车间耗用6600t。根据上述资料，应设立的方程式有（　　）。

A.17000+10000x=90000y	B.35000+10000x=48000y

C.17000+6600y=90000x	D.35000+6600y=48000x

9.辅助生产车间一般不设置"制造费用"科目核算，是因为（　　）。

A.没有必要	B.辅助生产车间不对外销售产品

C.为了简化核算工作	D.辅助生产车间没有制造费用

E.辅助生产车间规模较小，发生的制造费用较少

10.在分配辅助生产费用的各种方法中，有交互分配性质的有（　　）。

A.交互分配法	B.代数分配法	C.计划成本分配法

D.直接分配法	E.顺序分配法

11.对制造费用进行分配，可采用（　　）方法。

A.约当产量法	B.生产工人工时比例分配法

C.生产工人工资比例分配法	D.机器工时比例分配法

E.年度计划分配率分配法

12.下列各项中，属于制造费用项目的有（　　）。

A.厂部办公楼折旧	B.生产车间的保险费

C.生产车间管理人员的工资	D.生产车间管理用具的摊销

E.自然灾害引起的停工损失

13.可修复废品的确认，必须满足的条件有（　　）。

A.所花费的修复费用在经济上合算的

B.经过修理仍不能使用的

C.经过修理可以使用的

D.所花费的修复费用在经济上不合算的

E.不经过修理也可以使用的

14.下列（　　）不应作为废品损失处理。

A.不需返修而降价出售的不合格品

B.产成品入库后，由于保管不善等原因而损坏变质的损失

C.出售后发现的废品，由于退回废品而支付的运杂费

D.实行"三包"（包退.包修.包换）的企业，在产品出售后发现的废品，所发生的一切损失

15.下列关于停工损失的说法中，正确的是（　　）。

A.应取得赔偿的停工损失，计入管理费用

B.属于季节性停工的，在停工期间发生的费用，应作为停工损失进行核算

C. 停工不满一个工作日的，一般不计算停工损失

D. 由于自然灾害等引起的非生产停工损失，计入营业外支出

E. 停工损失中的原材料．水电费．人工费等，一般可根据有关原始凭证确认后直接计入停工损失

2-4 判断题

1. 不设"燃料和动力"成本项目的企业，其生产消耗的燃料可计入"直接材料"成本项目。（ ）

2. 计件工资只能按职工完成的合格品数量乘以计件单价计算发放。（ ）

3. 在采用计时工资情况下，只生产一种产品，生产人员工资及福利费应直接计入该种产品成本。（ ）

4. 职工福利费最大提取比例不得超过实发工资总额的 14%。（ ）

5. 辅助生产车间提供的产品劳务，都是为基本生产车间服务的。（ ）

6. 各种辅助生产费用分配方法的共同点，是在各辅助生产内部进行交互分配。（ ）

7. 当采用顺序分配法分配辅助生产费用时，分配结果不太准确，且不利于调动排在前的辅助生产车间降低耗用的积极性，因为排在前的辅助生产车间不负担排在后的辅助生产车间的费用。（ ）

8. 辅助生产费用的直接分配法是指不考虑辅助生产内部相互提供的劳务量，直接将各辅助生产车间发生的费用分配给辅助生产以外的各个受益单位或产品。（ ）

9. 采用交互分配法分配辅助生产费用时，对外分配的辅助生产费用，应为交互分配前的费用加上交互分配时分配转入的费用。（ ）

10. 采用实际成本分配法分配辅助生产费用时，计算出的辅助生产车间实际发生的费用，是完全的实际费用。（ ）

11. 辅助生产车间发生的制造费用可以不通过"制造费用"账户核算。（ ）

12. 对于短期借款利息的支付，如果短期借款利息按季支付，数额不大，那么为了简便核算，通常采用预提法。（ ）

13. 企业缴纳的印花税不通过"应缴税费"账户核算，购买印花税票，并且当金额较少时，借记"管理费用"账户，贷记"银行存款"账户。（ ）

14. 可修复废品返修以前发生的费用，应转出至"废品损失"科目中进行成本核算。（ ）

15. 可修复废品是指经过修理可以使用的废品。（ ）

2-5 案例分析题

1. 某企业生产甲、乙两种产品，共同耗用某种原材料，耗用量无法按产品划分。单件产品原材料消耗定额：甲产品 50kg，乙产品 75kg。产量：甲产品 1200 件，乙产品 800 件。甲、乙两种产品实际发生原材料费用共计 360000 元。

要求：按原材料定额消耗量比例分配计算甲、乙产品应负担的原材料费用。

2. 某企业生产甲、乙两种产品，共同领用A、B两种原材料，共计937440元。2019年2月生产甲产品500件，乙产品300件。每件甲产品原材料消耗定额为：A材料16kg，B材料9kg；每件乙产品原材料消耗定额为：A材料18kg，B材料7kg。A材料单件20元，B材料单件12元。请计算出甲、乙两种产品各自应分摊的原材料费用。

要求：按原材料定额费用比例法将甲、乙两种产品共同耗用材料进行分配。

3. 某公司2018年5月应付电费为6000元，各车间、部门的用电度数共计5000kW·h，其中直接用于产品生产的耗电4000kW·h（没有产品安装电表），基本车间照明耗电500kW·h，供水车间用电300kW·h，行政管理部门用电200kW·h。按规定，直接用于产品生产的电费按产品的机器工时比例进行分配，A产品机器工时为4000小时，B产品机器工时为1200小时，C产品机器工时为800小时。各产品之间的动力电费按用电度数比例分配，各产品之间的动力用电按机器定额消耗比例分配。

要求：(1) 编制外购动力费用分配汇总表。

(2) 编制分配外购动力费用的会计分录。

4. 某企业根据某月份工资结算凭证汇总的薪酬费用为：基本生产车间生产甲、乙两种产品，生产工人的计时工资共计80000元，管理人员工资5000元。甲产品完工数量为8000件，乙产品完工数量为5000件。单件产品工时定额：甲产品2小时，乙产品4小时。

要求：按定额工时比例分配甲、乙产品生产工人工资。

5. 某工业企业某级工人加工甲、乙两种产品。甲产品工时定额为1小时，乙产品工时定额为2小时。该级工人的小时工资率为8元。该工人某月加工甲产品500件（其中工废品20件，料废品40件），乙产品200件（其中工废品10件）。

要求：(1) 计算该级工人生产甲、乙两种产品的计件工资单价。

(2) 计算该工人该月应得的计件工资。

6. 某工厂生产甲、乙、丙三种产品。2018年8月应付职工工资100000元，其中，产品生产工人工资80000元，车间管理人员工资5000元，厂部管理人员工资15000元；本月甲、乙、丙三种产品的实际生产工时分别为10000小时、4000小时、6000小时。企业确定的职工福利费提取比例为工资总额的12%，按照有关规定，对医疗保险费、养老保险费、失业保险费、工伤保险费和生育保险费等社会保险费，依据职工工资总额分别按8%、15%、3%、2%和2%的比例提取，按照有关规定，住房公积金、工会经费、职工教育经费的提取比例分别为工资总额的12%、3%和2%。

要求：(1) 编制职工福利费计算表。

(2) 编制社会保险费计算表。

(3) 编制住房公积金、工会经费、职工教育经费计算表。

(4) 编制职工薪酬汇总表。

（5）编制直接人工费用分配表（生产工时分配法）。

（6）编制分配应付职工薪酬的会计分录。

7. 某企业有供水、供电两个辅助生产车间，供水车间 2019 年 5 月发生费用 37680 元，供电车间发生费用 6195 元。劳务供应情况如表 2-26 所示（计算时分配率的小数保留 4 位）。

表 2-26 辅助生产车间供应劳务数据表

受益单位分配		供水 /t	供电 /kW·h
基本生产——甲产品			7400
基本生产车间		5900	8200
辅助生产车间	供电	1800	
	供水		2500
管理部门		500	2300
销售部门		300	600
合计		8500	21000

要求：（1）采用直接分配法编制分配表和会计分录。

（2）采用交互分配法编制分配表和会计分录。

（3）采用代数分配法编制分配表和会计分录。

（4）采用顺序分配法编制分配表和会计分录。

（5）假设水计划单位成本 3.6 元 /t，电的计划单位成本 0.9 元 /kW·h。采用计划成本分配法编制分配表和会计分录。

8. 某车间全年度计划制造费用为 25000 元；全年各种产品的计划产量为：甲产品 500 件，乙产品 500 件；单件工时定额为甲产品 2 小时，乙产品 3 小时；该车间某月实际产量为：甲产品 220 件，乙产品 350 件，实际发生制造费用为 13500 元。

要求：（1）计算年度计划分配率。

（2）按年度计划分配率分配制造费用。

（3）编制分配制造费用的会计分录。

9. 某企业第一车间本月共发生制造费用 73840 元，其中折旧费和修理费为 45720 元，其他费用为 28120 元。该车间共生产甲、乙两种产品，甲产品机器工时为 500 小时，乙产品机器工时为 300 小时。甲生产工时为 2800 小时，乙生产工时为 2200 小时。

要求：（1）根据上述资料，折旧费和修理费采用机器工时比例法，其他费用采用生产工时比例法分配制造费用，并将计算结果填入表 2-27 中。

（2）编制分配制造费用的会计分录。

表 2-27　制造费用分配表　　　　　　（金额单位：元）

产品名称	折旧费、修理费			其他费用			制造费用
	机器工时（小时）	分配率	分配金额	生产工时（小时）	分配率	分配金额	
甲产品							
乙产品							
合计							

第 3 章
分配完工产品与在产品成本

成本核算实务中用于分配完工产品与在产品成本的常用方法有：在产品忽略不计法、在产品按固定成本计价法、在产品按所耗原材料费用计价法、约当产量法、在产品按定额成本计价法和定额比例法等，企业应根据月末在产品数量的多少、各月末在产品数量变化的大小、各项费用在成本中所占的比重以及定额管理基础的好坏等具体条件进行选择，以做到计算结果合理准确。

本章学习目标：
1. 了解在产品的概念
2. 熟悉在产品收发存的日常核算工作，掌握在产品盘盈盘亏的处理方法
3. 掌握选择完工产品与在产品之间分配费用方法应考虑的具体条件
4. 熟练掌握完工产品和在产品之间分配费用的各种方法的特点及具体的分配计算过程
5. 掌握结转完工产品成本的账务处理方法

3.1 在产品数量的核算

3.1.1 在产品概述

1. 在产品的定义

在产品也称在制品,是指在生产过程中正处于或等待加工的产品,有广义在产品和狭义在产品之分。

广义在产品是指从整个企业角度来看,没有完成全部生产过程,且不能作为商品销售的产品,包括在各个生产单位加工中的在制品和已完成一个或几个生产步骤,尚需继续加工的入库或未入库的自制半成品,以及返修的废品,但不包括不可修复的废品和对外销售的半成品。

狭义在产品是指某一生产步骤或某一生产车间中,在该生产步骤或本生产车间中正在加工的在制品,不包括该生产步骤或该车间完工的半成品。

核算在产品的数量,是生产费用在完工产品和在产品之间分配的基础,在产品数量确定的正确与否,关系到分配结果的准确性。因此,企业既要做好在产品收发结存的日常核算工作,以提供正确的在产品账面核算资料,也要做好在产品的定期清查工作,以提供可靠的在产品实际资料。

2. 在产品收发存的日常核算

正确计算产品成本必须确认在产品的数量。在实际工作中,确定在产品数量一般通过账面核算资料确定。企业需按照在产品的名称、类别、批次设置"在产品台账"(亦称为"在产品收发结存账簿")。"在产品台账"可由车间核算人员登记,或企业生产调度部门专人登记,以正确记录在产品的收入、转出、报废及结存数量,为计算在产品成本提供资料。一般格式如表 3-1 所示。

表 3-1 在产品台账

生产车间:第一车间　　　　　产品名称:甲产品　　　　　　　　(单位:件)

2018 年		摘要	投入生产		完工展出			结存	
月	日		凭证号	数量	凭证号	合格品	废品	已完工	未完工
1	1	上月转入							90
1	5	本月投入		1000					
1	31	完工转出				900			
1	31	本月合计		1000		900		900	190

3. 在产品的清查核算

为了进一步核实在产品的数量,保证在产品的安全完整,企业必须定期或不定期进行在产品的清查工作。在清查时,根据盘点结果和账面资料编制"在产品盘存表",填制在产品的账面数、实存数和盘盈盘亏数以及盈亏的原因和处理意见等,而对于报废和毁损的在产品应登记其残值。成本核算人员应对在产品的清查结果进行审核，并及时进行账务处理。

在产品盘盈时，按计划成本或定额成本借记"基本生产成本"账户，贷记"待处理财产损溢"账户；按规定核销时，冲减制造费用，则借记"待处理财产损溢"账户，贷记"制造费用"账户。

在产品盘亏时，应借记"待处理财产损溢"账户，贷记"基本生产成本"账户；按规定核销时，再根据不同情况分别转入"制造费用""营业外支出""其他应收款"等账户。

注意： 核销盘亏在产品时，准予计入产品成本的损失，转入"制造费用"账户的借方；由保险公司或责任人赔偿的部分，转入"其他应收款"账户借方；自然灾害造成的非常损失，扣除保险赔偿后转入"营业外支出"账户的借方。

例 3-1： 某公司 2018 年 3 月 29 日，基本生产车间在产品清查结果如下：A 产品的在产品盘盈 40 件，单位定额成本为 300 元；B 产品的在产品由于自然灾害毁损 70 件，单位定额成本为 60 元，其中应由保险公司赔偿 2000 元，试进行相关的账务处理。

（1）在产品盘盈时的处理

审批前：

借：基本生产成本——A 产品　　　　　　　　　　12000
　　贷：待处理财产损溢——待处理流动资产损溢　　　　　12000

审批后：

借：待处理财产损溢——待处理流动资产损溢　　12000
　　贷：制造费用　　　　　　　　　　　　　　　　　　12000

（2）在产品盘亏、毁损时的处理

审批前：

借：待处理财产损溢——待处理流动资产损溢　　4200
　　贷：基本生产成本——B 产品　　　　　　　　　　　　4200

审批后，分原因进行处理：

借：其他应收款　　　　　　　　　　　　　　　2000
　　营业外支出　　　　　　　　　　　　　　　2200
　　贷：待处理财产损溢——待处理流动资产损溢　　　　4200

3.1.2 在产品与完工产品的成本计算关系

企业在生产过程中发生的生产费用，在各种产品之间进行归集和分配后，应计入本月各种产品成本的生产费用已集中反映在"基本生产成本"账户和所属各种产品成本明细账中。确定完工产品的总成本与单位成本，须按一定的分配标准，将"基本生产成本"账户中归集的生产费用在完工产品与在产品之间进行分配。在产品成本与完工产品成本的计算关系如下：

月初在产品成本+本月生产费用=本月完工产品成本+月末在产品成本

注：左侧两项费用之和为生产产品所发生的累计生产费用，由本月完工产品和月末在产品共同承担。具体分配方法是将前两项费用之和（即累计生产费用）在本月完工产品与月末在产品之间按一定比例进行分配，从而完成完工产品成本和月末在产品成本的计算。

本月完工产品成本=月初在产品成本+本月生产费用-月末在产品成本

注：首先确定月末在产品成本，再从前两项费用之和中减去月末在产品成本，从而计算出完工产品成本。

3.2 确定在产品成本的方法

成本核算实务中确定在产品成本常用的方法有：在产品忽略不计法、在产品按固定成本计价法、在产品按所耗原材料费用计价法、约当产量法、在产品按定额成本计价法和定额比例法。企业要正确计算完工产品成本，首先应科学合理地确定在产品成本。企业应根据在产品数量的多少，各月在产品数量变化的大小，各项费用比重的大小以及定额管理基础等具体条件，选择既合理又简便的方法确定在产品成本。

3.2.1 在产品忽略不计法

1. 在产品忽略不计法的特点

当企业基本生产成本明细账中归集的生产费用全部由本月完工产品负担，而月末在产品不分担时，可以采用在产品忽略不计法计算完工产品成本。这种情况下，企业每月末有在产品，但不计算在产品成本，即每月发生的费用全部由完工产品负担，并且账面上没有月末在产品成本，则本月完工在产品成本计算如下：

本月完工产品成本=本月发生的生产费用

2. 在产品忽略不计法的适用范围

企业各月末在产品数量较小，月初和月末在产品的差额很小，因而各月在产品成本对于完工产品成本的计算影响很小，可忽略不计。即在产品忽略不计法适用于各月末在产品数量较少的企业，如自来水企业、采煤企业等。

3.2.2 在产品按固定成本计价法

1. 在产品按固定成本计价法的特点

当企业年内各月在产品成本都按年初在产品成本计算，固定不变时，可采用在产品按固定成本计价法，在该方法下：

本月完工产品成本 = 月初在产品成本（年初数）+ 本月发生生产费用 -
月末在产品成本（年初数）

因月初和月末在产品成本相同，所以：

本月完工产品成本=本月发生的生产费用

2. 在产品按固定成本计价法的适用范围

当企业各月末在产品数量较少，或产品虽然数量较多但各月末数量变化不大时，如炼铁企业和化工企业的产品等，可采用在产品按固定成本计价法。这是因为各月末在产品数量变化不大，月初、月末在产品成本的差额就很小，所以各月初、月末在产品成本对于完工产品成本的确定影响也就很小，可忽略不计。

注意：企业采用在产品按固定成本计价法时，应在每年末对在产品进行实地盘点，以实地盘存数为计算基础再次确定年末在产品成本，避免在产品成本与实际出入过大的情况，从而影响产品成本计算的正确性。

3.2.3 在产品按所耗原材料费用计价法

1. 在产品按所耗原材料费用计价法的特点

当企业产品的加工费用全部由完工产品成本负担时，采用在产品按所耗原材料费用计价法，即月末在产品成本只计算其所耗用的材料费用，不计算直接人工和制造费用。在该方法下：

月末在产品成本=月末在产品数量×单位产品原材料成本

本月完工产品成本=月初在产品成本+本月生产费用-月末在产品成本

其中，

$$单位产品原材料成本=\frac{原材料费用总额}{完工产品数量+月末在产品数量}$$

2. 在产品按所耗原材料费用计价法的适用范围

当企业各月末在产品数量较大，各月在产品数量变化也较大，以及原材料费用在产品成本中所占比重也较大时，可采用在产品按所耗原材料费用计价法，如造纸、纺织和酿酒等企业。企业产品成本中原材料费用比重较大，工资及制造费用比重较小，对于在产品来说其工资及制造费用就更小，这样月初、月末在产品加工费用的差额也就很小，可忽略不计。

例 3-2：某公司 2018 年 5 月生产 A 产品，原材料费用占产品成本的比重较大。月初在产品成本（原材料费用）为 40000 元，本月消耗原材料费用为 200000 元，加工费用为 15000 元。完工产品 800 件，月末在产品 200 件。原材料在生产开始时一次性投入，按产品数量比例分配费用。

（1）单位产品原材料成本

$$单位产品原材料成本=\frac{40000+200000}{800+200}元/件 = 240元/件$$

（2）月末在产品负担的直接材料费用

月末在产品负担的直接材料费用（月末在产品成本）= 200×240元 = 48000元

（3）完工产品负担的材料费用

完工产品负担的材料费用 = 800×240元 = 192000元

（4）本月完工产品成本

本月完工产品成本 = [40000+(200000+15000)-48000]元 = 207000元

或 = (192000+15000)元 = 207000元

根据本月发生的生产费用资料，编制产品成本计算单，如表3-2所示。

表3-2 产品成本计算单

产品名称：A产品　　　　　　　　　　2018年5月　　　　　　　　　　（金额单位：元）

摘　　要	直接材料	加工费用	合　　计
月初在产品成本	40000		40000
本月生产费用	200000	15000	215000
生产费用合计	240000	15000	255000
转出本月完工产品成本	192000	15000	207000
月末在产品成本	48000		48000

3.2.4 约当产量法

1. 约当产量法的特点

约当产量，亦称为在产品约当产量，是指按产品的完工程度将在产品的数量折算为完工产品的数量，即在产品大约等同于多少完工产品。约当产量法，是指按完工产品产量与月末在产品约当产量的比例分配，计算完工产品成本和月末在产品成本的一种方法，具体计算方法由三步构成：

（1）计算在产品约当产量

在产品约当产量=在产品数量×完工程度（或投料程度）

其中，月末在产品数量通过实地盘点或在产品台账得出。

（2）计算生产费用分配率（即每件完工产品应分配的生产费用）

$$某项生产费用分配率=\frac{某项生产费用累计数}{完工产品数量+月末在产品约当产量}$$

（3）计算完工产品总成本和月末在产品成本

完工产品成本=完工产品数量×生产费用分配率

$$月末在产品成本 = 在产品约当产量 \times 生产费用分配率$$
$$= 生产费用累计数 - 完工产品成本$$

2. 约当产量法的适用范围

当企业月末在产品数量较大，各月末在产品数量变化也较大，产品成本中原材料费用和人工及制造费用的比重相差不大时，可以采用约当产量法确定完工产品和月末在产品成本。

注意：企业采用约当产量法计算完工产品与月末在产品成本，必项正确核算在产品数量及其完工程度，才能确定在产品的直接材料费用和加工费用的约当产量，从而确保完工产品成本真实可靠。

3. 约当产量法的应用

（1）计算在产品约当产量

采用约当产量法计算完工产品和月末在产品成本，第一步是正确计算在产品约当产量，根据公式可知，在产品完工程度的测定是计算在产品约当产量的关键。在实际生产中，产品耗用原材料的程度不同，耗用直接人工、制造费用的情况也不一样，那么在分配不同的成本费用时，完工程度的确定方式也就有所不同。

1）根据原材料费用的投入方式不同，计算在产品的约当产量。

制作服装时，布料是一次剪裁的，完工服装与未完工服装投入的布料是相同的；而织毛衣时，毛线的投入和纺织的进度成正比，因而完工的毛衣与未完工毛衣所消耗的毛线量显然是不同的。约当产量是把在产品折算成等同的完工产品，投料方式不同，折算方法也就不同。

① 原材料在开工前一次投入。如果原材料在生产开始时一次性全部投入，那么单位在产品所负担的材料费用与单位完工产品负担的材料费用是相同的。因此，该情况下的完工程度（投料程度）为100%，即月末在产品约当产量等于月末在产品数量。

② 原材料在开工后陆续投入。原材料在生产过程中陆续投入，如果原材料投入与产品加工程度一致，那么用于分配原材料费用的投料程度与用于分配加工费用的加工程度也是一致的。但如果原材料投入与产品加工程度不一致，则应分以下 A.b 两种情况计算各工序的投料程度。

a. 在每道工序开始时一次投入本工序所需材料，则某工序在产品的投料程度为

$$某工序在产品投料程度 = \frac{前面各道工序投料定额 + 本工序投料定额}{单位完工产品投料定额} \times 100\%$$

即原材料在每道工序开始时一次投入，则某工序在产品的投料程度，按该工序在产品的累计原材料费用定额除以完工产品原材料费用定额计算确定。某工序在产品约当产量和全部在产品约当产量计算公式为

某工序在产品约当产量 = 某工序在产品数量 × 该工序在产品投料程度

全部在产品约当产量 = ∑各工序在产品约当产量

例 3-3：某公司生产 A 产品要经过三道工序，原材料分别在各工序生产开始时一次性投入，该产品单位材料消耗定额为 200 元，其中第一道工序 120 元，第二道工序 60 元，第三道工序 20 元；月末盘存该产品在产品数量有 400 件，其中第一道工序进行中的有 100 件，第二道工序进行中的有 160 件，第三道工序进行中的有 140 件。试计算在产品月末的约当产量。

第一步：计算各工序在产品的投料程度

$$第一道工序在产品投料程度 = \frac{120}{200} \times 100\% = 60\%$$

$$第二道工序在产品投料程度 = \frac{120+60}{200} \times 100\% = 90\%$$

$$第三道工序在产品投料程度 = \frac{120+60+20}{200} \times 100\% = 100\%$$

第二步：计算月末在产品的约当产量

月末在产品的约当产量 = (100×60%+160×90%+140×100%)件 = 344 件

b. 在每道工序中陆续投入本工序所需材料。如果在每道工序陆续投入本工序所需材料，则某工序在产品的投料程度计算公式为

$$某工序在产品投料程度 = \frac{前面各道工序投料定额 + 本工序投料定额 \times 50\%}{单位完工产品投料定额} \times 100\%$$

即在每道工序陆续投入本工序所需材料，按该工序在产品的累计原材料费用定额，除以完工产品原材料费用定额计算确定某工序在产品投料程度。而该工序在产品的累计原材料费用定额，以前面各道工序材料消耗定额加上本工序材料消耗定额的 50% 计算。

例 3-4：例 3-3 中，若原材料的投产方式改为分别在各道工序中陆续投入，其他条件不变。试计算在产品月末的约当产量。

第一步：计算各工序在产品的投料程度

$$第一道工序在产品投料程度 = \frac{120 \times 50\%}{200} \times 100\% = 30\%$$

$$第二道工序在产品投料程度 = \frac{120+60 \times 50\%}{200} \times 100\% = 75\%$$

$$第三道工序在产品投料程度 = \frac{120+60+20 \times 50\%}{200} \times 100\% = 95\%$$

第二步：计算月末在产品的约当产量

月末在产品的约当产量 = (100×30%+160×75%+140×95%)件 = 283 件

从例 3-3 和例 3-4 可知，原材料在每道工序开始时一次投入与在每道工序中陆续投入所计算的投料程度和在产品约当产量是不一样的。

2）分配直接人工和制造费用时在产品约当产量的计算。

① 平均计算法。当各工序在产品数量和单位产品在各工序的加工程度相差不大时，前面各道工序对在产品少加工的程度可以由后面各工序对在产品加工的程度抵补。因此，对所有在产品的完工程度可以按照 50% 平均计算。其计算公式为

$$月末在产品约当产量=月末在产品数量×50\%$$

② 工序测定法。当各工序在产品数量和完工程度差别较大时，需分工序分别计算在产品的完工程度。工序测定法是按照各工序的累计工时定额占完工产品工时定额的比例计算某工序在产品的完工程度。其计算公式为

$$某工序在产品完工程度=\frac{前面各工序累计工时定额+本工序工时定额×50\%}{单位完工产品工时定额}×100\%$$

$$某工序在产品约当产量 = 某工序在产品数量×该工序在产品完工程度$$

$$在产品约当产量 = \sum 各工序在产品约当产量$$

例 3-5：某公司生产 B 产品要经过两道工序，单位定额工时 500 小时，第一道工序用 200 小时，第二道工序用 300 小时，处于第一道工序的在产品有 200 件，处于第二道工序的在产品有 300 件，求各工序的完工程度及月末在产品的约当产量。

第一步：计算各工序在产品完工程度

$$第一道工序在产品完工程度=\frac{200×50\%}{500}×100\% = 20\%$$

$$第二道工序在产品完工程度=\frac{200+300×50\%}{500}×100\% = 75\%$$

第二步：计算月末在产品约当产量

$$月末在产品约当产量 = (200×20\%+300×75\%)件 = 265件$$

（2）在产品约当产量法分配生产费用的应用

确定在产品的约当产量之后，就可以在完工产品和月末在产品之间进行生产费用的分配。分配标准是折合的生产总量，即完工产品数量和月末在产品约当产量之和。

例 3-6：某公司 2018 年 3 月生产 C 产品，月末账上"基本生产成本——C 产品"余额为 62000 元，本月完工 500 件，在产品 300 件，投料程度、完工程度均为 40%，试计算月末完工产品成本与在产品成本。

第一步：计算折合生产总量

$$完工产品数量 = 500件$$

$$在产品约当产量=300×40\%件 = 120件$$

$$折合生产总量 = (500+120)件 = 620件$$

第二步：计算生产费用分配率

$$生产费用分配率 = \frac{62000}{620}元/件 = 100元/件$$

第三步：计算完工产品成本和在产品成本

$$完工产品成本 = 500 \times 100元 = 50000元$$

$$在产品成本 = 120 \times 100元 = 12000元$$

$$或 = (62000-50000)元 = 12000元$$

例 3-7：某公司生产 D 产品要经过三道加工工序，2018 年 5 月的相关生产费用资料如表 3-3 所示。

表 3-3 D 产品生产费用表

产品名称：D 产品　　　　　　　　　2018 年 5 月　　　　　　　　　（金额单位：元）

摘　　要	直接材料	加工费用	制造费用	合计
月初在产品成本	14000	4000	2000	20000
本月生产费用	40000	25000	15000	80000
合计	54000	29000	17000	100000

本月完工产品数量 2000 件，月末在产品数量 1000 件，各道工序在产品的数量及定额资料表如表 3-4 所示。

表 3-4 各道工序在产品数量及定额资料表

工　　序	在产品数量（件）	材料消耗定额 /kg	工时定额（小时）
1	240	100	50
2	400	100	60
3	360	160	90
合计	1000	360	200

如果原材料在各道工序开工前一次投入，且各道工序上的在产品数量和完工程度差别较大，试采用约当产量法计算完工产品与月末在产品成本。

第一步：计算在产品的约当产量

分配材料费用时的约当产量：

因为原材料是开工前一次投入，所以分配材料费用时的完工程度为 100%。

$$直接材料约当产量 = (240 \times 100\% + 400 \times 100\% + 360 \times 100\%)件 = 1000件$$

分配直接人工和制造费用时的约当产量：

因为各工序上的在产品数量和完工程度差别较大，所以，分配直接人工和制造费用时的约当产量采用工序测定法计算各工序的完工程度。

$$各工序完工程度\begin{cases}第一道工序在产品完工程度=\dfrac{50\times50\%}{200}\times100\%=12.5\%\\第二道工序在产品完工程度=\dfrac{50+60\times50\%}{200}\times100\%=40\%\\第三道工序在产品完工程度=\dfrac{50+60+90\times50\%}{200}\times100\%=77.5\%\end{cases}$$

在产品约当产量 = (240×12.5%+400×40%+360×77.5%)件 = 469件

根据计算结果编制月末在产品约当产量计算表，如表3-5所示。

表3-5 月末在产品数量约当产量计算表

工序	在产品数量（件）	直接材料约当产量		加工费用约当产量	
		投料程度（%）	约当产量（件）	完工程度（%）	约当产量（件）
1	240	100	240	12.5	30
2	400	100	400	40	160
3	360	100	360	77.5	279
合计	1000		1000		469

第二步：计算生产费用分配率

$$直接材料分配率 = \dfrac{54000}{2000+1000}元/件 = 18元/件$$

$$直接人工分配率 = \dfrac{29000}{2000+469}元/件 \approx 11.75元/件$$

$$制造费用分配率 = \dfrac{17000}{2000+469}元/件 \approx 6.89元/件$$

第三步：计算完工产品成本与在产品成本

完工产品成本 = (2000×18+2000×11.75+2000×6.89)元 = 73280元

在产品成本 = (100000-73280)元 = 26720元

因为在计算费用分配率时有保留小数位数的情况出现，所以在编制完工产品与在产品成本计算表时，按照生产费用合计数减去完工产品成本数计算月末在产品成本，D产品完工产品和在产品成本计算表如表3-6所示。

表3-6 D产品完工产品和在产品成本计算表

产品名称：D产品　　　　　　2018年5月

摘要	直接材料	直接人工	制造费用	合计
生产费用合计（元）	54000	29000	17000	100000
在生产约当产量（件）	1000	469	469	
完工产品产量（件）	2000	2000	2000	
分配率（单位成本）	18	11.75	6.89	36.64
转出完工产品总成本（元）	36000	23500	13780	73280
月末在成品成本（元）	18000	5500	3220	26720

3.2.5 在产品按定额成本计价法

1. 在产品按定额成本计价法的特点

根据月末在产品数量和单位定额成本计算出月末在产品成本,将其从本月该种产品的全部生产费用(如果有月初在产品,包括月初在产品成本)中扣除,从而求得完工产品成本的方法称为在产品按定额成本计价法,计算方法如下:

月末在产品定额成本=在产品直接材料定额成本+在产品直接人工定额成本+
在产品制造费用定额成本
=在产品数量×(单位在产品直接材料费用定额+工时定额×
计划小时工资率+工时定额×计划小时费用率)

完工产品总成本 = 月初在产品定额成本+本月发生生产费用-月末在产品定额成本

2. 在产品按定额成本计价法适用范围

在产品按定额成本计价法适用于定额管理基础较好,各种消耗定额和费用定额比较稳定准确,各月在产品数量变化不大的产品。如果产品各项定额准确,月初和月末单位在产品实际费用脱离定额的差异就不会大;由于各月末在产品数量变化不大,月初在产品费用总额脱离月末在产品定额费用的总额差异也不会大。因此,月末在产品成本不计算成本差异,对完工产品成本影响不大。

例 3-8:某公司 2018 年 4 月生产 A 产品,月初在产品和本月发生的生产费用累计数分别为:直接材料 250000 元、直接人工费用 70000 元、制造费用 80000 元,合计 400000 元;本月完工产品数量为 40000 件,月末在产品数量为 200 件,在产品的单位直接材料费用定额为 200 元,在产品定额工时共计 400 小时,每小时各项费用的计划分配率为:直接人工 60 元,制造费用 30 元。试计算月末在产品定额成本和完工产品总成本,并根据计算结果编制产品成本计算单。

解:第一步:计算月末在产品定额成本。

月末在产品定额直接材料成本 = 200×200元 = 40000元

月末在产品定额人工成本 = 400×60元 = 24000元

月末在产品定额制造费用成本 = 400×30元 = 12000元

月末在产品定额成本 = (40000+24000+12000)元 = 76000元

第二步:计算完工产品总成本。

完工产品总成本 = (400000-76000)元 = 324000元

根据计算结果编制产品成本计算单,如表 3-7 所示。

表 3-7 产品成本计算表

完工产品数量：2000 件　　产品名称：A 产品　　月末在产品数量：200 件　　2018 年 4 月　　（金额单位：元）

摘　　要	直接材料	直接人工	制造费用	合计
生产费用合计	250000	70000	80000	400000
月末在产品成本	40000	24000	12000	76000
转出完工产品总成本	210000	46000	68000	324000

3.2.6 定额比例法

1. 定额比例法的特点

按照生产费用占完工产品和月末在产品的定额消耗量或定额费用的比例分配完工产品和月末在产品成本的方法称为定额比例法。其中，直接材料费用按原材料定额消耗量或原材料定额费用比例分配，工资、福利费和制造费用等其他成本项目费用按定额工时比例分配。在计算时分成本项目进行，计算方法如下：

$$本月完工产品成本 = \sum(本月完工产品总定额 \times 各成本项目费用分配率)$$

$$月末在产品成本 = \sum(月末在产品总定额 \times 各成本项目费用分配率)$$

其中

$$本月完工产品总定额 = 本月完工产品数量 \times 单位产品定额消耗量$$

$$月末在产品总定额 = \sum(某工序月末在产品数量 \times 该工序单位在产品定额消耗量)$$

$$某成本项目费用分配率 = \frac{该成本项目生产费用合计数}{本月完工产品总定额 + 月末在产品总定额}$$

2. 定额比例法适用范围

定额比例法适用于定额管理基础较好，各项消耗定额或费用定额比较准确稳定，各月末在产品数量变动较大的产品。虽然产品的消耗定额或费用定额准确稳定，使月初和月末单位在产品费用脱离定额的差异不大，但因为各月末在产品数量变化较大，所以月初在产品费用脱离定额的差异总额与月末在产品费用脱离定额的差异总额的差额会比较大。如果采用定额成本计价法，月初和月末在产品费用脱离定额的差异额就会计入完工产品成本，从而影响完工产品成本计算的真实性和正确性。

例 3-9：某公司 2018 年 4 月生产 E 产品，产品原材料单位消耗定额为 240 元，工时消耗定额为 60 小时，本月完工产品数量为 2000 件，各道工序在产品数量总计 600 件，在产品详细情况如表 3-8 所示。

第 3 章　分配完工产品与在产品成本

表 3-8　各工序在产品数量及定额资料表

工　序	在产品数量（件）	单位在产品原材料消耗定额（元）	工时消耗定额（小时）
第一道工序	160	149	10
第二道工序	240	200	20
第三道工序	200	240	30
合计	600	589	60

2018 年 4 月 E 产品相关生产费用表如表 3-9 所示。

表 3-9　E 产品相关生产费用表

产品名称：E 产品　　　　　　　　2018 年 4 月　　　　　　　　（金额单位：元）

摘　要	直接材料	直接人工	制造费用	合计
月初在产品成本	168120	28000	35000	231200
本月生产费用	430000	120000	165000	715000
生产费用合计	598120	148000	200000	946120

试根据以上资料，采用定额比例法分配本月生产费用。

第一步：计算成本费用分配率

直接材料费用分配率：

完工产品直接材料定额总成本 = 240×2000元 = 480000元

月末在产品直接材料定额成本 = (160×149+240×200+200×240)元 = 119840元

$$\text{直接材料费用分配率} = \frac{598120}{480000+119840} \approx 1$$

加工费用分配率：

完工产品工时消耗总定额 = 60×2000小时 = 120000小时

月末在产品工时消耗总定额 = (160×10+240×20+200×30)小时 = 12400小时

$$\text{直接人工费用分配率} = \frac{148000}{120000+12400} \text{元/小时} \approx 1.1178 \text{元/小时}$$

$$\text{直接费用分配率} = \frac{200000}{120000+12400} \text{元/小时} \approx 1.5106 \text{元/小时}$$

第二步：计算月末在产品成本和完工产品总成本

完工产品成本 = (480000×1+120000×1.1178+120000×1.5106)元 = 795408元

根据计算结果编制完工产品与月末在产品费用分配表，如表 3-10 所示。

表 3-10　完工产品与月末在产品费用分配表

产品名称：E 产品　　　　　　　　　　　　　　　　2018 年 4 月

摘　要	直接材料	直接人工	制造费用	合计
本月生产费用合计（元）	598120	148000	200000	946120
完工产品定额成本或定额工时	480000/ 元	120000/ 小时	120000/ 小时	—
月末在产品定额成本或定额工时	119840/ 元	12400/ 小时	12400/ 小时	—
费用分配率	1	1.1178 元 / 小时	1.5106 元 / 小时	—
转出完工产品成本（元）	480000	134136	181272	795408
月末在产品成本（元）	118120	13864	18728	150712

因为在计算费用分配率时有保留小数位数的情况出现，所以在编制完工产品与月末在产品费用分配表时，按照生产费用合计数减去完工产品成本数计算月末在产品成本，E 产品完工产品与月末在产品费用分配表如表 3-10 所示。

3.3　结转完工产品的成本

3.3.1　编制产品成本汇总表

企业在期末可根据成本计算资料编制"产品成本汇总表"，以便于结转完工产品成本，其一般格式如表 3-11 所示。

表 3-11　产品成本汇总表

2018 年 3 月

产品名称	完工产量（件）	直接材料（元）	直接人工（元）	制造费用（元）	总成本（元）	单位成本（元）
A 产品	10000	250000	45000	25000	320000	32
B 产品	8000	26000	8000	6000	40000	5
合计	—	276000	53000	31000	360000	—

3.3.2　完工产品成本结转的财务处理

企业完成生产费用在各产品之间以及在完工产品和月末在产品之间横向与纵向的分配和归集之后，完工产品的单位成本已确定，据此可进行完工产品成本结转的账务处理。根据表 3-11 编制结转分录如下：

借：库存商品——A 产品　　　　　　　　　320000
　　　　　　——B 产品　　　　　　　　　 40000
　　贷：基本生产成本——A 产品　　　　　　320000
　　　　　　　　　——B 产品　　　　　　　 40000

"基本生产成本"总账科目的月末余额，代表基本生产在产品的成本，即占用在基本生产过程中的生产资金,应与所属各种产品成本明细账中月末在产品成本之和相互核对。

需要注意的是,不能将完工产品成本的结转与已销产品成本的结转混淆。当库存商品售出后,将成本从"库存商品"账户转入"主营业务成本"账户,"主营业务成本"与"主营业务收入"配比即可计算毛利润。如果A、B产品全部售出,则结转销售成本的账务处理如下:

借:主营业务成本——A产品　　　　　　　　　　　　　320000
　　　　　　　　——B产品　　　　　　　　　　　　　40000
　　贷:库存商品——A产品　　　　　　　　　　　　　　320000
　　　　　　　　——B产品　　　　　　　　　　　　　40000

说明:制造企业生产产品发生的各项生产费用,需在各种产品之间进行分配,也需要在同种产品的完工产品和月末在产品之间进行分配,以计算出各种完工产品和月末在产品的成本。对月末在产品成本,留在账上作为下月的月初在产品成本;对完工产品成本则转入"库存商品"账户。

本章小结

本章主要介绍成本核算实务中用于分配完工产品与在产品成本常用的方法:在产品忽略不计法、在产品按固定成本计价法、在产品按所耗原材料费用计价法、约当产量法、在产品按定额成本计价法和定额比例法等。主要针对企业生产产品的以下三种情况,通过案例分析正确计算月末完工产品和在产品成本:

1)该月产品已全部完工,归集的生产费用之和为该完工产品的成本。

2)该月全部产品都没有完工,归集的生产费用之和为该在产品的成本。

3)该月产品一部分完工一部分没有完工,归集的生产费之和应在完工产品与在产品之间进行合理的分配。

通过本章学习,读者可以掌握以下知识:

在产品的概念,在产品收发存的日常核算工作及在产品盘盈盘亏的处理方法,完工产品与在产品之间分配费用时方法选择应考虑的具体条件,完工产品与在产品之间分配费用各种方法的特点及具体的分配计算过程,结转完工产品成本的账务处理方法等。

思考题与习题

3-1　思考题

1.简述在产品的含义。

2.什么是约当产量法?约当产量法的具体操作是怎样的?

3.在产品按定额成本法计价与定额比例法有什么区别?

4. 在产品成本与完工产品成本的计算关系？

3-2 单项选择题

1. 采用在产品成本按年初固定成本计价法，将生产费用在完工产品与期末在产品之间的分配，适用于（   ）。

　　A. 各月末在产品数量很大　　　　B. 各月末在产品数量虽大，但各月之间变化不大
　　C. 各月末在产品数量变化较大　　D. 各月成本水平相差不大

2. 在计算完工产品成本时，如果不计算在产品成本，则必须具备下列条件（   ）。

　　A. 各月末在产品数量很少　　　　B. 各月末在产品数量比较稳定
　　C. 各月末在产品数量较大　　　　D. 定额管理基础较好

3. 当企业月末在产品数量较大且数量变化也较大，而原材料费用在成本中所占比重较大的产品，通常应按（   ）将生产费用在完工产品和月末在产品之间分配。

　　A. 定额比例法　　　　　　　　　B. 在产品按所耗原材料费用计价法
　　C. 约当产量法　　　　　　　　　D. 在产品按定额成本计价法

4. 企业某种产品的各项定额准确、稳定，且各月末在产品数量变化不大，为了简化成本计算工作，其生产费用在完工产品与在产品之间分配应采用（   ）。

　　A. 定额比例法　　　　　　　　　B. 在产品按完工产品计价法
　　C. 约当产量法　　　　　　　　　D. 在产品按定额成本计价法

5. 当企业月末在产品数量较大且数量变化也较大，产品成本中原材料费用和工资等费用在成本中所占比重相当，应选用的费用分配方法是（   ）。

　　A. 约当产量法　　　　　　　　　B. 在产品按原材料费用计价法
　　C. 定额比例法　　　　　　　　　D. 在产品按定额成本计价法

6. 原材料若是在生产开始时一次性投入的，则原材料费用可以按完工产品与月末在产品的（   ）比例分配。

　　A. 定额费用　　　　　　　　　　B. 定额工时
　　C. 按完工率计算的约当产量　　　D. 实际数量

7. 原材料在每道工序开始时一次投料的情况下，分配原材料费用的在产品投料程度，是将（   ）与完工产品原材料消耗定额的比率。

A. 在产品所在工序原材料累计消耗定额的 50%

B. 在产品所在工序原材料消耗定额的 50%

C. 在产品所在工序原材料累计消耗定额

D. 在产品所在工序原材料消耗定额

8. 在产品采用定成本计价法计算时，其实际成本与定额成本之间的差异应计入（   ）。

　　A. 完工产品成本　　B. 营业外支出　　C. 在产品成本　　D. 期间费用

第3章 分配完工产品与在产品成本

9. 为了加强在产品的实物管理，组织在产品数量的日常核算，可以设置（　　）。
   A. "基本生产成本"明细账　　　　　　B. 在产品账户
   C. "在产品台账"　　　　　　　　　　D. "库存商品"账户

10. 对于盘盈的在产品，在有关部门批准后，应该计入的账户是（　　）。
    A. 制造费用　　　　　　　　　　　　B. 基本生产成本
    C. 管理费用　　　　　　　　　　　　D. 营业外支出

11. 甲产品期初在产品30件，本期投产160件，期末在产品15件，其中本期完工产品（　　）件。
    A. 145　　　　B. 160　　　　C. 175　　　　D. 190

12. 假定某企业生产甲产品工时定额为100小时，经两道工序组成，每道工序的定额工时分别为80小时和20小时，则第二道工序的完工程度是（　　）。
    A. 70%　　　　B. 80%　　　　C. 90%　　　　D. 100%

13. 某企业产品经过两道工序，各工序的工时定额分别为30小时和40小时，各道工序的在产品在本道工序的加工程度按工时定额50%计算，则第二道工序的完工率为（　　）。
    A. 68%　　　　B. 69%　　　　C. 70%　　　　D. 71%

14. 假定某企业生产甲产品本月完工300件，月末在产品200件，在产品完工程度为50%；月初和本月发生的原材料费用共为40000元，原材料为生产开始时一次性投入，则完工产品和月末在产品的原材料费用分别为（　　）。
    A. 16000元和24000元　　　　　　　B. 24000元和16000元
    C. 31000元和11000元　　　　　　　D. 11000元和31000元

15. 某种产品经两道工序加工完成，第一道工序月末在产品数量为100件，完工程度为20%；第二道工序月末在产品数量为200件，完工程度为70%。据此计算的月末在产品约当产量为（　　）。
    A. 20件　　　　B. 135件　　　　C、140件　　　　D. 160件

16. 采用约当产量法计算完工产品和在产品成本时，若原材料不是在生产开始一次性投入的，而是分工序在开始时一次性投入的，原材料消耗定额为第一道工序80千克，第二道工序20千克，则第二道工序在产品的投料率为（　　）。
    A. 70%　　　　B. 80%　　　　C. 90%　　　　D. 100%

17. 甲产品分三道工序加工，原材料分三次投入，且在每道工序开始时一次投入，各工序原材料消耗定额为：第一道工序10千克，第二道工序20千克，第三道工序10千克，该产品第二道工序的投料率为（　　）。
    A. 12.5%　　　　B. 50%　　　　C. 75%　　　　D. 100%

18. 某种产品本月完工250件，月末在产品160件，在产品完工程度为40%，月初和本月发生的原材料费用共56520元，原材料随着加工进度陆续投入，则完工产品和月末在

产品的原材料费用分别为（ ）。

A. 45000 元和 11250 元　　　　B. 40000 元和 16250 元
C. 45000 元和 11520 元　　　　D. 34298 元和 21952 元

19. 企业完工产品经验收入库后，其成本应从（ ）账户的贷方转入"库存商品"账户的借方。

A."制造费用"　　　　　　　　B."基本生产成本"
C."辅助生产成本"　　　　　　D."主营业务成本"

20. 如果企业定额管理基础较好，能够制定比较准确、稳定的消耗定额，各月末在产品数量变化较大，应采用（ ）。

A. 在产品成本按年初固定数计算法

B. 按定额成本计算在产品成本法

C. 按所耗直接材料费用计算在产品成本法

D. 定额比例法

3-3　多项选择题

1. 广义的在产品包括（ ）。

A. 需要进一步加工的半成品　　B. 正在返修的废品
C. 对外销售的自制半成品　　　D. 正在车间加工中的在产品

2. 生产费用在完工产品和月末在产品之间分配的方法有（ ）。

A. 定额比例法　　　　　　　　B. 按定额成本计算在产品成本法
C. 约当产量法　　　　　　　　D. 不计算在产品成本法

3. 企业应根据（ ）具体条件，采用适当的方法进行完工产品和在产品之间的费用分配。

A. 在产品数量的多少　　　　　B. 各月末在产品数量变化的大小
C. 定额管理基础的好坏　　　　D. 各项费用在成本中所占的比重

4. 在产品成本按年初固定定数计算法，适用于（ ）。

A. 各月成本水平相差不大　　　B. 各月末在产品数量较小
C. 各月末在产品数量较大　　　D. 各月末在产品数量虽大，但各月之间变化不大

5. 约当产量比例法适用于（ ）。

A. 各月末在产品数量较大　　　B. 各月末在产品数量变化较大
C. 各月末在产品接近完工　　　D. 消耗定额比较准确、稳定

3-4　判断题

1. 在产品按所耗直接材料费用计算成本时，在产品所耗加工费用全部由完工产品成本负担。（ ）

2. 月末在产品成本按年初固定数计算法适用于在产品数量小，或者在产品数量虽大但

各月之间在产品数量变动不大，月初、月末在产品成本的差额不大，算不算各月在产品成本的差额，对完工产品成本的影响不大的产品。（　　）

3. 返修的产品属于广义在产品。（　　）

4. 任何企业都可以采用定额成本法在完工产品和在产品之间分配生产费用。（　　）

5. 在各工序在产品数量和单位产品在各工序的加工程度都差不多的情况下，对所有在产品的完工程度，都可以按照 50% 平均计算。（　　）

6. 在产品的盈亏不论是何种原因，只能增加制造费用的账面价值。（　　）

7. 各月末的在产品数量变化不大的产品，可以不计算在产品成本。（　　）

8. 某工序在产品完工率 =（本工序工时定额 + 前面各工序累计工时定额之和 × 50%）/ 产品工时定额。（　　）

9. 在产品盘盈时，应按定额成本借记"基本生产成本"账户，贷记"待处理财产损溢"账户。（　　）

3-5　案例分析题

1. 某企业生产的 A 产品由于月末在产品数量很少，不需要计算月末在产品成本。本月发生的生产费用为：原材料 20000 元，工资及福利费 5000 元，制造费用 3000 元，本月完工产品 1000 件，月末在产品 5 件。试计算 A 产品的完工产品总成本和单位成本。

2. 某企业生产的 B 产品每月末在产品数量较大，但各月在产品数量变化不大，在产品按年初固定数计算。本月初在产品为：原材料 12000 元，工资及福利费 3000 元，燃料 2000 元，制造费用 1000 元。本月发生的生产费用为：原材料 27000 元，工资及福利费 7800 元，燃料 3200 元，制造费用 2000 元，本月完工产品 2000 件，月末在产品 800 件。试计算 B 产品的完工产品总成本和单位成本。

3. 某企业生产的 C 产品原材料费用在产品成本中所占比重较大，在产品按所耗原材料费用进行计算。材料在生产开始一次性投入，月初在产品材料成本为 80000 元，本月发生的费用如下：原材料 120000 元，燃料及动力 7000 元，工资及福利费 8000 元，制造费用 5000 元。本月完工产品 350 件，月末在产品 150 件。试计算 C 产品的完工产品总成本和单位成本，计算 C 产品的月末在产品成本。

4. 某企业生产的 D 产品分两道工序完成，原材料在各工序开始时一次性投入，单位产品原材料消耗定额为 100 千克，第一道工序为 70 千克，第二道工序为 30 千克。试按原材料投入程度计算 D 产品在各工序的投料率。

5. 某企业生产的 D 产品分两道工序完成，原材料在各工序开始后陆续投入，单位产品原材料消耗定额为 100 千克，第一道工序为 70 千克，第二道工序为 30 千克。在产品在本工序原材料的消耗定额按 50% 计算。试按原材料投入程度计算 D 产品在各工序的投料率。

6. 某企业生产的 E 产品分两道工序完成，单位产品工时定额为 50 小时，其中第一道工序为 30 小时，第二道工序为 20 小时，每道工序在产品工时定额按本工序工时定额的

50%计算。试计算E产品在各道工序的完工率。

7. 某公司生产F产品，要经过三道加工工序，2018年5月相关费用资料如表3-12所示。本月完工产品数量1000件，月末在产品数量为500件，各道工序在产品数量及定额资料表如表3-13所示。如果原材料在开工前一次投入，且各道工序的在产品数量和完工程度差别较大，试采用约当产量法计算完工产品和月末在产品的成本。

表3-12 F产品生产费用表

产品名称：F产品　　　　　　　　2018年5月　　　　　　　　（金额单位：元）

摘　要	直接材料	加工费用	制造费用	合计
月初在产品成本	12000	3000	2000	17000
本月生产费用	60000	15000	10000	85000
生产费用合计	72000	18000	12000	102000

表3-13 各工序在产品数量及定额资料表

工　序	在产品数量（件）	材料消耗定额/kg	工时定额（小时）
1	120	50	25
2	200	50	30
3	180	80	45
合计	500	180	100

8. 基本资料如上题所示，若原材料投入方式为每道工序开始前投入，试采用约当产量法计算完工产品与月末在产品的成本。

第4章

产品成本计算的基本方法——品种法

工业企业的产品工艺过程和管理要求不同,成本计算的方法也不同,通常的计算方法有:品种法、分批法、分步法、分类法、定额法等,其中品种法是产品成本计算的最基本方法。本章主要学习品种法的具体运用,并为学习其他的成本计算方法打下基础。

本章学习目标:
1. 了解品种法的主要特点及适用范围
2. 理解品种法的优缺点
3. 掌握品种法的成本计算程序
4. 熟练地运用品种法计算产品成本并进行相应的账务处理

4.1 品种法的特点及使用范围

品种法是成本计算的基本方法，有着自身的特点和使用范围，企业需要从成本计算对象等方面进行理解和把握。

4.1.1 品种法的含义及适用范围

以产品品种为成本计算对象归集生产费用并计算产品成本的方法称为品种法。品种法是产品成本计算的最基本方法，应用比较广泛，主要适用于单步骤大量大批生产的企业，及管理上不要求分步计算产品成本的多步骤大量大批生产的企业。

1. 单步骤大量大批生产的企业

对于单步骤大量大批生产的企业，如供水、发电、采掘等企业，生产过程在工艺上不间断，也没有中间产出，因此不需要对产品的生产过程加以划分来计算产品的成本；又因大量大批生产，连续不断地重复生产同种类的产品，一般不需要对投产的大量大批同种类产品的生产再划分批别计算成本，也不需要追随产品的生产周期同步计算产品成本。这种单步骤大量大批生产的企业适合采用品种法计算产品成本。

2. 多步骤大量大批生产的企业

对于多步骤大量大批生产的企业，如小型水泥厂、糖果厂、砖瓦厂等，规模较小，虽然生产过程可以间断，但各步骤的半成品都在本企业继续加工，直至产品加工完成为止，因此在管理上不要求分步骤计算半成品成本，这类企业适合采用品种法计算产品成本。

4.1.2 品种法的特点

1. 成本计算对象为产品品种

（1）若企业只生产一种产品，则该种产品的产成品就是成本计算对象

当企业只生产一种产品时，按该种产品设置生产成本明细账，企业所发生的生产费用都是直接费用，直接计入该种产品的生产成本明细账，包括制造费用在内的各种生产费用都不需要在各成本计算对象之间进行分配，该成本计算方法也称为简单品种法。

（2）若企业生产多种产品，每种就是产品成本计算对象

当企业生产多种产品时，则分别按每种产品设置生产成本明细账，发生的直接费用计入各生产成本明细账，间接费用则另行归集，然后在各成本计算对象之间采用适当的分配方法进行分配，再计入各生产成本明细账，这种成本计算方法称为典型品种法。

2. 成本计算定期按月进行

品种法计算成本适用于大量大批生产企业，这种类型的企业生产是连续不断地重复生产一种或几种产品，不可能在产品全部完工以后才进行其成本计算。因此，成本计算需定期按月进行，即成本计算期与会计报告期一致，而与产品生产周期不一致。

3. 在完工产品和期末在产品之间分配生产费用

由于品种法的成本计算是按月进行的，一般需要采用一定的方法将生产费用在完工产品和月末在产品之间进行分配，以便计算完工产品成本和月末在产品成本。如果月末没有在产品，或者在产品很少，则不需要计算月末在产品成本。

4.2 运用品种法计算成本

4.2.1 品种法的应用

品种法的成本计算程序是产品成本计算的一般程序，品种法计算产品成本，应按照品种法的成本计算程序，将企业在生产过程中所发生的各项直接生产费用、辅助生产费用、制造费用分别归集和分配到各完工产品的成本中，计算出完工产品的总成本和单位成本。

例 4-1：某小型机械公司中的一个基本生产车间大量生产 A、B 两种产品，另有一个供电辅助生产车间，供电车间分别为基本生产车间和管理部门供电，2018 年 5 月，产品的产量资料见表 4-1，其中月末在产品完工率为 50%；月初在产品成本资料见表 4-2；A、B 产品实际耗用工时分别为 3000 小时和 7000 小时；供电车间供电 10000 千瓦，其中基本车间一般耗用 8000 千瓦，管理部门耗用 2000 千瓦；其他相关费用分配方法如下：

1）A、B 两种产品共同耗用材料按定额耗用量比例分配。
2）生产工人工资按 A、B 产品工时比例分配。
3）辅助生产费用按用电量分配。
4）制造费用按 A、B 产品工时比例分配。
5）按约当产量分配计算月末在产品成本，A 产品耗用的材料随加工进度陆续投入，B 产品耗用的材料于生产开始时一次性投入。

表 4-1　产品产量资料

2018 年 5 月　　　　　　　　　　　　　　　　　（单位：件）

产品名称	月初产品	本月投产	本月完工产品	月末在产品
A 产品	500	7000	7500	0
B 产品	400	3000	3000	400

表 4-2　月初在产品成本资料

2018 年 5 月　　　　　　　　　　　　　　　　　（金额单位：元）

产品名称	直接材料费用	直接人工费用	制造费用	合计
A 产品	7000	5500	4500	17000
B 产品	4500	2000	2000	8500

按品种法计算完工产品的总成本和单位成本程序如下：

1. 生产费用的归集和分配

（1）归集和分配要素费用

该公司5月发生的生产费用（材料费用、职工薪酬及其他费用）资料如下：

1）材料费用。生产A产品直接耗用材料40000元，生产B产品直接耗用材料30000元，生产A、B产品共同耗用材料28000元（A、B产品材料定额耗用量分别为2000千克、800千克）。供电车间耗用消耗性材料7000元，基本生产车间一般耗用材料4000元，管理部门耗用1000元。

分配材料并编制材料费用分配表，见表4-3。

表4-3 材料费用分配表

2018年5月

车间、部门	产品	直接耗用材料（元）	共同耗用材料			耗用原材料金额（元）
			定额耗用量/kg	分配率	金额（元）	
基本生产车间	A产品	40000	2000	10	20000	60000
	B产品	30000	800	10	8000	38000
	小计	70000	2800		28000	98000
供电车间		7000				7000
基本车间一般耗用		4000				4000
管理部门		1000				1000
合计		72000			28000	110000

根据材料费用分配表编制会计分录如下：

借：基本生产成本——A产品　　　　　　　　60000
　　　　　　　　　——B产品　　　　　　　　38000
　　辅助生产成本——供电车间　　　　　　　7000
　　制造费用　　　　　　　　　　　　　　　4000
　　管理费用　　　　　　　　　　　　　　　1000
　　贷：原材料　　　　　　　　　　　　　　110000

注意：该公司的基本生产车间和辅助生产车间都只有一个，因此辅助生产成本和制造费用都可以不设置明细账，否则应按车间分别设置明细账。

2）职工薪酬。基本生产工人工资80000元（按A产品、B产品所耗工时进行分配），供电车间工人工资3000元，基本车间管理人员工资5000元，公司管理人员工资20000元；社会保险费按工资总额的15%提取，职工薪酬分配表见表4-4。

表 4-4 职工薪酬分配表

2018 年 5 月

车间、部门	工资			社会保险费（元）	合计（元）
	分配标准（小时）	分配率	金额（元）		
基本生产车间——A 产品	4000	8	32000	4800	36800
基本生产车间——B 产品	6000	8	48000	7200	55200
小计	10000		80000	12000	92000
供电车间			3000	450	3450
基本生产车间——共同			5000	750	5750
			20000	3000	23000
			108000	16200	124200

根据职工薪酬分配表，编制会计分录如下：

借：基本生产成本——A 产品　　　　　　36800
　　　　　　　　——B 产品　　　　　　55200
　　辅助生产成本——供电车间　　　　　3450
　　制造费用　　　　　　　　　　　　　5750
　　管理费用　　　　　　　　　　　　　23000
　　　贷：应付职工薪酬——工资　　　　　　　　108000
　　　　　　　　　　　——社会保险费　　　　　16200

3）其他费用。基本生产车间折旧费 6000 元，办公费 400 元；供电车间固定资产折旧费 2000 元，办公费 300 元，管理部门办公费 200 元。办公费通过银行存款支付，见表 4-5。

表 4-5 其他费用分配表

2018 年 5 月　　　　　　　　　　　　　　（金额单位：元）

账号名称		金额
辅助生产	折旧费	2000
	办公费	300
	小计	2300
制造费用	折旧费	6000
	办公费	400
	小计	6400
管理费用	办公费	200
合计		8900

根据其他费用分配表编制会计分录如下:

借:辅助生产成本——供电车间　　　　　　2000
　　制造费用　　　　　　　　　　　　　　6000
　　贷:累计折旧　　　　　　　　　　　　　　　　8000
借:辅助生产成本——供电车间　　　　　　300
　　制造费用　　　　　　　　　　　　　　400
　　管理费用　　　　　　　　　　　　　　200
　　贷:银行存款　　　　　　　　　　　　　　　　900

(2)辅助生产成本的分配

企业对辅助生产成本应设置辅助生产成本明细账(见表4-6),月末根据该明细账归集的费用采用一定的分配方法,如直接分配法,将辅助生产成本分配给各受益对象,作为各受益对象的成本费用,辅助生产费用分配表见表4-7。

表4-6　辅助生产成本明细账

车间名称:供电车间　　　　　2018年5月　　　　　(金额单位:元)

摘要	材料消耗	职工薪酬	折旧费	办公费	合计
耗用材料	7000				7000
职工薪酬		3450			3450
其他费用			2000	300	2300
合计	7000	3450	2000	300	12750
分配转出	7000	3450	2000	300	12750

表4-7　辅助生产费用分配表

2018年5月

账号名称	费用项目	数量(度)	分配率	分配额(元)
制造费用	电费	8000		10200
管理费用	电费	2000		2550
合计		10000	1.275	12750

根据辅助生产费用分配表,编制会计分录如下:

借:制造费用　　　　　　　　　　　　　　10200
　　管理费用　　　　　　　　　　　　　　2550
　　贷:辅助生产成本——供电车间　　　　　　　12750

(3)制造费用的分配

月末根据制造费用明细账将归集的费用按生产工人工时比例进行分配。制造费用明细账见表4-8,制造费用分配表见表4-9。

表 4-8　制造费用明细账

车间名称：基本生产车间　　　　　　　　　　　　　　　　　　　　（金额单位：元）

摘要	材料消耗	职工薪酬	折旧费	办公费	电费	合计
耗用材料	4000					
职工薪酬		5750				
其他费用			6000	400		
辅助费用					10200	
合计	4000	5750	6000	400	10200	26350
分配转出	4000	5750	6000	400	10200	26350

表 4-9　制造费用分配表

2018 年 5 月

项目	生产工时（小时）	分配率	分配额（元）
A 产品	3000		7905
B 产品	7000		18445
合计	10000	2.6350	26350

根据制造费用分配表，编制会计分录如下：

　　借：基本生产成本——A 产品　　　　　　　　　　　　7905
　　　　　　　　　　——B 产品　　　　　　　　　　　　18445
　　　贷：制造费用　　　　　　　　　　　　　　　　　　26350

2. 登记 A、B 产品基本生产成本明细账

A 产品基本生产成本明细账见表 4-10，B 产品基本生产成本明细账见表 4-11。

表 4-10　基本生产成本明细账

产品名称：A 产品　　　　　　　2018 年 5 月　　　　　　　　　　（金额单位：元）

摘要	直接材料费用	直接人工费用	制造费用	合计
月初在产品成本	7000	5500	4500	17000
材料费用分配表	60000			60000
职工薪酬分配表		36800		36800
制造费用分配表			7905	7905
合计	67000	42300	12405	121705
约当产量				
转出完工产品成本（7500 件）	67000	42300	12405	121705
分配率	8.93	5.64	1.654	16.23
月末在产品成本	0	0	0	0

表 4-11 基本生产成本明细账

产品名称：B 产品　　　　　　2018 年 5 月　　　　　　　　（金额单位：元）

摘要	直接材料费用	直接人工费用	制造费用	合计
月初在产品成本	4500	2000	2000	8500
材料费用分配表	38000			38000
职工薪酬分配表		55200		55200
制造费用分配表			18445	18445
合计	42500	57200	20445	120145
约当产量	400	200	200	
转出完工产品成本（3000 件）	37500	53625	19167.188	110292.188
分配率	12.5	17.875	6.389	36.764
月末在产品成本	5000	3575	1277.813	9852.813

3. 完工产品成本汇总表的编制及完工产品成本的结转

根据 A、B 产品的成本计算表，编制完工产品成本汇总表，见表 4-12。

表 4-12 完工产品成本汇总表

2018 年 5 月　　　　　　　　　　　　　　（金额单位：元）

项目		直接材料	直接人工	制造费用	合计
A 产品（完工 7500 件）	总成本	67000	42300	12405	121705
	单位成本	8.933	5.64	1.654	16.23
B 产品（完工 3000 件）	总成本	37500	53625	19167.188	110292.188
	单位成本	12.5	17.875	6.389	36.764

根据完工产品成本汇总表，编制会计分录如下：

借：库存商品——A 产品　　　　　　　　121705
　　　　　　——B 产品　　　　　　　　110292.188
　　贷：基本生产成本——A 产品　　　　　　　　121705
　　　　　　　　　　——B 产品　　　　　　　　110292.188

4.2.2　品种法的成本计算程序

企业不论采用何种成本计算方法，最终都是按照产品品种计算产品成本，而品种法是产品成本计算最基本的方法，因此品种法的成本计算程序是产品成本计算的一般程序。采用品种法计算产品成本的基本程序如下：

1）按照产品的品种开设基本生产成本明细账，账内按照成本项目设立专栏，并登记期初余额。如果企业只生产一种产品，那么基本生产成本明细账只需设置一本；如果企业生产两种或两种以上的产品，那么应为不同的产品分别设置基本生产成本明细账。

2）根据生产过程中发生的各项费用的原始凭证和相关资料，分配各项费用，并编制各种费用分配表，分配各种要素费用。

3）根据各种费用分配表及其他费用资料，登记"基本生产明细账""辅助生产明细账""制造费用明细账""管理费用明细账"等。

4）分配辅助生产费用。根据"辅助生产明细账"，编制"辅助生产成本分配表"，将辅助生产成本采用适当的分配方法分配给各受益对象，并据此登记有关成本明细账。

5）分配制造费用。根据"制造费用明细账"，编制"制造费用分配表"，将制造费用分配给有关成本计算对象，并据以登记各产品"基本生产明细账"。

6）计算结转完工产品成本。若月末有在产品，则采用适当的方法在本月完工产品和月末在产品之间将基本生产明细账中按成本项目归集的生产费用进行分配，以确定完工产品成本和在产品成本。若月末没有在产品，则本月发生的全部生产费用就全部是完工产品的成本。

7）根据各基本生产明细账中计算出的本月完工产品成本，汇总编制"产品成本汇总表"，计算出完工产品总成本和单位成本。

本章小结

品种法是成本计算方法中最基础的一种方法，有其特点和适用范围，企业要根据实际情况选择是否适合采用该品种法来计算产品成本。品种法的计算过程，是将要素费用、综合费用的归集与分配综合运用的过程，对其计算程序要深入理解。

通过本章学习，读者可以掌握以下知识：

品种法的主要特点及适用范围，品种法的优缺点，品种法的成本计算程序，运用品种法计算产品成本并进行相应的账务处理。

思考题与习题

4-1 思考题

1. 试述产品成本品种法的特点。
2. 试述产品成本品种法的计算程序。

4-2 单项选择题

1. 品种法的特点是（   ）。
   A. 不分批计算产品成本   B. 不分步计算产品成本
   C. 既分品种又分步计算产品成本   D. 只分品种计算产品成本
2. 品种法是产品成本计算的（   ）。
   A. 辅助方法   B. 重要方法   C. 最基本方法   D. 最一般方法
3. 品种法的成本计算期与（   ）是一致的。

A. 生产周期　　　　　B. 会计核算期　　　　C. 会计分期　　　　D. 产品完工日期

4. 产品成本计算实际上就是会计核算中成本费用科目的（　　）。

A. 明细核算　　　　　　　　　　　　　B. 总分类核算
C. 账务处理　　　　　　　　　　　　　D. 计算总成本和单位成本

5. 品种法的成本计算对象是（　　）。

A. 产品品种　　　　　　　　　　　　　B. 产品的批别或订单
C. 每个生产工序的半成品及最后工序的完工产品　　D. 各种产品的类别

6. 品种法是计算产品成本的一种主要方法，它是按照产品（　　）归集生产费用。

A. 批别　　　　　B. 类别　　　　　C. 生产步骤　　　　　D. 品种

7. 品种法适用的经济组织是（　　）。

A. 大量大批单步骤生产　　　　　　　B. 大量大批多步骤生产
C. 大量小批生产　　　　　　　　　　D. 单件小批生产

8. 在品种法下，若只生产一种产品，则发生的费用（　　）。

A. 间接计入费用

B. 全部直接计入费用，构成产品成本

C. 部分是直接费用，部分是间接费用

D. 不需要将生产费用在各种产品当中分配

4-3　多项选择题

1. 产品成本计算品种法的适用范围是（　　）。

A. 单步骤生产　　　　　　　　　　　B. 要求分步骤计算成本的多步骤生产
C. 大量生产　　　　　　　　　　　　D. 大批生产
E. 不要求分步骤计算成本的多步骤生产

2. 以下属于品种法特征的有（　　）。

A. 以产品的品种为成本计算对象　　　B. 按月定期计算产品成本
C. 一般适用于大量大批的生产　　　　D. 成本计算期与生产周期一致
E. 不一定要计算月末在产品成本

3. 下面对品种法的正确表述有（　　）。

A. 以产品品种作为成本计算对象　　　B. 成本计算程序较为复杂
C. 成本计算期与会计报告期一致　　　D. 可用于大量单步骤生产产品的企业
E. 大量大批多步骤企业必须采用的成本计算方法

4. 采用品种法月末一般要计算在产品成本，如果（　　），也可以不计算在产品成本。

A. 没有在产品　　　　　　　　　　　B. 在产品数量很少且成本数额不大
C. 在产品数量很少，但成本数额很大　D. 在产品数量很多，但成本数额不大

5. 采用品种数法计算产品成本，需根据各种费用分配表登记（　　）等。

A. 管理费用明细账　　　　　　　　B. 产品成本明细账

C. 辅助生产成本明细账　　　　　　D. 制造费用明细账

6. 品种法适用于（　　）。

A. 大量大批的单步骤生产

B. 大量大批的多步骤生产

C. 管理上不要求分步骤计算成本的多步骤生产

D. 管理上要求分步骤计算成本的多步骤生产

7. 品种法的成本核算程序是（　　）。

A. 按品种开设的成本计算单归集直接费用

B. 归集并分配辅助生产费用

C. 归集并分配制造费用

D. 将成本计算单归集的费用在完工产品与在产品之间分配

E. 计算出的各种产品成本编制"完工产品成本汇总计算表"并结转完工产品成本

8.（　　）等企业，在计算成本时适宜采用品种法。

A. 发电厂　　　　B. 煤厂　　　　C. 水厂　　　　D. 机械制造厂

4-4 判断题

1. 品种法既不要求按产品的批次计算成本，也不要求按产品的生产步骤计算成本，而只要求按品种计算。（　　）

2. 品种法一般适用于计算大量大批多步骤生产的产品成本。（　　）

3. 品种法的成本计算对象是每种产品。（　　）

4. 不论什么制造企业，不论什么生产类型，也不论管理要求如何，最终都必须按照产品品种计算产品成本。（　　）

5. 采用品种法计算成本时不一定在月末进行。（　　）

6. 产品成本计算的品种法是以产品品种为成本计算对象，归集生产费用、计算产品成本的一种方法。（　　）

7. 采用品种法计算成本时，月末都需要计算完工产品成本和在产品成本。（　　）

8. 品种法是按月定期计算产品成本的。（　　）

9. 采用品种法计算成本，月末需汇总编制"完工产品成本汇总计算表"。（　　）

10. 品种法不需要在各种产品之间分配费用，也不需要在完工产品和月末在产品之间分配费用，所以也称简单法。（　　）

11. 采用品种法，如果没有在产品，则归集的生产费用全部都是完工产品成本。（　　）

12. 企业的供水辅助车间计算其提供的供水劳务时也可采用品种法。（　　）

4-5 案例分析题

某企业只生产 A 产品和 B 产品，2018 年 3 月有关资料如下：

工业成本核算

① 为产品生产领用甲材料：生产 A 产品领用 85000 元，生产 B 产品领用 40000 元，生产车间一般耗用 20000 元。

② A 产品生产工人工资为 6000 元，B 产品生产工人工资为 4000 元，车间管理人员工资为 20000 元，行政管理部门人员工资为 30000 元。同时按工资总额的 14% 计提职工福利费。

③ 以银行存款支付各项办公用品费用 3000 元，支付外购电力费用 4000 元，其中 A 产品耗用 2000 元，B 产品耗用 1000 元，行政管理部门耗用 1000 元。

④ 本月计提固定资产折旧 4000 元，其中生产用固定资产折旧 3000 元，非生产用固定资产折旧 1000 元。

试按生产工人工资比例分配制造费用并计算完工产品成本（产品全部完工）。

第 5 章
产品成本计算的基本方法——分批法

分批法是产品成本计算的主要方法之一,在企业的实际生产、成本核算中应用较为广泛。分批法以产品的批别作为成本核算对象来归集生产费用、计算产品成本。通过本章学习,在认识分批法及其成本核算流程的基础上,能根据企业的实际情况,选择并运用典型分批法和简化分批法计算产品的成本。

本章学习目标:
1. 理解分批法的含义、适用范围、特点
2. 掌握典型分批法和简化分批法的核算程序
3. 能根据企业的实际情况运用典型分批法和简化分批法进行产品成本计算

5.1 分批法的特点及其适用范围

对于小批单件生产的企业来说，企业的生产活动基本上是根据订货单位的订单来签发工作任务通知单并组织生产的，可以按产品的生产批别作为成本计算对象来归集和分配生产费用，从而计算产品成本，这种方法称为分批法，也称为订单法。

5.1.1 分批法的特点

与其他的企业成本计算方法比较，分批法有其鲜明的特点，主要表现在以下三个方面。

1. 以产品的批别或订单作为成本计算对象

1）若一张订单中只有一种产品且要求同时交货，则将该订单作为成本计算对象。

2）若一张订单中有几种产品，或虽然只有一种产品但数量较多，且客户要求分批交货，则须按品种划分为批别来组织生产和计算成本。

3）若几张订单中有相同的产品，且企业具备足够的生产能力和生产条件，也可以将其合并为一批产品来组织生产。此时，分批法的成本计算对象不是订货单，而是企业生产计划部门下达"生产任务通知单"，以此来归集生产费用、计算产品成本。

2. 以产品的生产周期为成本计算期

采用分批法，要按月归集各批产品的实际生产费用，并不需要每月定期计算产品成本，一般在该批产品全部完工后才计算其实际成本。因此，分批法计算产品成本是不定期的，即成本计算期与该批产品的生产周期一致，而与会计报告期不一致。

3. 不存在生产费用在完工产品和在产品之间进行分配的问题

由于分批法的成本计算期与产品的生产周期一致，一般不存在生产费用在完工产品与在产品之间分配的问题。产品完工前，产品明细账中所记录的生产费用就是在产品成本；产品完工后，产品明细账中所记录的生产费用就是完工产品成本。

若因产品的批量较大，出现产品跨月陆续完工的情况，则采取适当的方法计算完工产品和月末在产品的成本。计算方法一般有两类：

1）若批内产品跨月陆续完工的数量较多，为正确计算完工产品的成本，可用定额比例法或约当产量法将生产费用在完工产品和在产品之间进行分配，计算出完工产品的实际成本和月末在产品成本。

2）若批内产品跨月陆续完工的数量不多，为简化核算工作，可采用简便的方法，即按计划成本、定额成本或近期同种产品的实际成本计算完工产品的成本。

为避免跨月陆续完工的情况，减少完工产品和月末在产品之间分配费用的工作，应合理组织生产，尽量将生产周期接近的产品归为一批，适当划小产品的批量，但也不能批量太小，否则成本计算单过多，会加大核算工作量。

5.1.2 分批法的适用范围

分批法计算产品成本主要适用于小批、单件，管理上不要求分步骤计算成本的多步骤类型的生产企业，如重型机械、船舶、精密仪器等的制造企业，以及服装、印刷工业等。在一些单步骤生产下，无论是企业还是车间，如果生产是按单件小批组织生产，如某些特殊的铸件，那么也可采用分批法单独计算铸件的成本。另外，分批法也适用于企业内部的新品研制、自制专用设备、建筑工程及修理作业等。

5.2 分批法的成本核算程序

分批法计算产品成本的一般程序如下：

1. 按产品批别或订单设置生产成本明细账

按产品批别或订单开设生产成本明细账或产品成本计算单，以进行生产费用的归集和分配，同时根据费用的用途确定成本项目，设置成本明细账的专栏。

2. 归集和分配各项生产费用

按产品批别归集和分配生产费用、开设生产成本明细账，并注明生产批号、品种、批量及开工和完工日期。

1）企业发生的生产费用，可以按批别或订单划分直接计入费用，需在费用原始凭证上注明产品批号或订单，以便直接计入其生产成本明细账的有关成本项目，如"直接材料""直接人工"中。

2）对于不能分清属于某批产品的费用，应在费用原始凭证上注明费用的用途，便于按费用项目归集，然后采用合适的分配方法在各批产品之间分配后，再计入各批产品生产成本明细账中。

3. 归集和分配辅助生产费用

若企业设有辅助生产车间，根据上述各要素费用的归集结果，在月末按照企业确定的分配方法，将归集的辅助生产费用编制"辅助生产费用分配表"，分配给各受益对象，包括直接分配给产品的生产成本和基本生产车间的制造费用。

4. 归集和分配基本生产车间的制造费用

各基本生产车间归集的本月制造费用，在月末，应根据企业确定的制造费用分配方法，编制"制造费用分配表"，分配制造费用，并分别计入按各批别或订单产品开设的成本计算单中。

5. 计算并结转完工产品成本

若该批产品全部完工，则产品成本明细账或成本计算单中的生产费用都是完工产品成本。若该批产品跨月陆续完工，则可按计划成本、定额成本或近期实际成本计算转出完工产品的成本，以后发生的费用继续归集，直到该批产品全部完工再将整批产品的成本汇总，计算该批产品的实际总成本和单位成本。在该批产品未全部完工之前，产品成本明细账可以连续累计使用，而不需要逐月结转。

分批法计算产品成本可按照图 5-1 所示进行。

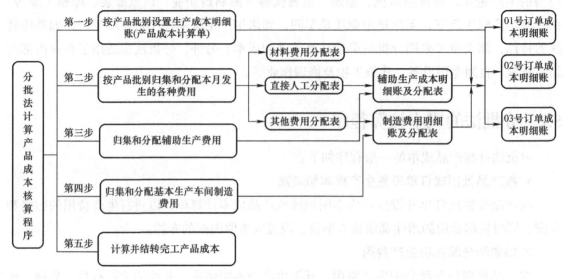

图 5-1 分批法计算产品成本核算程序

5.3 典型分批法

当间接费用不能直接计入各批产品成本时，将其在各受益对象之间当月进行分配的一种成本计算方法称为典型分批法，也称为一般分批法。

5.3.1 典型分批法的特点及使用范围

典型分批法的特点就是发生的各项间接费用是在当月进行分配，而简化分批法的间接费用是在产品完工时再进行分配。

在实际应用中，生产重型机械、船舶、精密仪器、专用设备、专用工具、模具的企业可以采用典型分批法计算产品成本，这些企业的当月投产批次不多，且期末完工批次较多或者各月份之间费用水平相差较大。如果投产批次较多且期末未完工批次也较多，则应当采用简化分批法计算产品成本，对间接费用进行累计分配以简化成本核算工作。

5.3.2 典型分批法的应用

当使用典型分批法计算产品成本时，对于能按订单或批次划分的直接费用，则直接计入各成本明细账的相关项目；对于不能按订单或批次划分的间接费用，则采用相应的方法，按规定的标准于当月在各订单或批次间合理分配。

不管产品当月是否完工，典型分批法中的间接费用都应按照一定的标准在当月分配。间接费用分配计算公式如下：

$$间接费用分配率 = \frac{发生的间接费用总额}{分配标准}$$

某批产品应分配的间接费用＝该批产品的分配标准×间接费用分配率

无论产品当月是否完工，采用典型分批法都需要按月将间接费用在各批次产品之间进行分配。因此，可分批计算在产品成本，这也是典型分批法与简化分批法的不同之处。

例 5-1：某股份制企业，根据用户订单进行生产组织和安排。每次接到客户订单，就按照订单中要求的产品品种和产品批量，按生产批号进行生产，同时根据产品批别进行产品成本计算。2018 年 5 月产品生产情况见表 5-1，月初在产品成本见表 5-2。

表 5-1　5 月产品生产情况

批号	产品名称	购货单位	批量	开工时间	完工日期
101	A	甲公司	6 台	3 月 15 日	5 月 27 日
102	B	乙公司	5 台	5 月 7 日	6 月 15 日（5 月完工 2 台）
103	C	丙公司	8 台	5 月 5 日	6 月 27 日（尚未完工）

表 5-2　月初在产品成本

批号	摘要	直接材料	直接人工	制造费用	合计（元）
101	3 月发生	9500	7000	4000	20500
	4 月发生	18000	12000	6000	36000
102	4 月发生	17000	5500	3000	25500

5 月共耗用原材料 25000 元，其中生产 101 号产品领用原材料 2500 元，生产 102 号产品领用原材料 4500 元，生产 103 号产品领用原材料 18000 元；本月生产车间工人工资 30000 元；本月车间发生制造费用 12000 元；产品工时记录见表 5-3。

表 5-3　产品工时记录

产品批号	产品名称	生产工时（小时）
101	A	1000
102	B	2000
103	C	3000
合计		6000

企业月末计算成本时，对于跨月陆续完工的产品，完工产品先按计划成本转出，等到产品全部完工后再把完工转出的计划成本调整为实际成本。102 号产品 5 月完工 2 台，其计划单位成本为：直接材料 5000 元，直接人工费用 3000 元，制造费用 1200 元。根据该公司特点，试采用典型分批法计算产品成本。

工业成本核算

1. 根据产品批别设置生产成本明细账

该企业的产品成本核算对象为产品的批别 101 号、102 号、103 号,分别设置 101 号甲产品、102 号乙产品、103 号丙产品三个生产成本明细账(产品成本计算单),并在账内设置直接材料、直接人工和制造费用三个成本项目。

2. 在各成本核算对象之间分配生产费用

按产品批别 101 号、102 号、103 号归集和分配生产费用。企业发生的材料费,均按批别加以区分,不需在各成本核算对象之间进行分配,故可以直接记入 101 号、102 号、103 号生产成本明细账的相关成本项目中;本月发生的生产工人工资 30000 元,制造费用 12000 元,按 101 号、102 号、103 号本月实际工时进行分配。

(1)按生产工时标准分配生产工人工资

$$直接人工费用分配率 = \frac{30000}{6000} 元/小时 = 5元/小时$$

$$101号产品应分配的直接人工费用 = 1000 \times 5元 = 5000元$$

$$102号产品应分配的直接人工费用 = 2000 \times 5元 = 10000元$$

$$103号产品应分配的直接人工费用 = 3000 \times 5元 = 15000元$$

编制职工薪酬费用分配表,见表 5-4。

表 5-4 职工薪酬费用分配表

产品批号	分配标准(工时)	分配率(元/小时)	分配金额(元)
101	1000	5	5000
102	2000		10000
103	3000		15000
合计	6000		30000

根据职工薪酬费用分配表编制会计分录如下:

借:基本生产成本——101   5000
    　　　　　　——102   10000
    　　　　　　——103   15000
　贷:应付职工薪酬   30000

(2)按生产工时标准分配制造费用

$$制造费用分配率 = \frac{18000}{6000} 元/小时 = 2元/小时$$

$$101号产品应分配的制造费用 = 1000 \times 2元 = 2000元$$

$$102号产品应分配的制造费用 = 2000 \times 2元 = 4000元$$

$$103号产品应分配的制造费用 = 3000 \times 2元 = 6000元$$

编制制造费用分配表，见表 5-5。

表 5-5 制造费用分配表

产品批号	分配标准（工时）	分配率（元/小时）	分配金额（元）
101	1000	2	2000
201	2000		4000
301	3000		6000
合计	6000		12000

根据制造费用分配表编制会计分录如下：

借：基本生产成本——101　　　　　　　　　　2000
　　　　　　　　——102　　　　　　　　　　4000
　　　　　　　　——103　　　　　　　　　　6000
　　贷：制造费用　　　　　　　　　　　　　12000

根据以上资料分别登记101号、102号、103号各批产品成本明细账，见表5-6、表5-7和表5-8。

表 5-6 基本生产成本明细账

2018 年 5 月　　　　　　　　　　（金额单位：元）

产品批号：101　　　购货单位：甲公司　　　投产日期：3月15日
产品名称：A　　　　批量：6台　　　　　　完工日期：5月27日

月	日	摘要	直接材料	直接人工	制造费用	合计
3	31	本月发生	9500	7000	4000	20500
4	29	本月发生	18000	12000	6000	36000
5	31	本月发生	2500	5000	2000	9500
5	31	生产费用合计	30000	24000	12000	66000
5	31	转出完工产品成本	30000	24000	12000	66000
5	31	单位成本	5000	4000	2000	11000

表 5-7 基本生产成本明细账

2018 年 3 月　　　　　　　　　　（金额单位：元）

产品批号：102　　　购货单位：乙公司　　　投产日期：4月7日
产品名称：B　　　　批量：5台　　　　　　完工日期：6月15日 本月完工2台

月	日	摘要	直接材料	直接人工	制造费用	合计
4	29	本月发生	17000	5500	3000	25500
5	31	本月发生	4500	10000	4000	18500
5	31	生产费用合计	21500	15500	7000	44000
5	31	转出完工产品按计划成本	10000	6000	2400	18400
5	31	月末在产品成本	11500	14900	4600	31000

表 5-8　基本生产成本明细账

2018 年 5 月　　　　　　　　　　　　　　　　（金额单位：元）

产品批号：103　　　　　购货单位：丙公司　　　　　投产日期：5 月 5 日

产品名称：C　　　　　　批量：8 台　　　　　　　　完工日期：6 月 27 日

月	日	摘要	直接材料	直接人工	制造费用	合计
5	31	本月发生	18000	15000	6000	39000

3. 完工产品成本的计算及结转

该企业 101 号批别产品本月全部完工，发生的所有生产费用即为完工产品的成本，不需在完工产品和在产品之间进行分配；102 号批别产品本月部分完工，完工的两台产品先按计划成本转出；103 号批别产品本月全部未完工，发生的所有生产费用即为在产品的成本，也不需在完工产品和在产品之间进行分配。

将 5 月完工产品的生产成本计算结果汇总编制完工产品成本汇总表，见表 5-9。

表 5-9　完工产品成本汇总表

2018 年 5 月　　　　　　　　　　　　　　　　（金额单位：元）

成本项目	101 号（6 台）		102 号（2 台）	
	总成本	单位成本	总成本	单位成本
直接材料	30000	5000	10000	5000
直接人工	24000	4000	6000	3000
制造费用	12000	2000	2400	1200
合计	66000	11000	18400	9200

结转完工产品入库的会计分录如下：

借：库存商品——A 产品　　　　　　　　　　　66000
　　　　　　——B 产品　　　　　　　　　　　18400
　　贷：基本生产成本——101　　　　　　　　　66000
　　　　　　　　　　——102　　　　　　　　　18400

5.4　简化分批法

简化分批法只对完工的各批产品分配结转间接费用，对于未完工的各批别产品不分配间接费用，也不计算其在产品成本，而是将每月发生的各项间接费用先累计起来，在基本生产成本二级账中以总额反映。因此，这种方法也称为不分批计算在产品成本的分批法。

5.4.1　简化分批法的特点及其适用范围

1. 简化分批法的特点

（1）必须设置基本生产成本二级账

采用简化分批法计算产品成本，必须按生产单位分设基本生产成本二级账，同时除按规定的成本项目设专栏外，还需增设生产工时专栏，以便在基本生产成本二级账中按月分成本项目登记全部产品的月初在产品费用、本月生产费用和累计生产费用，及全部的月初在产品工时、本月生产工时和累计生产工时。

（2）简化了间接费用的分配

采用简化分批法计算产品成本时，对于每月发生的各项间接费用，要先在基本生产成本二级账中累计起来，若本月没有完工产品，则不需要分配间接费用；若本月有完工产品，则月末按各批完工产品累计工时和累计的间接费用分配率计算完工产品应该分摊的间接费用，然后计算各批完工产品成本和应保留在基本生产成本二级账中的月末在产品成本。

间接费用分配率的计算公式为

$$全部产品某项累计间接费用分配率=\frac{全部产品该项累计间接费用}{全部产品累计生产工时}$$

某批完工产品应分摊的某项间接费用=该批完工产品累计生产工时×全部产品该项累计间接费用分配率

（3）不反映月末在产品的成本

采用简化分批法计算产品成本，各批别产品的基本生产成本明细账中除完工产品成本外，其他均不反映间接费用项目的成本，月末在产品只是反映了直接费用和生产工时，而不反映月末在产品的全部成本。

2. 简化分批法的适用范围

在小批、单件生产的企业或车间中，如机械制造厂或修配厂，当其各月投产的产品批数多、生产周期长，月末未完工产品的批数较多时，如果采用典型分批法计算产品成本，将本月发生的间接费用全部分配给各批产品，而不计各批产品是否完工，把各项间接费用分配于几十批甚至上百批产品，那么成本核算的工作将非常繁重，此时可采用不分批计算在产品简化分批法。

5.4.2 简化分批法的成本核算程序

1. 设置基本生产成本明细账

采用简化分批法计算产品成本，首先应按产品批别或订单设置基本生产成本明细账或者产品成本计算单，并登记月初的在产品直接费用和生产工时。

2. 设置基本生产成本二级账

按生产单位设置基本生产成本二级账，并登记月初的在产品累计间接费用、直接费用及累计生产工时。

3. 归集当月发生的生产费用和生产工时

各批别产品基本生产成本明细账中，在登记该批别产品的直接费用和生产工时，不登记间接费用；在基本生产成本二级账中，归集投产的所有批别产品合计发生的各项累计费用及累计的生产工时。

4. 计算累计的间接费用分配率

全部产品各项累计间接费用的分配率，需根据全部产品各项目累计间接费用和全部产品累计生产工时进行计算。

5. 计算完工产品应分配的间接费用和完工产品成本

首先，在基本生产明细账中，根据各批完工产品的累计生产工时，分批计算各批产品应负担的各项间接费用，并计算各批完工产品的总成本和单位成本；然后，将所有批次的完工产品各项间接费用汇总起来，再计入基本生产成本二级账中相关的成本项目栏。同时，根据各批次产品基本生产成本明细账中完工产品的直接费用和生产工时，汇总登记基本生产成本二级账中完工产品的直接计入费用和生产工时。月末，须将基本生产成本二级账中的直接费用和生产工时与基本生产成本明细账中的相关栏目数据进行核对。

对于未完工的各批产品的间接费用，不进行分配，也不计算各批产品的月末在产品成本，而是以总额保留在基本生产成本二级账中。

6. 汇总及结转当月完工产品成本

将各批别当月完工产品成本汇总编制"产品成本汇总表"，作为编制完工入库产品记账凭证的原始依据，结转当月完工产品成本。

5.4.3 简化分批法的应用

例 5-2：某公司 7 月投产的产品批数很多，且月末未完工的批数也很多。7 月共投产 8 种产品 24 个批次，以其中的 4 批产品为例。该 4 批产品的 7 月生产记录表见表 5-10，期初在产品成本资料见表 5-11。

表 5-10　7 月生产记录表

产品批号	产品名称	订货单位	产品批量（台）	投产日期	完工日期
101	A	甲公司	15	5月3日	7月13日完工
102	B	乙公司	10	5月12日	8月16日，本月完工6台
201	C	丙公司	5	6月2日	7月29日完工
202	D	丁公司	5	6月6日	8月27日完工

表 5-11　期初在产品成本资料

产品批次	累计工时（小时）	直接材料（元）	直接人工（元）	制造费用（元）
101	3000	22000		
102	1500	35000		
累计总数	4500	57000	35000	19000

6 月 4 批产品的生产工时总数为 12000 小时，其中 101 号 A 产品为 1500 小时，102 号

B产品为3000小时，201号C产品为2000小时，202号D产品为5500小时；102号B产品本月部分完工，完工产品工时为2600小时，材料在开工时一次投入。本月发生的直接材料费用总数为90000元，其中101号A产品为14000元，201号C产品为30000元，202号D产品为46000元；本月发生的直接人工费用总数为58000元，制造费用总数为30000元。

对于该公司，若各项间接费用采用当月分配法进行分配，则费用分配的工作量会很大，核算内容也较复杂。因此，为了减轻繁重的产品成本核算工作，企业需要对间接费用进行累计分配来简化核算过程，即可采用简化分批法进行成本核算，具体核算工作如下：

$$全部产品累计直接人工分配率 = \frac{35000+58000}{4500+12000} 元/小时 \approx 5.6元/小时$$

$$全部产品累计直接制造费用分配率 = \frac{19000+30000}{4500+12000} 元/小时 \approx 3.0元/小时$$

对于101号A产品：

$$完工产品负担的直接人工费用 = 4500 \times 5.6元 = 25200元$$
$$完工产品负担的制造费用 = 4500 \times 3元 = 13500元$$

根据以上资料，开设并登记101批别的"基本生产成本明细账"，见表5-12。

表 5-12　基本生产成本明细账

2018年7月

产品批号：101　　　　购货单位：甲公司　　　　6月4日
产品名称：A　　　　　批量：15台　　　　　　完工日期：7月13日

月	日	摘要	直接材料（元）	生产工时（小时）	直接人工（元）	制造费用（元）	合计（元）
5	31	本月发生	22000	3000			
6	30	本月发生	14000	1500			
6	30	累计数及累计间接费用分配率	36000	4500	5.6	3.0	
6	30	转出完工产品成本	36000	4500	25200	13500	74700
6	30	完工产品单位成本	2400		1680	900	4980

对于102号B产品，由于所消耗的直接材料在开工时一次性投入，直接材料费用按完工产品与月末在产品数量比例分配：

$$直接材料分配率 = \frac{35000}{10} 元/件 = 3500元/件$$

$$完工产品直接材料 = 3500 \times 6元 = 21000元$$
$$月末在产品直接材料 = 3500 \times 4元 = 14000元$$
$$或月末在产品直接材料 = (35000-21000)元 = 14000元$$

从生产工时记录单得知完工产品消耗的工时为2600小时，则在产品消耗的工时为

1900（3000+1500−2600）小时。

$$完工产品负担的直接人工费用=2600×5.6元=14560元$$

$$完工产品负担的制造费用=2600×3.0元=7800元$$

根据以上资料，开设并登记102批别的"基本生产成本明细账"，见表5-13。

表 5-13　基本生产成本明细账

2018年7月

产品批号：102　　　　　购货单位：乙公司　　　　　投产日期：6月9日

产品名称：B　　　　　　批量：10台　　　　　　　8月16日，本月完工6台

月	日	摘要	直接材料（元）	生产工时（小时）	直接人工（元）	制造费用（元）	合计（元）
5	31	本月发生	35000	1500			
6	30	本月发生		3000			
6	30	累计数及累计间接费用分配率	35000	4500	5.6	3.0	
6	30	转出完工产品成本	21000	2600	14560	7800	45960
6	30	完工产品单位成本	3500		2426.67	1300	7226.67
6	30	月末在产品成本	14000	1900			14000

对于201号C产品：

$$完工产品负担的直接人工费用=2000×5.6元=11200元$$

$$完工产品负担的制造费用=2000×3元=6000元$$

根据以上资料，开设并登记201批别的"基本生产成本明细账"，见表5-14。

表 5-14　基本生产成本明细账

2018年7月

产品批号：201　　　　　购货单位：丙公司　　　　　投产日期：7月3日

产品名称：C　　　　　　批量：5台　　　　　　　　完工日期：7月29日

月	日	摘要	直接材料（元）	生产工时（小时）	直接人工（元）	制造费用（元）	合计（元）
6	30	本月发生	30000	2000			
6	30	累计数及累计间接费用分配率	30000	2000	5.6	3.0	
6	30	转出完工产品成本	30000	2000	11200	6000	47200
6	30	完工产品单位成本	7000		2240	1200	10440

对于201号C产品，根据以上资料，开设并登记202批别的"基本生产成本明细账"，见表5-15。

表 5-15　基本生产成本明细账

2018 年 7 月

产品批号：202　　　　　　购货单位：丁公司　　　　　　投产日期：7 月 2 日
产品名称：D　　　　　　　批量：5 台　　　　　　　　　完工日期：8 月 27 日

月	日	摘要	直接材料（元）	生产工时（小时）	直接人工（元）	制造费用（元）	合计（元）
6	30	本月发生	46000	5500			

根据以上计算，知：

$$总的完工产品累计工时=(4500+2600+2000)小时=9100小时$$

$$总的完工产品直接材料费用=(36000+21000+30000)元=87000元$$

$$总的完工产品直接人工费用=(25200+14560+11200)元=50960元$$

$$总的完工产品制造费用=(13500+7800+6000)元=27300元$$

由于月末在产品成本 = 累计生产费用 − 转出完工产品成本，可知：

$$月末在产品直接材料费用=(147000-87000)元=60000元$$

$$月末在产品直接人工费用=(93000-50960)元=42040元$$

$$月末在产品制造费用=(49000-27300)元=21700元$$

$$月末在产品累计工时=(16500-9100)小时=7400小时$$

由此开设并登记基本生产成本二级账，见表 5-16。

表 5-16　基本生产成本二级账

（各批产品总成本）

月	日	摘要	直接材料（元）	生产工时（小时）	直接人工（元）	制造费用（元）	合计（元）
5	31	期初在产品成本	57000	4500	35000	19000	111000
6	30	本月发生	90000	12000	58000	30000	178000
6	30	累计	147000	16500	93000	49000	289000
6	30	累计间接费用分配率			5.6	3.0	
6	30	转出完工产品	87000	9100	50960	27300	165260
6	30	期末在产品成本	60000	7400	42040	21700	123940

根据各批完工产品基本生产明细账，编制完工产品成本汇总表，见表 5-17。

表 5-17 完工产品成本汇总表

2018 年 7 月　　　　　　　　　　　　　　　　　　　　　　（金额单位：元）

成本项目	101 号（15 台）		102 号（10 台）		201 号（5 台）	
	总成本	单位成本	总成本	单位成本	总成本	单位成本
直接材料	36000	2400	21000	3500	30000	7000
直接人工	25200	1680	14560	2426.67	11200	2240
制造费用	13500	900	7800	1300	6000	1200
合计	74700	4980	43360	7226.67	47200	10440

最后结转完工产品入库的会计分录如下：

借：库存商品——A 产品　　　　　　　　74700
　　　　　　——B 产品　　　　　　　　43360
　　　　　　——C 产品　　　　　　　　47200
　　贷：基本生产成本——101　　　　　　74700
　　　　　　　　　　——102　　　　　　43360
　　　　　　　　　　——201　　　　　　52200

本章小结

对于小批单件类型生产的企业，产品的成本计算对象既不是产品的品种，也不是产品的生产步骤，而是产品的生产批别。这样的企业，需要根据产品的批别来归集生产费用，计算产品成本，即成本计算方法——分批法，分为典型分批法和简化分批法两种。

1）若企业生产单位发生的各项间接费用要在当月进行分配，采用典型分批法进行成本核算。

2）若企业生产单位发生的各项间接费用不需要在当月分配，而是在产品完工时，按照产品的累计工时在各批产品之间进行分配，则采用简化分批法，此时不分批计算在产品成本，以简化企业的成本核算工作。

通过本章学习，读者可以掌握以下知识：

分批法的含义、适用范围及特点，典型分批法和简化分批法的核算程序。

思考题与习题

5-1　思考题

1. 什么是产品成本计算分批法？有哪些特点？适用范围有哪些？
2. 简述分批法的核算程序。
3. 在分批法下间接费用的分配方法有哪些？分别是如何进行成本核算的？
4. 简述典型分批法的特点和适用范围。

5-2 单项选择题

1. 分批法成本核算程序与（　　）一致。
   A. 品种法　　　　　B. 分步法　　　　　C. 分类法　　　　　D. 定额法
2. 分批法适用的生产组织形式是（　　）。
   A. 大量大批生产　　　　　　　　　　B. 单件小批生产
   C. 多步骤生产　　　　　　　　　　　D. 大量生产
3. 分批法一般是按客户的订单组织生产的，所以也叫（　　）。
   A. 系数法　　　　　B. 订单法　　　　　C. 分类法　　　　　D. 定额法
4. 下列生产不适宜采用分批法计算成本的是（　　）。
   A. 纺织　　　　　　B. 精密仪器　　　　C. 重型机械　　　　D. 专用设备
5. 对于成本计算的分批法，下列说法正确的是（　　）。
   A. 成本计算期和会计报告期一致
   B. 适用于小批单件、管理上不要求分步骤计算成本的企业
   C. 一般不存在完工产品和在产品之间费用分配的问题
   D. 以上说法都正确
6. 产品成本计算的分批法，应以（　　）设置成本明细账。
   A. 产品类别　　　　B. 产品批别　　　　C. 产品生产步骤　　D. 产品品种
7. 在下列成本计算方法中，必须设置基本生产成本二级账的是（　　）。
   A. 分类法　　　　　B. 品种法　　　　　C. 简化分批法　　　D. 分步法
8. 简化的分批法（　　）。
   A. 不分配结转完工产品直接计入费用　　B. 不分配结转未完工产品直接计入费用
   C. 不分配结转完工产品间接计入费用　　D. 不分配结转未完工产品间接计入费用
9. 简化分批法之所以简化，是由于（　　）。
   A. 在产品完工之前不登记产品成本明细账
   B. 不进行间接费用的分配
   C. 采用累计的间接费用分配率分配间接费用
   D. 不分批核算原材料费用
10. 分批法成本计算期的特点是（　　）。
    A. 定期按月计算成本，与生产周期一致
    B. 定期按月计算成本，与会计报告期一致
    C. 不定期计算成本，与生产周期一致
    D. 不定期计算成本，与会计报告期一致
11. 采用简化分批法，在产品完工之前，基本生产明细账（　　）。
    A. 不登记任何费用　　　　　　　　　B. 只登记直接费用和生产工时

C. 只登记原材料费用　　　　　　　　D. 登记间接费用，不登记直接费用

12. 在简化分配法下，累计间接费用分配率（　　）。

A. 只是在各批产品之间分配间接费用的依据

B. 只是在各批在产品之间分配间接费用的依据

C. 只是完工产品和在产品之间分配间接费用的依据

D. 既是各批产品之间，又是完工产品和在产品之间分配间接费用的依据

5-3　多项选择题

1. 分批法的特点包括（　　）。

A. 以产品的批别或订单为成本计算对象

B. 成本计算期通常与产品的生产周期一致

C. 一般不需要计算期末在产品成本

D. 月末需要计算完工产品成本

2. 采用简化分批法，基本生产成本二级账与其所属各批次产品成本明细账核对的内容包括（　　）。

A. 基本生产成本二级账直接计入费用余额与各明细账余额之和相等

B. 基本生产成本二级账间接计入费用余额与各明细账余额之和相等

C. 基本生产成本二级账累计工时与各明细账累计工时之和相等

D. 基本生产成本二级账期末余额与各明细账期末在产品成本之和相等

3. 采用简化的分批法，（　　）。

A. 直接计入费用在发生时应同时计入基本生产成本二级账及其所属生产成本明细账

B. 间接计入费用在发生时应同时计入基本生产成本二级账及其所属生产成本明细账

C. 间接计入费用在发生时应计入基本生产二级账，不计入所属生产成本明细账

D. 完工产品应负担的间接计入费用应计入各完工批次的生产成本明细账

4. 分批法和品种法的主要区别是（　　）不同。

A. 会计核算期　　　B. 成本计算期　　　C. 生产周期　　　D. 成本计算对象

5. 分批法的成本核算对象是（　　）。

A. 产品订单　　　　B. 产品批别　　　　C. 生产计划　　　D. 产品品种

6. 分批法的适用范围包括（　　）。

A. 单件小批类型的生产

B. 一般企业中新产品试制或试验的生产

C. 设备修理及在建工程作业

D. 大量大批单步骤生产的企业

7. 下列各项中，采用分批法时，可以作为一个成本计算对象的有（　　）。

A. 不同订单中的不同种产品　　　　　　B. 同一订单中的不同种产品

C. 同一订单中的同种产品　　　　　　D. 不同订单中的同种产品

8. 间接费用累计分配的主要特点有（　　）。

A. 必须按生产车间设置基本生产成本二级账

B. 未完工产品不结转间接计入费用，即不分批计算期末在产品的成本

C. 通过计算累计间接费用分配率分配完工产品应负担的间接计入费用

D. 期末在产品不负担间接计入费用

5-4　判断题

1. 分批法的成本计算期与会计报告期一致。　　　　　　　　　　　　　（　）
2. 分批法的成本计算程序与品种法基本相同。　　　　　　　　　　　　（　）
3. 分批法应按照产品批别设置生产成本明细账。　　　　　　　　　　　（　）
4. 分批法是成本核算的基本方法。　　　　　　　　　　　　　　　　　（　）
5. 分批法也称订单法，它必须以购货单位的订单为成本计算对象。　　　（　）
6. 分批法需要计算期末在产品成本。　　　　　　　　　　　　　　　　（　）
7. 某批次完工产品应负担的间接计入费用，是根据该批产品累计工时和全部产品累计间接计入费用分配率计算的。　　　　　　　　　　　　　　　　　　　　（　）
8. 简化的分批法也称为不分配计算完工产品成本分批法。　　　　　　　（　）
9. 采用简化的分批法，完工产品不分配结转间接计入费用。　　　　　　（　）
10. 采用简化的分批法，基本生产成本二级账的余额也应与其所属的明细账（或产品成本计算单）余额之和核对相符。　　　　　　　　　　　　　　　　　　　（　）
11. 采用分批法计算成本，通常是在一批产品全部完工后才计算成本，所以成本计算期不定在月末，而是与产品的生产周期相一致。　　　　　　　　　　　　（　）
12. 简化的分批法也称为不分批计算在产品成本的分批法。　　　　　　（　）
13. 分批法适用于大量大批单步骤生产或管理上不要求分步骤计算成本的多步骤生产。
　　　　　　　　　　　　　　　　　　　　　　　　　　　　　　　　（　）
14. 某批次完工产品应负担的间接计入费用，是根据该批产品累计工时和全部产品累计间接计入费用分配率计算的。　　　　　　　　　　　　　　　　　　　（　）
15. 在简化分批法下，基本生产成本二级账只反映各批别在产品的直接材料成本。
　　　　　　　　　　　　　　　　　　　　　　　　　　　　　　　　（　）
16. 如果一张订单有几种产品，那么在分批法下，可以按产品品种分批组织生产。
　　　　　　　　　　　　　　　　　　　　　　　　　　　　　　　　（　）
17. 作为成本计算对象的"批次"，与企业生产的批次完全一致。　　　（　）

5-5　案例分析题

1. 某工厂属于小批生产，其根据自身的生产特点和管理要求，采用简化的分批法计算产品成本，5月的有关生产资料如下：

1）5月的生产批号有：

401号：A产品6台，4月投产，5月全部完工；

402号：B产品10台，4月投产，5月完工4台；

501号：C产品12台，5月投产，尚未完工。

2）各批号产品生产费用和生产工时：

5月末，该厂全部累计原材料费用59100元，其中401号7500元，402号13100元，501号38500元，各批号原材料均为开工时一次性投入；累计生产工时10000小时，其中401号2200小时，402号4300小时，501号3500小时；累计直接人工28900元，制造费用21800元。

3）5月末，完工产品工时4200小时，其中401号2200小时，402号2000小时。

要求：①根据以上资料，登记基本生产成本二级账和各批产品的基本生产成本明细账。

②用简化分批法计算各批完工产品成本。

2. 某生产组织属于成批生产，采用分批法计算产品成本。2018年5月的有关产品成本计算资料如表5-18、表5-19和表5-20所示。

表5-18　5月产品生产情况

批号	产品名称	数量（件）	开工时间	完工时间
401	B产品	500	4月6日	5月26日
501	C产品	300	5月3日	6月25日本月完工50件

表5-19　期初在产品成本

（金额单位：元）

批号	摘要	直接材料	直接人工	制造费用	合计
401	4月发生	9800	5600	3200	18600

表5-20　5月发生生产费用

（金额单位：元）

批号	摘要	直接材料	直接人工	制造费用	合计
401	本月发生	7200	6100	2600	15900
501	本月发生	32000	12100	5900	50000

501号产品5月完工50件，其计划单位成本为：直接材料152元，直接人工86元，制造费用35元。月末完工产品按计划成本结转。

要求：①开设并登记两个批别产品生产成本明细账。

②计算、结转完工产品的成本。

第6章
产品成本计算的基本方法 —— 分步法

分步法是产品成本计算的基本方法之一，也是计算较为复杂的方法。在本章主要学习如何使用分步法计算产品成本。

本章学习目标：
1. 理解分步法的特点及适用范围
2. 熟练运用逐步结转分步法计算产品成本
3. 掌握综合成本还原的原理和方法
4. 熟练运用平行结转分步法计算产品成本

6.1 分步法的适用范围及其特点

分步法以产品品种和生产步骤为对象，按照生产过程中各加工步骤归集分配生产费用，计算各步骤半成品和最终产成品的成本。

6.1.1 分步法的适用范围

对于纺织、冶金等大量大批多步骤连续生产的企业和车间可以应用分步法计算产品成本。这样的企业和车间，生产工艺过程由一系列连续加工步骤构成，从原材料投入生产，每经过一个加工步骤就形成一种半成品，并成为下一步骤的加工对象，直至最后一个步骤生产出厂成品。如冶金企业生产可分为炼铁、炼钢、轧钢等步骤；机械制造企业生产可分为铸造、加工、装配等步骤；陶瓷企业生产可分为投料、干燥、成型、烧制、抛光等步骤。

6.1.2 分步法的特点

分步法主要有以下四个方面的特点：

1. 分步法的成本计算对象是产品品种及其所经过的生产步骤

如果企业只生产一种产品，那么应以该种产品及其所经过的各生产步骤为成本计算对象，并按产品的各生产步骤开设产品成本明细账。如果企业生产多种产品，那么应以各种产成品及其所经历的各生产步骤为成本计算对象，并按照每种产品的各个步骤开设产品成本明细账。

2. 分步法的成本计算期与会计报告期一致

当企业大量大批多步骤生产产品时，原材料陆续投入，生产过程较长，有间断且往往都是跨月陆续完工。因此，成本计算期与会计报告期一致，而与产品的生产周期不一致。

3. 月末一般需要将生产费用在完工产品和在产品之间进行分配

在大量大批多步骤生产中，产品生产过程是连续的，月末一般会有在产品。因此，计算完工产品成本需要采用相应的分配方法，在本月完工产品和月末在产品之间将已计入生产成本明细账中的生产费用合计数进行分配，计算各产品和各生产步骤的完工产品和在产品成本。

4. 各步骤之间成本的结转

在大量大批多步骤生产的企业中，产品生产是分步骤进行的，上一步骤生产的半成品是下一步骤的加工对象。因此，若采用分步法计算产品成本，则各步骤之间会存在成本结转的问题，此为分步法与其他成本计算方法的不同之处。

为简化成本核算工作，各个企业可根据生产工艺过程的特点和成本管理对各步骤成本资料的要求（要不要计算半成品成本），对各生产步骤成本的计算和结转采用不同的方法，即逐步结转和平行结转。因此，将产品成本计算的分步法分为逐步结转分步法和平行结转分步法。

6.2 逐步结转分步法

逐步结转分步法是根据产品的加工顺序计算各步骤半成品成本，并按加工顺序将半成品成本结转到下一个步骤，最后计算完工产品成本的成本计算方法，也称为计算半成品成本法或顺序结转分步法。

6.2.1 逐步结转分步法的特点及其计算过程

有些企业各步骤所生产的半成品可作为下一步骤继续加工的对象，也可以对外销售。为了计算对外销售的半成品成本和计算以后生产步骤的产品成本，需要应用逐步结转分步法来计算各步骤半成品的成本。

逐步结转分步法的实物结转过程如图 6-1 所示。

图 6-1 逐步结转分步法的实物结转过程

逐步结转分步法的成本计算过程如图 6-2 所示。

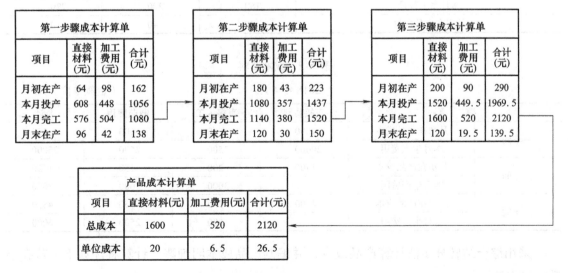

图 6-2 逐步结转分步法的成本计算过程

逐步结转分步法的特点如下：

1）以各步骤半成品和最后步骤的产成品为成本计算对象。如纺织企业，为了计算棉布的成本，先要计算棉纱的成本。

2）各步骤所耗用的上一步骤半成品成本，要随半成品实物的转移在各生产步骤之间顺序结转。一是半成品完工后通过半成品仓库收发；二是上步骤的完工半成品直接转入下一步骤继续加工，半成品成本在各步骤的产品成本明细账之间直接进行结转。

按照半成品成本在下一步骤成本计算单中反映的方法，逐步结转分步法分为综合结转分步法和分项结转分步法。

6.2.2 综合结转分步法

综合结转分步法是将各步骤所耗用的上一步骤的半成品成本不分成本项目，以合计数计入下一步骤的产品成本明细账中的"半成品"或"原材料"成本项目中。

例 6-1：某公司甲产品要连续经过三个车间加工制成，一车间生产 A 半成品，A 半成品直接转入二车间加工制成 B 半成品，B 半成品再直接转入三车间加工成甲产成品。其中，一件甲产品耗用一件 B 半成品，一件 B 半成品耗用一件 A 半成品。原材料在生产开始时一次投入，各车间月末在产品完工率均为 50%。各车间生产费用采用约当产量法在完工产品和在产品之间进行分配。该公司 2018 年 4 月相关产量记录见表 6-1，相关成本资料见表 6-2。

表 6-1 产量记录

2018 年 4 月 （单位：件）

摘要	一车间	二车间	三车间
月初在产品数量	10	60	50
本月投产（或上步交来）数量	200	180	200
本月完工数量	180	200	220
月末在产品数量	30	40	30

表 6-2 成本资料

2018 年 4 月 （金额单位：元）

摘要		直接材料	直接人工	制造费用	合计
一车间	月初在产品成本	1000	50	100	1150
	本月生产费用	20000	2500	2500	25000
二车间	月初在产品成本	1400	200	150	1750
	本月生产费用		3000	5000	8000
三车间	月初在产品成本	4500	200	150	4850
	本月生产费用		3500	2500	6000

采用综合结转分步法计算产品成本，并编制产品成本明细账，计算程序如下（若有小数点均保留两位）。

对于一车间计算相关分配率如下：

$$直接材料分配率 = \frac{21000}{180+30\times100\%} = 100$$

$$直接人工分配率 = \frac{2550}{180+30\times50\%} = 13.08$$

$$制造费用分配率 = \frac{2600}{180+30\times50\%} = 13.33$$

根据以上资料，编制一车间产品成本明细账见表 6-3。

表 6-3 一车间产品成本明细账

产品名称：A 半成品　　　　　　2018 年 4 月　　　　　　　　　　（金额单位：元）

摘　要	直接材料	直接人工	制造费用	合计
月初在产品成本	1000	50	100	1150
本月发生费用	20000	2500	2500	25000
合计	21000	2550	2600	26150
约当产量合计	210	195	195	
单位成本	100	13.08	13.33	126.41
转出完工半成品成本	18000	2353.84	2400	22753.84
月末在产品成本	3000	196.16	200	3396.16

对于二车间计算相关分配率如下：

$$半成品成本项目分配率 = \frac{24153.84}{200+40\times100\%} \approx 100.64$$

$$直接人工分配率 = \frac{3200}{200+40\times50\%} \approx 14.55$$

$$制造费用分配率 = \frac{5150}{200+40\times50\%} \approx 23.41$$

根据以上资料，编制二车间产品成本明细账见表 6-4。

表 6-4 二车间产品成本明细账

产品名称：B 半成品　　　　　　2018 年 4 月　　　　　　　　　　（金额单位：元）

摘　要	半成品	直接人工	制造费用	合计
月初在产品成本	1400	200	150	1750
本月生产费用	22753.84	3000	5000	30753.84
合计	24153.84	3200	5150	32503.84
约当产量合计	240	220	220	
单位成本	100.64	14.55	23.41	138.60
转出完工半成品成本	20128.20	2909.1	4681.82	27719.12
月末在产品成本	4025.64	290.9	468.18	4784.72

对于三车间计算相关分配率如下：

$$半成品成本项目分配率 = \frac{32219.12}{220+30\times100\%} \approx 128.88$$

$$直接人工分配率 = \frac{3700}{220+30\times50\%} \approx 15.74$$

$$制造费用分配率 = \frac{2650}{220+30\times50\%} \approx 11.28$$

根据以上资料，编制三车间产品成本明细账见表6-5。

表6-5 三车间产品成本明细账

产品名称：甲产品　　　　　　2018年4月　　　　　　（金额单位：元）

摘　要	半成品	直接人工	制造费用	合计
月初在产品成本	4500	200	150	4850
本月发生费用	27719.12	3500	2500	33719.12
合计	32219.12	3700	2650	38569.12
约当产量合计	250	235	235	
单位成本	128.88	15.74	11.28	155.90
转出完工产品成本	28352.83	3463.83	2480.85	34297.51
月末在产品成本	3866.29	236.17	169.15	4271.61

根据以上内容，编制产品成本计算单见表6-6。

表6-6 产品成本计算单

产品名称：甲产品　　　2018年4月　　　产量：220件　　　（金额单位：元）

成本项目	半成品	直接人工	制造费用	合计
单位成本	128.88	15.74	11.28	155.90
完工产品成本	28352.83	3463.83	2480.85	34297.51

由图6-2中第三步骤的产品成本计算单中知，综合结转法的计算结果表明，产成品成本中的半成品成本比重较大，而半成品并不是产品成本的真正材料费用，而是第二步骤的综合成本，显然该结果不符合产品成本的实际情况。因而，当在管理上要求从整个公司角度考核和分析产品成本的构成和水平时，应将综合结转算出的产成品成本进行成本还原。

成本还原原理比较复杂，而且较抽象，这里简单介绍一种成本还原法进行成本还原。首先计算还原分配率，还原分配率是指每一元所产半成品成本相当于产成品所耗用半成品费用若干元。计算公式为

$$还原分配率 = \frac{需要还原的半成品综合成本}{上一步骤本月所产该种半成品的成本合计}$$

还原后各成本项目金额=本月生产该种半成品成本中各成本项目金额×还原分配率

需要注意的是，还原分配率公式中所称的需要还原的半成品综合成本，如果只需要进行一次成本还原，那么就是指产成品成本中所耗用的上一步骤的半成品成本；如果需要进行两次成本还原，那么除了上述含义外，还指经过第一次成本还原后需要继续进行成本还原的半成品综合成本；如果需要进行三次或更多次成本还原则以此类推。

例 6-2：根据例 6-1 中的资料进行成本还原，成本还原计算见表 6-7。

表 6-7 成本还原计算表

成本项目	还原前总成本	第二步半成品成本	还原率及还原额	第一步半成品成本	还原率及还原额	还原后总成本
栏目	1	2	3	4	5	6
还原分配率			1.02		0.90	
（半成品）直接材料（元）	28352.83	20128.20	20587.12	18000	16285.96	65225.92
直接人工（元）	3463.83	2909.1	2975.45	2353.84	2129.70	8568.96
制造费用（元）	2480.85	4681.82	4788.57	2400	2171.46	9440.88
合计（元）	34297.51	27719.12	28351.12	22753.84	20587.12	83235.75

其中，

$$第3栏还原分配率=\frac{28352.83}{27719.12}\approx 1.02$$

$$第5栏还原分配率=\frac{20587.12}{22753.84}\approx 0.90$$

还原后总成本中直接材料为第 5 栏还原额，直接人工为第 1、3、5 栏的直接人工之和，制造费用为第 1、3、5 栏的制造费用之和。

6.2.3 分项结转分步法

分项结转分步法是按照成本项目将上一步骤半成品成本分项转入下一步骤半成品成本明细账的各个对应成本项目的一种方法。分项结转时，若半成品通过半成品库房收发，那么在自制半成品明细账中登记半成品成本时，分别按成本项目登记。

例 6-3：资料同例 6-1，用分项结转法进行成本计算。

第一车间相关数据的计算过程如下：

$$直接材料分配率=\frac{21000}{180+30\times 100\%}=100$$

$$直接人工分配率=\frac{2550}{180+30\times 50\%}\approx 13.08$$

$$制造费用分配率 = \frac{2600}{180+30\times 50\%} \approx 13.33$$

编制一车间产品成本明细账见表 6-8。

表 6-8 一车间产品成本明细账

产品名称：A 半成品　　　　　2018 年 4 月　　　　　　　　（金额单位：元）

摘　要	直接材料	直接人工	制造费用	合计
月初在产品成本	1000	50	100	1150
本月发生费用	20000	2500	2500	25000
合计	21000	2550	2600	26150
约当产量合计	210	195	195	
单位成本	100	13.08	13.33	126.41
转出完工半产品成本	18000	2353.84	2400	22753.84
月末在产品成本	3000	196.16	200	3396.16

第二车间相关数据的计算过程如下：

$$直接材料分配率 = \frac{19400}{200+40\times 100\%} \approx 80.83$$

$$直接人工分配率 = \frac{5553.84}{200+40\times 50\%} \approx 25.24$$

$$制造费用分配率 = \frac{7550}{200+40\times 50\%} \approx 34.32$$

编制二车间产品成本明细账见表 6-9。

表 6-9 二车间产品成本明细账

产品名称：B 半成品　　　　　2018 年 4 月　　　　　　　　（金额单位：元）

摘　要	直接材料	直接人工	制造费用	合计
月初在产品成本	1400	200	150	1750
本月本步骤加工费用		3000	5000	8000
本月耗用上步骤半成品费用	18000	2353.84	2400	22753.84
合计	19400	5553.84	7550	32503.84
约当产量合计	240	220	220	
单位成本	80.83	25.24	34.32	140.40
转出完工半产品成本	16166.66	5048.95	6863.64	28079.25
月末在产品成本	3233.34	504.89	686.36	4454.59

第三车间相关数据的计算过程如下：

$$直接材料分配率 = \frac{20666.66}{220+30\times100\%} \approx 82.67$$

$$直接人工分配率 = \frac{8748.95}{220+30\times50\%} \approx 37.23$$

$$制造费用分配率 = \frac{9513.64}{220+30\times50\%} \approx 40.48$$

编制三车间产品成本明细账见表 6-10。

表 6-10　三车间产品成本明细账

产品名称：甲产品　　　　　2018 年 4 月　　　　　（金额单位：元）

摘要	直接材料	直接人工	制造费用	合计
月初在产品成本	4500	200	150	4850
本月本步骤加工费用		3500	2500	6000
本月耗用上步骤半成品费用	16166.66	5048.95	6863.64	28079.25
合计	20666.66	8748.95	9513.64	38929.25
约当产量合计	250	235	235	
单位成本	82.66	37.23	40.48	160.37
转出完工产品成本	18186.67	8190.50	8906.38	35283.55
月末在产品成本	2479.99	558.44	607.25	3645.68

采用分项结转法逐步结转半成品成本，成本结转工作比较复杂，且在各步骤产品成本中不能看出上一步骤半成品的费用消耗和本步骤加工费用的水平，这不便于进行完工产品的成本分析。但是分项结转法逐步结转半成品成本可以更直接、更准确地提供按照原始成本项目反映的产成品成本，这便于从整个企业角度考核和分析产品成本计划的执行情况，而不需进行成本还原。所以，分项结转分步法一般适用于只要求按原始成本项目反映产品成本，而管理上不要求提供各步骤完工半成品所耗上步骤半成品费用和本步骤加工费用资料的企业。

6.2.4　逐步结转分步法的优缺点及适用范围

逐步结转分步法的优点主要表现在两个方面：

1）逐步结转分步法的成本计算对象是企业产成品或各步骤的半成品，为分析和考核各生产步骤半成品成本计划的执行情况,并为正确计算半成品销售成本提供资料。

2)无论是综合结转还是分项结转,半成品成本随半成品实物的转移而结转,因此各生产步骤产成品成本明细账中的在产品成本,与该步骤月末在产品的实物一致,这有利于加强在产品和自制半成品的管理。

逐步结转分步法进行成本核算时的工作量大,核算工作的及时性也较差。如果采用综合结转分步法,还要进行成本还原;如果采用分项结转分步法,结转的核算工作量也很大。因此,逐步结转分步法适用于半成品具有独立经济意义,半成品外销,管理上要求提供半成品成本资料的大量、大批的连续式多步骤生产的企业。

6.3 平行结转分步法

平行结转分步法也称不计算半成品成本的分步法,指各加工步骤只计算本步骤发生的直接材料、直接人工、制造费用等各项生产费用,以及这些费用中应计入产成品成本的份额,然后将相同产品的各步骤应计入完工产品成本的份额进行平行结转汇总,而不计算各步骤半成品成本,也不计算各步骤所耗上一步骤半成品成本,从而计算出该产品成本的一种成本计算方法。

6.3.1 平行结转分步法的特点及计算程序

与逐步结转分步法相比,平行结转分步法的特点如下。

1. 成本计算对象是各生产步骤和最终的完工产品

采用平行结转分步法,各生产步骤的半成品不是计算对象,各生产步骤的成本计算都是为了计算最终产品的成本。因此,各步骤半成品的明细账中转出的只是该步骤应计入最终产品的份额,而不能提供产出半成品的成本资料。

2. 半成品成本不随实物转移而转移

采用平行结转分步法,各步骤不计算半成品成本,只归集本步骤的生产费用,计算结转应计入产成品成本的份。因此,各步骤半成品的成本资料不随实物转移而结转,而是保留在该步骤的成本细账中,即半成品的成本转移与实物转移相分离。

3. 月末,各步骤生产费用要在产成品与广义在产品之间进行分配

这里的广义在产品包括尚在本步骤加工中的在产品、本步骤已完工转入半成品库的半成品、已从半成品库转到以后各步骤进一步加工尚未最后制成的半成品。产成品则是指完成了所有生产步骤并已入库的产品。

4. 将各步骤费用中应计入产成品的份额,平行结转、汇总计算该种产成品的总成本和单位成本

平行结转分步法的成本计算程序如图 6-3 所示。

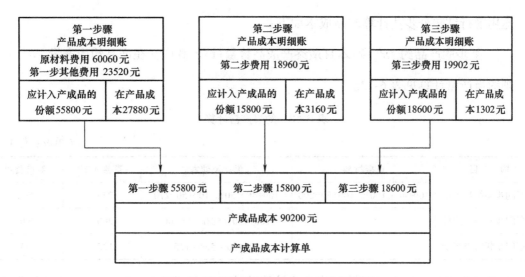

图 6-3 平行结转分步法的成本计算程序

6.3.2 平行结转分步法的应用

例 6-4：某公司甲产品经过三个车间连续加工制成，一车间生产 A 半成品，A 半成品直接转入二车间加工制成 B 半成品，B 半成品直接转入三车间加工成甲产成品。一件甲产成品耗用一件 B 半成品，一件 B 半成品耗用一件 A 半成品。原材料在生产开始时一次投入，各车间月末在产品完工率均为 50%。各车间生产费用采用约当产量法在完工产品和在产品之间进行分配。有关产品生产情况见表 6-11，生产费用情况见表 6-12。

表 6-11 产品生产情况

（单位：件）

摘 要	一车间	二车间	三车间
月初在产品数量	80	60	30
本月投产数量或上步转入	120	160	120
本月完工产品或半成品数量	160	120	100
月末在产品数量	40	100	50

表 6-12 生产费用情况

（金额单位：元）

	摘 要	直接材料	燃料及动力	直接人工	制造费用	合计
一车间	月初在产品成本	12000	2400	3500	2200	20100
	本月生产费用	31500	6240	8650	5900	52290
二车间	月初在产品成本		2200	3120	2000	7320
	本月生产费用		5800	7280	5800	18880
三车间	月初在产品成本		650	890	600	2140
	本月生产费用		2350	3235	2400	7985

工业成本核算

运用平行结转分步法计算产品成本如下：

某步骤产品约当产量=本月最终产成品数量+该步骤广义在产品约当产量

则约当产量计算见表 6-13。

表 6-13 约当产量计算

（单位：件）

项　目	直接材料	燃料及动力	直接人工	制造费用
一车间步骤约当产量	100+40×100%+100+50=290	100+40×50%+100+50=270	270	270
二车间步骤约当产量		100+100×50%+50=200	200	200
三车间步骤约当产量		100+50×50%=125	125	125

根据以上资料，运用平行结转分步法计算并编制一车间、二车间及三车间产品成本计算单见表 6-14～表 6-16。

表 6-14 一车间成本计算单

（金额单位：元）

项　目	直接材料	燃料及动力	直接工资	制造费用	合计
月初在产品成本	12000	2400	3500	2200	20100
本月发生费用	31500	6240	8650	5900	52290
合计	43500	8640	12150	8100	72390
本步骤约当产量	290	270	270	270	
单位成本	150	32	45	30	
应计入产成品成本中份额	15000	3200	4500	3000	25700
月末在产品成本	28500	5440	7650	5100	46690

表 6-15 二车间成本计算单

（金额单位：元）

项　目	直接材料	燃料及动力	直接工资	制造费用	合计
月初在产品成本		2200	3120	2000	7320
本月发生费用		5800	7280	5800	18880
合计		8000	10400	7800	26200
本步骤约当产量		200	200	200	
单位成本		40	52	39	
应计入产成品成本中份额		4000	5200	3900	13100
月末在产品成本		4000	5200	3900	13100

表 6-16 三车间成本计算单

（金额单位：元）

项目	直接材料	燃料及动力	直接工资	制造费用	合计
月初在产品成本		650	890	600	2140
本月发生费用		2350	3235	2400	7985
合计		3000	4125	3000	10125
本步骤约当产量		125	125	125	
单位成本		24	33	24	
应计入产成品成本中份额		2400	3300	2400	8100
月末在产品成本		600	825	600	2025

产品成本汇总见表 6-17。

表 6-17 产品成本汇总表

产成品数量：100 件　　　　　　　　　　　　　　　　　　（金额单位：元）

项目	直接材料	燃料及动力	直接工资	制造费用	合计
第一车间	15000	3200	4500	3000	25700
第二车间		4000	5200	3900	13100
第三车间		2400	3300	2400	8100
成本合计	15000	9600	13000	9300	46900
单位成本	150	96	130	93	469

6.3.3　平行结转分步法的优缺点及适用范围

平行结转分步法与逐步结转分步法比较，主要有以下优点：

1) 平行结转分步法可以简化和加快成本计算工作。在平行结转分步法下，各步骤可以同时计算产品成本，并将应计入完工产品成本的份额平行结转汇总计入产成品成本，不必逐步结转半成品成本。

2) 平行结转分步法可以省去大量烦琐的计算工作。在平行结转分步法下，一般是按照成本项目平行结转汇总各步骤成本中应计入产成品成本的份额，因此能够直接提供按原始成本项目反映的产成品成本资料，不必进行成本还原。

然而，由于平行结转分步法各步骤不计算也不结转半成品成本，存在以下缺点：

1) 不能提供各步骤半成品成本资料及各步骤所耗用上一步半成品费用资料，因此不能全面地反映各步骤生产耗费的水平，不利于各步骤的成本管理。

2）由于各步骤间不结转半成品成本，使半成品实物转移与费用结转脱节，因此不能为各步骤在产品的实物管理和资金管理提供资料。

综上可知，平行结转分步法只在半成品种类较多，逐步结转半成品成本工作量较大，管理上又不要求提供各步骤半成品成本资料的情况下适用；使用时要加强各步骤在产品收发结存的数量核算，便于为在产品的实物管理和资金管理提供资料，从而弥补不足。

本章小结

分步法作为产品成本计算的基本方法之一，也是计算较为复杂的方法。本章讲解了分步法计算产品成本的方法。对于大量大批单步骤生产的企业，计算产品成本一般采用品种法，但对于大量大批多步骤生产的企业，如果管理上不要求提供各步骤的成本资料考核其步骤成本，那么产品成本计算仍可采用品种法；反之，则需要按产品品种及其经过的生产步骤计算产品成本，为管理当局提供所需要的成本信息和管理用数据，此时可采用产品成本计算的第三种方法——分步法。

通过本章学习，读者可以掌握以下知识：

分步法的特点及适用范围，逐步结转分步法计算产品成本的方法，综合成本还原的原理和方法，平行结转分步法计算产品成本的方法。

思考题与习题

6-1 思考题

1. 逐步结转分步法和平行结转分步法的根本区别是什么？
2. 平行结转法的适用范围及优缺点。

6-2 单项选择题

1. 某产品经过两道工序加工完成。第一道工序月末在产品数量为 100 件，完工程度为 20%；第二道工序月末在产品数量为 200，完工程度为 70%。据此计算的月末在产品约当产量为（　　）。

　　A.20 件　　　　　B.135 件　　　　　C.140 件　　　　　D.160 件

2. 假设某企业某种产品本月完工 250 件，月末在产品 160 件，在产品完工程度为 40%，月初和本月发生的原材料费用共 56520 元，原材料随着加工进度陆续投入，则完工产品和月末在产品的原材料费用分别为（　　）。

　　A. 45000 元和 11250 元　　　　　　　B. 40000 元和 16250 元
　　C. 45000 元和 11520 元　　　　　　　D. 34298 元和 21952 元

3. 采用约当产量法计算完工产品和在产品成本时，若原材料不是在开始生产时投入的，而是随生产进度陆续投入的，但在每道工序是一次性投入的，原材料消耗定额第一道工序为 30 千克，第二道工序为 60 千克，则第二道工序在产品的完工率为（　　）。

A. 67%　　　　B. 22%　　　　C. 100%　　　　D. 97%

4. 某企业生产产品经过两道工序，各工序的工时定额分别为 30 小时和 40 小时，则第二道工序在产品的完工率约为（　　）。

A. 68%　　　　B. 69%　　　　C. 70%　　　　D. 71%

5. 狭义的在产品是指（　　）。

A. 可以对外销售的自制半成品　　　B. 需要进一步加工的半成品
C. 正在某一车间或步骤加工的在产品　　　D. 产成品

6. 假定某企业生产甲产品工时定额为 50 小时，第一道工序定额工时为 20 小时，第二道工序定额工时为 30 小时，则计算第二道工序完工程度为（　　）。

A. 60%　　　　B. 70%　　　　C. 40%　　　　D. 80%

7. 采用约当产量法，如果产品生产过程中直接人工费用和制造费用的发生都比较均衡，在产品完工程度可按（　　）计算。

A. 25%　　　　B. 50%　　　　C. 60%　　　　D. 100%

8. 将各步骤所耗半成品费用，按照成本项目分项转入各步骤产品成本明细账的各个成本项目中的分步法是（　　）。

A. 综合结转分步法　　　B. 分项结转分步法
C. 平行结转分步法　　　D. 逐步结转分步法

9. 下列方法中属于不计算半成品成本的分步法是（　　）。

A. 综合结转分步法　　　B. 分项结转分步法
C. 平行结转分步法　　　D. 逐步结转分步法

10. 分步法的主要特点是（　　）。

A. 为了计算半成品成本　　　B. 为了计算各步骤应计入产成品份额
C. 按产品的生产步骤计算产品成本　　　D. 分车间计算产品成本

11. 成本还原分配率的计算公式是（　　）。

A. 本月所产半成品成本合计 / 本月产成品成本所耗该种半成品费用
B. 本月产品成本所耗上一步骤半成品费用 / 本月所产该种半成品成本合计
C. 本月产品成本合计 / 本月产成品成本所耗该种半成品费用
D. 本月所产半成品成本合计 / 本月产品成本合计

12. 需要进行成本还原的分步法是（　　）。

A. 平行结转分步法　　　B. 分项结转分步法
C. 综合结转分步法　　　D. 逐步结转分步法

13. 成本还原对象是（　　）。

A. 产成品成本　　　B. 各步骤半成品成本　　　C. 最后步骤产成品成本

D. 产成品成本中所耗上步骤半成品成本费用

14. 某产品生产由三个生产步骤组成，采用平行结转分步法计算产品成本，需要进行成本还原的次数是（　　）。

A. 2 次　　　　　　B. 3 次　　　　　　C. 0 次　　　　　　D. 4 次

15. 成本还原的目的是按（　　）反映的产成品成本资料。

A. 费用项目　　　　B. 成本项目　　　　C. 实际成本　　　　D. 原始成本项目

6-3　多项选择题

1. 分步法适用于（　　）。

A. 大量生产　　　　B. 大批生产　　　　C. 成批生产

D. 多步骤生产　　　E. 单步骤生产

2. 平行结转分步法的特点是（　　）。

A. 各步骤半成品成本要随着半成品实物的转移而转移

B. 各步骤半成品成本不随着半成品实物的转移而转移

C. 成本计算对象是完工产品成本份额

D. 需要计算转出完工半成品成本

E. 不需要计算转出完工半成品成本

3. 采用逐步结转分步法（　　）。

A. 半成品成本的结转同其实物的转移完全一致

B. 成本核算手续简便

C. 能够提供半成品成本资料

D. 有利于加强生产资金管理

E. 为外售半成品和展开成本指标评比提供成本资料

4. 采用逐步结转分步法，按照结转的半成品成本在下一步骤产品成本明细账中的反映方法，可分为（　　）。

A. 平行结转法　　　B. 按实际成本结转法　　　C. 按计划成本结转法

D. 综合结转法　　　E. 分项结转法

5. 采用分项结转法结转半成品成本的优点是（　　）。

A. 不需要进行成本还原

B. 成本核算手续简便

C. 能够真实地反映产品成本结构

D. 便于从整个企业的角度考核和分析产品成本计划的执行情况

E. 便于各生产步骤完工产品的成本分析

6. 采用分步法时，作为成本计算对象的生产步骤可以（　　）。

A. 按生产车间设立

B. 按实际生产步骤设立

C. 在一个车间内按不同生产步骤设立

D. 将几个车间合并设立

E. 以上均正确

7. 逐步结转分配法的优点是（　　）。

A. 简化和加速了成本计算工作，不必进行成本还原

B. 能够提供各步骤半成品成本资料

C. 能够为半成品和在产品的实物管理及资金管理提供数据

D. 能够反映各步骤所耗上步骤半成品费用和本步骤加工费，有利于各步骤的成本管理

E. 有利于开展成本分析工作

6-4　判断题

1. 企业采用逐步结转分步法进行成本计算，为了反映原始成本项目，无论是综合结转还是分项结转，月末必须进行成本还原。（　　）

2. 综合结转法，是将各生产步骤耗用上一步骤的产品成本以"自制半成品"或"原材料"项目计入下一生产步骤产品成本计算单中的一种方法。（　　）

3. 采用平行结转分步法时，产成品是指每个生产步骤的完工产品。（　　）

4. 采用逐步结转分步法，每月末各步骤成本计算单中归集的生产费用，应采用适当的方法在完工半成品与狭义在产品之间分配。（　　）

5. 采用平行结转分步法，每月末各步骤成本计算单中归集的生产费用，应选用适当的方法在完工产成品与在产品之间分配。（　　）

6-5　案例分析题

1. 某企业属于大批大量的连续式多步骤生产企业，设有两个连续的生产车间大量生产一种 A 产品。第一生产车间生产 B 产品，直接移送第二车间用来生产 A 产品。原材料在第一车间生产开始时集中投入，各车间完工产品和在产品之间的费用分配采用约当产量法。某月生产情况及生产费用见表 6-18 和表 6-19，要求按逐步综合结转分步法计算产品成本（注：分配率保留四位小数，完工产品成本和在产品成本、成本及单位成本保留两位小数），分别填写表 6-20 和表 6-21，按本月所产半成品的成本构成进行成本还原，填写表 6-22。

表 6-18　生产情况表

项目	第一生产车间 /kg	第二生产车间（件）
月初结存	9000	1000
本月投入	46000	10250
本月完工	45000	10000
月末结存	10000（加工程度 50%）	1250（加工程度 80%）

工业成本核算

表 6-19 生产费用表

（金额单位：元）

成本项目	第一生产车间		第二生产车间	
	月初在产品成本	本月生产费用	月初在产品成本	本月发生费用
半成品			40000	
直接材料	80000	1020000		
直接人工	12000	138000	7000	70000
制造费用	30000	300000	13000	187200
合计	122000	1458000	60000	257200

表 6-20 B产品基本生产成本明细账

第一车间：B产品

摘要		直接材料	直接人工	制造费用	合计
月初在产品成本（元）					
本月发生费用（元）					
费用合计（元）					
产品产量	完工产品产量（件）				
	月末在产品约当产量（件）				
	合计（件）				
单位成本（分配率）					
结转完工半成品成本（元）					
月末在产品成本（元）					

表 6-21 A产品基本生产成本明细账

第二车间：A产品

摘要		半成品	直接人工	制造费用	合计
月初在产品成本（元）					
本月发生费用（元）					
费用合计（元）					
产品产量	完工产品产量（件）				
	在产品约当产量（件）				
	合计（件）				
单位成本（分配率）					
完工产品成本（元）					
月末在产品成本（元）					

表6-22 完工A产品成本还原计算表

（金额单位：元）

项目	成本项目	还原前产品成本	本月生产半成品成本	还原分配率	半成品成本还原	还原后总成本	还原后单位成本
按第一车间半成品成本还原	直接材料						
	半成品						
	直接人工						
	制造费用						
	合计						

2. 某企业2018年2月生产的甲产品顺序经过第一、第二和第三个基本生产车间加工，原材料在第一车间生产开始时一次性投入，各车间工资和费用发生比较均衡，月末本车间在产品完工程度均为50%，本月有关成本计算资料如下。

产量资料见表6-23。

表6-23 产量资料表

产品：甲产品　　　　2018年2月　　　　（单位：件）

项目	第一车间	第二车间	第三车间
月初在产品	100	200	400
本月投入或上步转入	1100	1000	1000
本月完工转入下步或入库	1000	1000	1100
月末在产品	200	200	300

生产费用资料见表6-24。

表6-24 生产费用资料表

产品：甲产品　　　　2018年2月　　　　（金额单位：元）

项目	第一车间	第二车间	第三车间
月初在产品成本	64250	35000	14000
其中：直接材料	35000		
直接人工	16250	20000	8000
制造费用	13000	15000	6000
本月本步发生生产费用	102250	70000	73500
其中：直接材料	55000		
直接人工	26250	40000	42000
制造费用	21000	30000	31500

工业成本核算

要求：

（1）根据资料采用平行结转分步法计算甲产品成本，计入产品生产成本明细账表（表6-25~表6-27）和产品成本计算汇总表（表6-28）。

（2）根据产品成本计算汇总表编制会计分录。

表6-25　第一车间产品生产成本明细账

产品：甲产品　　　　　　　　　　　　　　　　　　　　　　　　　2018年2月

摘　要		直接材料	直接人工	制造费用	合计
月初在产品成本（元）					
本月发生生产费用（元）					
生产费用合计（元）					
最终产成品数量（个）					
在产品约当产量	本月在产品约当产量（件）				
	已交下步未完工半成品（件）				
约当总产量（分配标准）					
单位产成品成本份额（元）					
结转1100件产成品成本份额（元）					
月末在产品成本（元）					

表6-26　第二车间产品生产成本明细账

产品：甲产品　　　　　　　　　　　　　　　　　　　　　　　　　2018年2月

摘　要		直接材料	直接人工	制造费用	合计
月初在产品成本（元）					
本月发生生产费用（元）					
生产费用合计（元）					
最终产成品数量（个）					
在产品约当产量	本月在产品约当产量（件）				
	已交下步未完工半成品（件）				
约当总产量（分配标准）					
单位产成品成本份额（元）					
结转1100件产成品成本份额（元）					
月末在产品成本（元）					

表6-27 第三车间产品生产成本明细账

产品：甲产品　　　　　　　　　　　　　　　　　　　　　　　　　　　2018年2月

摘　要	直接材料	直接人工	制造费用	合计
月初在产品成本（元）				
本月发生生产费用（元）				
生产费用合计（元）				
最终产成品数量（个）				
本月在产品约当产量（件）				
约当总产量（分配标准）				
单位产成品成本份额（元）				
结转1100件产成品成本份额（元）				
月末在产品成本（元）				

表6-28 产品成本计算汇总表

产品：甲产品　　　2018年2月　　　产量：1100件　　　（金额单位：元）

车　间	直接材料	直接人工	制造费用	合计
第一车间				
第二车间				
第三车间				
完工产品总成本				
完工产品单位成本				

第 7 章
产品成本计算的辅助方法

本章中主要介绍产品成本计算的辅助方法：分类法与定额法，并阐述这两种方法的特点、使用范围、计算程序与方法等，以及联产品、主副产品的概念和成本计算。

> **本章学习目标：**
> 1. 掌握分类法的概念、特点
> 2. 掌握分类法的计算程序和具体方法
> 3. 了解联产品成本的计算方法，掌握副产品成本的计算方法
> 4. 熟悉定额法的特点、优缺点、适用范围和应用条件
> 5. 掌握定额法中各种成本差异的计算和分配方法，熟悉运用定额成本法计算产品实际成本

7.1 分类法

7.1.1 分类法的概念

分类法是按产品的类别归集生产费用，为了简化计算，先分别计算各类产品的总成本，然后按照一定的标准和方法将类内各种产品进行划分，再分别计算各个品种和规格产品成本的一种方法。这种方法适用于品种规格繁多、相近，工艺过程基本相同，但又可以按照一定标准进行分类的产品生产。例如，在钢铁生产企业生产的各种型号和不同规格的生铁、钢锭及钢材，灯泡制作企业生产的不同种类和型号的灯泡、灯管以及电子元器件制作企业生产的各种不同规格、型号的电子元件等。

7.1.2 分类法的特点

用分类法计算成本具有以下特点：

1）分类法以产品的类别作为成本计算对象。

2）分类法需要根据生产特点和管理要求来确定成本计算期。

3）当使用分类法时，如果某类产品在月末数量较多，则应该将该类产品生产费用总额在完工产品与月末在产品之间分配。

4）分类法不是一种独立的成本计算方法，它是品种法的一种具体运用形式，所以必须与成本计算的某种基本方法结合使用。

使用分类法计算产品成本，通常可以反映各种产品的成本，同时可以提供各类产品的成本资料，还可以减少成本计算对象的数量，简化成本计算手续。对于企业来说，可以从不同角度考核和分析产品成本。采用分类法计算产品成本，原始凭证和原始记录按产品类别填列，各种费用只按产品类别分配，产品成本明细账也只需按产品类别开立，从而能简化成本计算工作。

7.1.3 分类法产品成本计算程序

1. 基本操作步骤

首先，计算各类产品的总成本。要将产品的类别进行划分，按照各类产品的类别设立成本计算单。

其次，计算类内各种产品的成本。采用一定的分配标准，计算类内各产品成本。

2. 类内各产品的分配标准

1）在选择类内各种产品费用的分配费标准时，应考虑分配标准与产品成本之间的联系。

2）各成本项目可以采用同一分配标准分配，有时为了使分配结果更加合理，也可以按照成本项目的性质分别采用不同的分配标准。

3）当影响产品成本的因素发生较大变动时，如产品结构、原材料或工艺过程等，为了提高成本计算的准确性，应及时修改分配标准。

4）为了简化分配工作，可以将分配标准折算成相对固定的系数，按照固定的系数分配类内各种产品的成本。

7.1.4 成本在类内产品分配的方法——系数法

在实际应用过程中，为了简化类内各产品费用的分配问题，可以使用一种简化分配方法，将分配标准折算成相对固定的系数，这种方法称为系数法。

1. 系数的计算方法

在确定系数时，同类产品一般会将一种产量较大、生产相对稳定或规格适中的产品作为标准产品，标准产品的系数一般定为"1"；之后用其他各种产品的分配标准额与标准产品的分配额相比，求出其他产品的分配标准额与标准产品的分配标准额的比率，即为其他产品系数。系数一旦确定，不能任意更改。

2. 系数的分类

（1）单项系数

以产品成本中的不同成本项目为依据，分别计算的系数即为单项系数，如按原材料、工资等标准计算的系数，即

$$原材料系数 = \frac{产品的单位原材料定额成本}{标准产品的单位原材料定额成本}$$

（2）综合系数

综合系数是指按照综合的标准计算的系数，如按消耗量定额、产品体积、定额成本、产品售价等标准计算的系数，即

$$定额成本（或售价）系数 = \frac{产品的单位定额成本（或售价）}{标准产品的单位定额成本（或售价）}$$

7.1.5 分类法的适用范围

某个企业或车间，凡是具备产品品种繁多，并且可以按照上述要求划分为若干类别的特点，均可采用分类法计算成本。由于分类法与产品生产的类型无关，与企业生产类型无关，可以应用于在各种类型的生产中。分类法适用的范围有：生产同类产品、联产品的企业和副产品的企业等。

7.1.6 分类法的应用

例 7-1：某机械加工公司主要生产甲、乙、丙三种产品，由于三种产品所耗的原材料

品种相同，生产工艺过程基本相近，成本计算时将三种产品合并为 A 类产品，采用分类法计算成本。已知该公司 A 类产品 2018 年 8 月的成本计算资料如下：

表 7-1 为 A 类产品的生产成本明细账。

表 7-1　生产成本明细账

产品类别：A 类　　　　　　　　　　2018 年 8 月　　　　　　　　　　（金额单位：元）

成本项目	直接材料	直接人工	制造费用	合计
月初在产品成本	15000	6000	3000	24000
本月发生费用	55000	24000	23000	102000
生产费用合计	70000	30000	26000	126000
转出完工产品成本	64200	28536	23780	116516
月末在产品成本	5800	1464	2220	9484

类内产品间的分配方法为按系数比例分配材料费用，按材料定额费用计算系数，甲产品被定为标准产品；工资、福利及制造费用按各种产品的定额工时比例分配。表 7-2 为该公司本月的定额资料。数据处理如下：

表 7-2　完工产品定额标准表

产品名称	实际产量（件）	单位产品材料消耗定额 /kg	单位产品公式定额（工时）
甲	1116	10	20
乙	1800	9	16
丙	2000	12	22

首先，根据表 7-2 计算成本系数。

（1）确定材料成本系数

　　　　　　　　甲产品材料成本系数 =1
　　　　　　　　乙产品材料成本系数 = 9 ÷ 10 = 0.9
　　　　　　　　丙产品材料成本系数 = 12 ÷ 10 = 1.2

（2）确定工时定额系数

　　　　　　　　甲产品工时定额系数 =1
　　　　　　　　乙产品工时定额系数 = 16 ÷ 20 = 0.8
　　　　　　　　丙产品工时定额系数 = 22 ÷ 20 = 1.1

由以上计算结果，制作产品成本系数计算表，见表 7-3。

表7-3 产品成本系数计算表

产品 \ 项目	材料消耗定额（kg/件）	原材料成本系数	工时定额（工时/件）	工时定额系数
甲	10	1	20	1
乙	9	0.9	16	0.8
丙	12	1.2	22	1.1

其次，根据上述分配系数，计算各项分配率。

（1）计算材料费用分配

材料费用总系数 =（1116×1 + 1800×0.9 + 2000×1.2）件 = 5136 件

材料费用分配率 = 64200 ÷ 5136 元 = 12.5 元

各产品材料费用分配额：

甲产品材料费用分配额 = 12.5 × 1116 元 = 13950 元

乙产品材料费用分配额 = 12.5 × 1620 元 = 20250 元

丙产品材料费用分配额 = 12.5 × 2400 元 = 30000 元

（2）计算人工费用分配

人工费用总系数 =（1116×1 + 1800×0.8 + 2000×1.1）件 = 4756 件

人工费用分配率 = 28536 ÷ 4756 元 = 6 元

各产品人工费用分配额：

甲产品人工费用分配额 = 6 × 1116 元 = 6696 元

乙产品人工费用分配额 = 6 × 1440 元 = 8640 元

丙产品人工费用分配额 = 6 × 2200 元 = 13200 元

（3）计算制造费用分配

制造费用总系数 =（1116×1 + 1800×0.8 + 2000×1.1）件 = 4756 件

制造费用分配率 = 23780 ÷ 4756 元 = 5 元

各产品制造费用分配额：

甲产品制造费用分配额 = 5 × 1116 元 = 5580 元

乙产品制造费用分配额 = 5 × 1440 元 = 7200 元

丙产品制造费用分配额 = 5 × 2200 元 = 11000 元

7.1.7 联产品的成本计算

1. 联产品的成本计算

联产品是指原料相同，加工过程相同，同时生产且具有同等地位的主要产品。联产品虽然在经济上同等重要，但是它们的用途与性质不同，两种或两种以上产品可以被称为联产品。联产品可能存在于各种类型的企业中，例如化工厂投入的一种或多种化学原料，这些原料经过化学反应，可以同时生产出两种或两种以上的化工产品；又如奶制品加工厂可以同时生产出牛奶、奶油、奶酪等；燃气厂在煤气生产的过程中，可同时获得煤气、焦炭和煤焦油等产品。

2. 联产品成本计算的特点

由于生产联产品原材料相同，生产过程相同，无法按每种产品来归集费用，直接计算其成本，但是可以将同一生产过程的联产品看作是同类产品，采用分类法计算其分离前的实际成本；然后按照一定的分配标准，在各联产品之间进行成本分配。

联产品的分离一般要到生产过程终了时才能完成，有时也可以在生产过程中分离出来。如果联产品是在生产过程中分离的，那么分离时的生产步骤被称为"分离点"。在分离点之前，由于各种联产品的生产费用是综合在一起的，故称为"联合成本"或"综合成本"。在归集和计算联合成本时，应根据联产品的生产特点，采用适当的方法进行。有些产品在分离后，生产过程还没有结束，还要继续加工，这种情况下也要按照分离后的生产特点，选择适当的方法进行成本计算。

3. 联产品成本计算实例分析

例 7-2：某机械有限公司生产联产品甲、乙、丙，2018 年 8 月实际产量如下：甲产品 300 吨，乙产品 100 吨，丙产品 100 吨，联产品分离前的联合成本为 900000 元。各产品的单位售价如下：甲产品 4000 元，乙产品 9000 元，丙产品 3000 元；以甲产品为标准产品，以单位售价为依据计算折合系数。

数据处理如下：

（1）计算成本系数

1）确定单位产品系数

$$甲产品的单位产品系数 = 1$$

$$乙产品的单位产品系数 = 9000 \div 4000 = 2.25$$

$$丙产品的单位产品系数 = 3000 \div 4000 = 0.75$$

2）各产品总系数

$$甲产品的总系数 = 300 \times 1 \text{ 吨} = 300 \text{ 吨}$$

$$乙产品的总系数 = 100 \times 2.25 \text{ 吨} = 225 \text{ 吨}$$

$$丙产品的总系数 = 100 \times 0.75 \text{ 吨} = 75 \text{ 吨}$$

$$全部产品总系数 = (300 + 225 + 75) \text{ 吨} = 600 \text{ 吨}$$

（2）根据以上分配系数，先进行分配率计算，再进行相应的分配额计算

1）费用分配率

$$费用分配率 = 900000 \div 600 \text{ 元} = 1500 \text{ 元}$$

2）各产品分配额

$$甲产品联合成本分配额 = 300 \times 1500 \text{ 元} = 450000 \text{ 元}$$

乙产品联合成本分配额 = 225 × 1500 元 = 337500 元

丙产品联合成本分配额 = 75 × 1500 元 = 112500 元

编制联产品成本分配表，见表 7-4。

表 7-4 联产品成本分配表

产品名称	实际产量（吨）	单位系数	总系数	联合成本（元）	成本费用分配率	实际总成本（元）	单位成本（元）
甲	300	1	300			450000	1500
乙	100	2.25	225			337500	3375
丙	100	0.75	75			112500	1125
合计	—	—	600	900000	1500	900000	—

7.1.8 副产品的成本计算

1. 副产品的定义

副产品是指企业使用原材料相同，生产工艺相同，在生产主要产品的同时附带生产出来的非主要产品。虽然副产品不是主要产品，但其也有一定的经济价值，并且也可以对外销售，因而也应加强对其的管理与核算。

2. 副产品成本计算的特点

副产品是次要产品，不是企业生产活动的主要目标，相比主要产品，副产品的经济价值与销售价格往往较低，因而其成本计算可以采用与分类法相类似的方法，即先将副产品与主产品合为一类，设立成本明细账，归集生产费用和计算成本；然后将副产品按照一定的方法计价，从总成本的原材料项目中扣除中，以扣除后的成本作为主产品的成本。

3. 副产品计价的方法

副产品不是企业主要生产目标，其价值较低，因而副产品成本计算可以不必像联产品那样。一般情况下只需将副产品按照一定方法计价，在联合成本中扣除，以扣除以后的成本作为主要产品成本即可。

1）以副产品按照销售价格与销售税金和销售利润的差额计价。当副产品的售价不能抵偿其销售费用时，则副产品不计价。

2）为了简化成本计算工作，可以不计算副产品的实际成本，而是按计划单位成本计价。而主产品成本即为从主、副产品生产费用总额中扣除按计划成本计算的副产品成本后的余额。

4. 副产品成本计算实例分析

例 7-3：2018 年 8 月，某公司以甲产品为主要产品，在生产甲产品过程中附带生产出乙副产品，乙副产品分离后还要继续加工后才能出售。本月生产甲产品及其副产品共同发生成本 100000 元，其中直接材料占 60%，直接人工占 20%，制造费用占 20%；乙副产品在继续加工过程中发生直接人工 2000 元，制造费用 1000 元。本月共生产甲产品 1600 件，乙副产品 1000 件，乙副产品的单位售价为 20 元，单位税金和利润合计为 5 元，计算主产品和副产品的成本。

（1）乙副产品分摊的联合成本

乙副产品分摊的联合成本 =[1000×（20－5）－（2000＋1000）] 元 = 12000 元

（2）乙副产品分摊的各项成本费用

乙副产品分摊的直接材料 = 12000×60% 元 = 7200 元

乙副产品分摊的直接人工 = 12000×20% 元 = 2400 元

乙副产品分摊的制造费用 = 12000×20% 元 = 2400 元

（3）主产品（甲产品）实际成本

甲产品总成本 =（100000－12000）元 = 88000 元

甲产品单位成本 = 88000÷1600 元 = 55 元

根据以上的数据，编制副产品成本计算单，见表 7-5。

表 7-5 副产品成本计算单

名称：乙产品　　　　2018 年 8 月　　　　产量：1000 件　　　　（金额单位：元）

成本项目	分摊的联合成本	可归属成本	副产品总成本	副产品单位成本
直接材料	7200	0	7200	7.2
直接人工	2400	2000	4400	4.4
制造费用	2400	1000	3400	3.4
合计	12000	3000	15000	15

7.2 定额法

7.2.1 定额法的概述

1. 概念

定额法是以产品的品种（或批别）作为成本计算对象，根据产品的实际产量，以完工产品的定额成本为基础，加、减脱离定额差异和定额变动差异计算产品实际成本的一种方法。在成本计算中，这种方法通常不会单独使用，一般在半成品和在制品中使用。使用定额法计算产品成本可以加强成本管理，是一种成本计算与成本管理相结合的方法。在使用定额法时，产品的实际成本受定额成本、脱离定额差异以及定额变动差异三个因素影响，计算公式为

产品实际成本＝产品定额成本±脱离定额差异±定额变动差异

2. 运用条件

定额法是企业将成本核算和成本控制结合起来而采用的一种成本计算辅助方法，一般不受企业生产类型的影响，无论何种生产类型，当具备下列条件时，均可采用定额法来计算产品成本：

1）企业具备较为健全的定额管理制度，较好的定额管理工作基础。

2）产品的生产已经定型，消耗定额比较准确、稳定。

3. 特点

1）事先制定产品的各项消耗定额、费用定额和定额成本，作为成本控制的目标、成本计算的基础。

2）为了加强对生产费用的日常控制，当生产过程中产生耗费时，需要将符合定额的费用和发生的差异分别核算。

3）定额法以日常揭示差异为基础。弥补了其他成本计算方法只有在月末后才能确定成本定额差异的缺陷，在计算产品成本时，可以根据产品定额成本，加减各种成本差异。采用定额法能够及时核算并确定定额成本差异，并分析产生差异的原因，因而可以将成本核算、成本分析、成本控制等结合起来，为成本的定期分析和考核提供依据。

7.2.2 定额法的计算程序

1. 基本操作步骤

1）要先制定产品定额成本。根据费用与消耗定额，按照规定的成本项目和产品品种，确定产品定额成本，编制产品定额成本计算表。

2）设置产品成本明细账时应按成本计算对象。应将"定额成本""脱离定额差异""定额变动差异"等各小栏设置在专栏内各成本项目中。

3）当月如果有定额成本的修订，应对月初在产品的定额成本进行调整，计算月初定额变动。

4）当发生生产费用时，按成本项目将符合定额的费用和脱离定额的差异分别核算，并予以汇总。

5）按确定的成本计算基本方法，汇集各项费用和定额成本差异，按一定标准在完工产品和在产品之间进行分配。

6）将本月完工产品的定额成本加减各种差异，调整计算完工产品的实际成本。

2. 定额成本的制定

（1）制定方法

一般情况下，由企业的技术、计划、会计等部门共同制定产品的定额成本。如果产品的零部件较少，那么一般先计算零件定额成本，然后再将部件和产品的定额成本汇总，产品和报废零部件计价可以以零部件定额成本作为依据；若产品的零部件较多，可不忽略零件定额成本，直接进行部件定额成本计算，然后对产品定额成本进行汇总计算；也可以根据零部件的定额卡直接计算产品定额成本。

（2）定额成本计算公式

$$原材料费用定额 = 产品原材料消耗定额 \times 原材料计划单价$$

$$生产工资费用定额 = 产品生产工时定额 \times 计划小时工资率$$

$$其他费用定额 = 产品生产工时定额 \times 计划小时费用率$$

3. 脱离定额差异的计算

实际生产费用与定额成本的差异被称为脱离定额差异，超支用正号表示，节约用负号表示，计算脱离定额差异是定额法的重要内容。

（1）原材料脱离定额差异的计算

原材料脱离定额差异计算的一般方法主要有限额法、切割核算法和定期盘存法等。基本计算公式为

$$原材料脱离定额差异 = 原材料计划价格费用 - 原材料定额费用$$
$$= 实际消耗量 \times 材料计划单价 - 定额消耗量 \times 材料计划单价$$
$$= （实际消耗量 - 定额消耗量）\times 材料计划单价（量差）$$

说明：企业自制半成品也可以使用原材料脱离定额差异的计算方法。

（2）生产工时与工资脱离定额差异的计算

1）工资制为计件，直接将工人工资属于计入费用，其脱离定额差异的计算与原材料脱离定额差异的计算相似。

2）工资制为计时，间接将生产工人工资属于计入费用，在平时不能按照产品直接计算其脱离定额差异，只有在月末实际生产工人工资确定以后，才可按以下公式计算：

$$某产品生产工资脱离定额的差异 = 该产品实际生产工资 - 该产品定额生产工资$$
$$= 该产品实际生产工时 \times 实际小时工资率 -$$
$$该产品定额生产工时 \times 计划小时工资率$$

其中：

$$实际小时工资率 = \frac{车间实际生产工人工资总额}{车间实际生产工时总额}$$

$$计划小时工资率 = \frac{车间计划产量的定额生产工人工资}{计划产量的定额生产工时}$$

产品实际完成的定额工时 =（产品本月完工产品产量+月末在产品约当产量-月初再产品约当产量）×单位产品工时定额

（3）制造费用脱离定额差异的计算

与计时工资相同，制造费用属间接计入费用，其脱离定额差异不能在平时按照产品直接计算，只能在月末按照以下公式计算：

产品制造费用脱离定额差异 = 产品制造费用实际分配额×产品实际完成定额工时×计划小时制造费用分配率

生产工时分配制造费用时，脱离定额差异产生的原因主要有工时差异和每小时分配率差异，由此可见，同生产工人的计时工资相似。

（4）材料成本差异的分配

在定额法下，一般按计划成本进行原材料的日常核算，原材料脱离定额差异只是以计划单价反映消耗量上的差异（量差），不包括价格因素。因此，月末计算产品的实际原材料费用时，需计算所耗原材料应分摊的成本差异，即所耗原材料的价格差异（价差）。可按以下公式计算：

产品应分配的原材料成本差异 =（产品原材料定额费用±原材料脱离定额差异）×材料成本差异率

= 实际消耗量×材料计划单价×材料成本差异率

4. 定额变动差异的计算

（1）概念

定额变动差异是指新旧定额之间的差额，一般是由于修订消耗定额或生产耗费的计划价格而产生的。定额本身变动造成了定额变动差异，与生产费用支出的超支和节约情况无关。

（2）计算方法

一般会在月初、季初或年初，定期地进行定额成本的修订，在出现定额变动的月份，该月月初仍然按照旧的定额计算在产品的定额成本，因此需要按新定额计算月初在产品的定额变动差异，来调整月初在产品的定额成本。可按以下公式计算：

月初在产品定额变动差异 =（新定额-旧定额）×月初在产品中定额变动的零部件数量

为简化计算工作，可按以下公式计算：

月初在产品定额变动差异 = 按旧定额计算的在产品费用×(1−定额变动系数)

定额变动系数 = 按新定额计算的单位产品费用÷按旧定额计算的单位产品费用

7.2.3 定额法的应用

例 7-4：某机械公司月初在产品 400 件，按上月材料定额成本原定额为每件 35 元，共计 14000 元。本月月初，材料的定额成本下调为每件 30 元。本月投产 1200 件，实际发生材料费用 39000 元，本月产品 1500 件全部完工，要求计算本月完工产品的实际材料成本。

$$\begin{aligned}
定额成本合计 &= 月初在产品材料定额成本 \pm 月初在产品材料定额成本调整额 \\
&\quad + 本月投产产品的材料定额成本 \\
&= [14000 - (35-30) \times 400 + 30 \times 1200] 元 \\
&= 48000 元
\end{aligned}$$

$$\begin{aligned}
完工产品的实际材料成本 &= 定额成本合计 \pm 材料脱离定额差异 \pm 材料定额变动差异 \\
&= [32000 + (27000 - 25000) + 1500] 元 \\
&= 35500 元
\end{aligned}$$

$$\begin{aligned}
完工产品的实际材料成本 &= 定额成本合计 \pm 材料脱离定额差异 \pm 材料定额变动差异 \\
&= [48000 + (39000 - 35500) - 2000] 元 \\
&= 49500 元
\end{aligned}$$

定额变动不是当月工作的结果，一般不宜全部计入当月完工产品成本，而是在完工产品和在产品之间进行分配。可采用以下公式：

$$定额变动差异分配率 = \frac{定额变动差异合计}{完工产品和在产品的定额成本合计}$$

$$在产品应负担的定额变动差异 = 在产品定额成本 \times 定额变动差异分配率$$

$$完工产品应负担的定额变动差异 = 定额变动差异合计 - 在产品应负担的定额变动差异$$

本章小结

成本计算实务中使用分类法与定额法，可以简化计算工作，加强成本管理。因为这两种计算方法不能单独使用，通常情况下需要与成本计算基本方法结合起来，所以被称为产品成本计算的辅助方法。

本章介绍产品成本计算的辅助方法，主要有分类法、定额法等。与之前所学的产品成本计算方法不同，产品成本计算的辅助方法与企业的生产类型没有直接联系，这些方法可以用于各类型的企业中，但其要求必须分情况与成本计算的基本方法相结合使用。若企业产品品种、规格繁多，则可采用分类法计算；若企业的定额管理制度健全、定额基础工作扎实、消耗定额准确，则可采用定额法计算。

思考题与习题

7-1 思考题

1. 什么是分类法？分类法的基本计算程序是什么？
2. 什么是定额法？定额法的基本计算程序是什么？
3. 定额变动差异是指什么？

7-2 单项选择题

1. 产品成本计算的分类法主要是为了（　　）而采用的一种辅助成本计算方法。
   A. 简化成本计算工作
   B. 正确在完工产品与在产品之间分配，间接计入费用
   C. 及时计算产品成本
   D. 加强成本管理，进行成本控制

2. 系数法是（　　）的一种，系数一旦确定了，不应随意变更，应保持相对稳定。
   A. 分类法　　　　B. 定额法　　　　C. 分步法　　　　D. 分批法

3. 与产品生产类型没有直接联系的成本计算方法是（　　）。
   A. 分批法　　　　B. 简化分批法　　C. 品种法　　　　D. 分类法

7-3 多项选择题

1. 类内各种产品之间分配费用的标准有（　　）。
   A. 售价　　　　　B. 定额消耗量　　C. 定额费用　　　D. 产品的体积

2. 在脱离定额差异的核算中，与原材料定额差异核算方法类似或相同的有（　　）。
   A. 制作费用
   B. 计时工资形式下的生产工人工资
   C. 计件工资形势下的生产工人工资
   D. 自制半成品

3. 在定额法下，产品的实际成本是由（　　）三个因素组成。
   A. 脱离定额差异　B. 产品定额成本　C. 定额变动差异　D. 分配系数

7-4 判断题

1. 采用产品成本计算的分类法，各成本项目只能采用同一种分配标准进行分配。（　　）
2. 定额成本是一种目标成本，可以作为企业成本控制和考核的依据。（　　）
3. 分类法中的系数一旦确定，应相对稳定，不应随意变更。（　　）
4. 定额成本一般是国家或上级机构对企业下达的指令性指标，企业可以不制定定额成本。（　　）

7-5 案例分析题

1. 某工厂生产甲、乙、丙、丁四种产品，这四种产品的生产工艺相似，工厂将其合并为 A 类，该厂 2018 年 8 月的相关资料见表 7-6 和表 7-7，试采用分类法进行成本核算。

（1）A 类产品生产成本明细账见表 7-6。

第7章 产品成本计算的辅助方法

表 7-6 生产成本明细账

（金额单位：元）

项目	直接材料	直接人工	制作费用	合计
月初在产品成本	9000	13200	15400	37600
本月发生费用	13800	42300	28500	84600
合计	22800	55500	43900	122200
完工产品成本	19140	49062	31746	99948
月末在产品成本	3800	6200	12300	22300

（2）产品成本在类内产品间的分配方法：材料费用按系数比例分配，系数按材料定额费用计算，甲产品为标准产品，工资、各种福利、制作费用按各种产品的定额工时比例分配。完工产品定额标准表见表 7-7。

表 7-7 完工产品定额标准表

产品＼项目	材料消耗定额（元/件）	工时定额（元/件）
甲产品	100	20
乙产品	180	48
丙产品	150	28
丁产品	280	58

（3）本月甲产品完工 180 件，乙产品完工 130 件，丙产品完工 70 件，丁产品完工 90 件。用分类法计算各种产品的成本，并填写表 7-8 和表 7-9。

表 7-8 产品成本系数计算表

产品＼项目	材料消耗定额（元/件）	原材料成本系数	工时定额（元/件）	工时定额系数
甲产品	90		18	
乙产品	190		48	
丙产品	150		29	
丁产品	280		59	

表 7-9 A 类完工产品成本费用分配表

产品名称	产量（件）	直接材料费用			直接人工费用			制造费用			合计	单位成本（元）
		总系数	分配率	分配额（元）	总系数	分配率	分配额（元）	总系数	分配率	分配额（元）		
甲产品	200											
乙产品	150											
丙产品	80											
丁产品	100											
合计												

工业成本核算

2. 某工厂 2018 年 8 月生产甲产品同时生产出附带副产品乙，副产品乙分离后还需加工才能出售。当月甲产品及副产品乙共同发生成本 60000 元，其中直接材料占 40%，直接人工占 30%，制造费用占 30%，副产品乙进一步加工发生直接人工 1000 元，制造费用 600 元，本月生产甲产品 1200 公斤，副产品乙 800 公斤，副产品乙的单位售价是 25 元，单位税金和利润合计 8 元。试计算主产品和副产品的成本并制表（见表 7-10）。

表 7-10 副产品成本计算单

名称：乙产品　　　　2018 年 8 月　　　　产量：800 公斤　　　　（金额单位：元）

成本项目	分摊的联合成本	可归属成本	副产品总成本	副产品单位成本
直接材料				
直接人工				
制造费用				
合计				

3. 某工厂生产 A 产品，本月期初在产品 50 台，本月完工产品数量 480 台，期末在产品数量 100 台，原材料系开工时一次性投入，单位产品材料消耗定额为 9kg，材料计划单价为 4 元/kg，本月材料限额领料凭证登记数量为 5400kg，材料超限额领料凭证登记为 350kg，期初车间有余料 80kg，期末车间盘存余料为 280kg。试计算本月产品的原材料脱离定额差异。

4. 某工厂生产 A 产品，单位产品的定额工时为 4 小时，本月实际完工产品为 1800 件，月末在产品数量为 300 件，完工 85%，月初在产品为 100 件，完工程度为 60%，计划工时人工费为 4 元，实际的生产工时为 6000 小时，实际工时人工费为 4.1 元。试计算 A 产品的人工费脱离定额差异。

第 8 章

编制成本会计报表

成本报表的编制和分析是成本会计工作的一项重要环节。本章主要介绍成本费用报表的作用、种类及特点,阐述了全部产品生产成本表、主要产品单位成本表和制造费用明细表的内容结构和编制方法。

本章学习目标:
1. 了解成本报表的作业、种类和特点
2. 能编制全部产品生产成本表、主要产品单位成本表、制造费用明细表

8.1 成本报表概述

8.1.1 成本报表的概念

成本报表通常用来反映和监督企业在一定期间内产品成本和期间费用水平及其构成情况的报告文件，以产品成本、期间费用的日常核算资料和其他有关资料为依据。企业利用成本报表反映企业在一定时间内的成本变动情况、计划完成情况，为成本考核分析提供依据，为企业管理者进行决策提供有用的成本核算信息。

8.1.2 成本报表的特点

成本报表作为一种用于企业内部经营管理的会计报表，与对外报表相比，主要有以下特点：
1）灵活性更高，其种类、格式和内容由企业自行决定。
2）针对性更强，其内容是为了企业内部经营管理的需要而编制的。
3）时效性更好。

8.1.3 成本报表的意义和作用

成本报表可以作为一项综合指标，用来反映企业各项工作质量。
成本报表的作用主要有：

1. 分析考核成本计划的执行情况

利用成本报表，企业及上级主管机构可以对企业成本、费用计划的执行情况进行分析和考核，从而可以对企业的工作质量进行评价，有利于企业降低成本、节约费用，从而提高企业的经济效益，增加国家财政收入。

2. 控制消耗，节约成本

企业可以利用成本报表分析和揭示成本差异对产品成本的影响，发现导致差异的原因，查明经济责任，为进一步提高企业生产技术和经济管理水平采取有针对性的措施，挖掘企业节约支出和降低成本的潜力，提高经济效益。

3. 为成本预测、决策等提供重要依据

根据成本报表所提供的实际成本费用资料，不但可以使企业对于加强日常成本费用控制的需要得到满足，而且可以为企业进行成本、费用和利润预测，制定生产经营决策，编制成本计划、费用计划和利润计划，确定产品价格等提供重要依据。

8.1.4 成本报表的种类

1. 按反映的内容

按照其反映的内容，可以将成本报表分为反映成本计划完成情况的报表和反映费用支出情况的报表。

（1）反映成本计划完成情况的报表。

这类成本报表主要是为了揭示企业在生产一定产品时，所产生的成本费用是否达到预定的目标。表中包含报告期的实际成本水平、计划成本水平、历史先进水平及同行业先进水平等内容。通过分析比较差异产生的原因，提出改进措施，可以作为降低产品成本的参考资料。该类报表主要有产品生产成本表、主要产品单位成本表等。

（2）反映费用支出情况的报表。

这类成本报表主要是为了揭示企业一定时期内生产经营费用支出的总额及其构成情况。经过对比分析，可以了解费用支出的合理化程度及变化趋势，为企业今后正确制定费用预算，考核各项消耗和支出指标的完成情况，有效控制费用支出提供资料。该类报表主要有制造费用明细表、管理费用明细表、销售费用明细表和财务费用明细表等。

2. 按编制的时间

按编制的时间，可以将成本报表分为定期报表和不定期报表。

（1）定期报表。

定期报表是为了及时反馈企业成本信息，满足企业日常成本管理的需要而编制的。定期报表按编制时间间隔可以分为年报、季报、月报、旬报、日报等。

（2）不定期报表。

不定期报表是为了满足企业内部管理的特殊要求而编制的，其编制时间往往不固定，在需要时随时编报。

8.1.5　成本报表的基本要求

企业可以根据需要，自行决定成本报表的种类和格式，以及报表的编制时间、编制方法和报送对象等。但是，企业的成本报表设置应当符合内部管理会计报表设置的一般原则和要求。

一般情况下，企业成本报表的设置应注意两个方面：报表指标的实用性和报表内容的针对性。成本报表指标的实用性要求企业的成本报表设置满足企业成本管理的要求，符合企业生产经营的特点。成本报表内容的针对性则要求企业的成本报表不仅要能够反映企业成本全貌，还要能够反映成本管理中某一专门问题或者针对企业某一具体业务特点而设计的报表和报表项目。

8.1.6　成本报表的编制和报送要求

成本报表的编制和报送要求包括：数据真实、计算准确、内容完整、及时报送。

1. 数据真实

数据真实是编制成本报表的基本要求，只有如实地反映企业费用、成本的水平和构成,才能够作为企业管理当局正确进行成本分析和成本决策的真实依据。

2. 计算准确

计算准确是指必须按照企业成本报表设置时规定的计算方法来计算报表中的各项数据,报表中的各种相关数据应当核对相符。

3. 内容完整

内容完整是指企业成本报表种类的完整性,报表内容要能够全面反映企业各种费用成本的水平和构成情况;同一报表的各个项目内容应当完整,填报齐全。

4. 及时报送

及时报送是指企业为了充分利用和发挥成本报表在指导生产经营活动中的作用,必须及时编制和报送成本报表。企业可以定期或不定期地编报成本报表,并及时提供给有关部门负责人和成本管理责任者,作为控制支出、费用节约、降低成本等措施的依据,这样才能体现出成本报表的及时性。

8.2 产品生产成本表的编制

8.2.1 全部产品生产成本表的编制

能够反映企业在报告期内生产的全部产品总成本的报表称为产品生产成本表。一般将产品生产成本表分为两种:按成本项目反映和按产品品种和类别反映。这两种报表的结构、编制方法和作用不同。

1. 全部产品生产成本表按成本项目反映编制

按成本项目反映的产品生产成本表,是按成本项目汇总反映企业在报告期内发生的全部生产费用以及产品生产成本合计数的报表。一般可分为产品成本费用和生产费用,其中产品成本费用部分是用生产费用合计数加上在产品和自制半成品的期初余额,再减去在产品和自制半成品的期末余额,最终得出的产品生产成本的合计数;生产费用部分是按照成本项目反映报告期内发生的各种生产费用及其合计数。这些费用和成本,也可以按上年实际数、本年计划数、本月实际数和本年累计实际数分栏反映。

例8-1:表8-1为某公司2018年8月按成本项目反映的产品生产成本表。

(1)按成本项目反映的产品生产成本表的编制方法

1)"上年实际"一列应根据去年同期产品生产成本表的"本年累计实际"数填写。

2)"本年计划"应根据成本计划有关资料填写。

3)"本年累计实际"为"本月实际"与"本年累计实际"的计算和。

4)按成本项目反映的本月各种生产费用数,根据各种产品成本明细账所记本月生产费用合计数,按照成本项目分别汇总填写。

表 8-1　某公司产品生产成本表（按成本项目反映编制）

编制单位：　　　　　　　　　　2018 年 8 月　　　　　　　　　　（金额单位：元）

项　　目	行次	上年实际	本年计划	本月实际	本年累计实际
生产费用					
直接材料	1	600000	620000	50000	610000
其中：原材料	2	520000	500000	42000	530000
燃料及动力	3	80000	120000	8000	80000
直接人工	4	280000	300000	25000	315000
其他直接费用	5				
制造费用	6	220000	225000	18000	240000
生产费用合计	7	1100000	1145000	93000	1165000
加：在产品和自制半成品期初余额	8	64000	60000	58000	61000
减：在产品和自制半成品期末余额	9	50000	51000	55000	59000
产品生产成本合计	10	1114000	1154000	96000	1167000

5）期初、期末在产品和自制半成品的余额，根据各种成本明细账的期初、期末在产品成本和各种自制半成品明细账的期初、期末余额分别汇总填写。

6）"产品生产成本合计"根据表中的"生产费用合计"，加上在产品和自制半成品期初余额，减去在产品和自制半成品期末余额计算填写。

（2）按成本项目反映的产品生产成本表的作用

1）通过报表能够反映出报告期内全部产品生产费用的支出和各种费用的构成情况，可以作为生产费用支出一般评价的依据。

2）例 8-1 中将公司 8 月本年累计实际生产费用与本年计划和上年实际生产费用相比较，用以分析和考核年度生产费用计划执行情况及年生产费用与去年相比的升降情况。

3）将表中各期产品生产成本合计数与该期的产值、销售收入或利润进行对比，可以计算成本产值率、成本销售收入率或成本利润率，还可以考核和分析各期的经济效益状况。

4）将 12 月份该表本年累计实际产品生产成本与本年计划数和上年实际数相比较，还可以考核和分析年度产品生产总成本计划的执行结果，以及本年产品生产总成本相比上年的升降情况，并据以分析影响产品成本升降的各项因素。

2. 全部产品生产成本表按产品品种和类别反映编制

按产品品种和类别反映的产品生产成本表，是按产品品种和类别汇总反映工业企业在报告期内生产的全部产品的单位成本和总成本的报表，可以分为基本报表和补充资料两部分。基本报表部分横向包含产量、单位成本、本月总成本和本年累计总成本四个专栏，按照产品种类分别反映本月产量、年累计产量、上年实际成本、本年计划成本、本月实际成

工业成本核算

本和本年累计实际成本；纵向按可比产品和不可比产品分别反映其单位成本和总成本。补充资料部分反映企业可比产品成本降低额和降低率。

例 8-2：表 8-2 为某机械有限公司 2018 年 8 月份按产品品种和类别反映的产品生产成本表。

表 8-2　产品生产成本表（按产品品种和类别反映编制）

企业名称：　　　　　　　　　　2018 年 8 月　　　　　　　（金额单位：千元）

产品名称	计量单位	产量			单位成本				本月总成本			本年累计总成本		
		本年（月）计划	本月实际	本年累计平均	上年实际平均	本年计划	本月实际	本年实际平均	按上年实际平均单位成本计算	按本年计划单位成本计算	本月实际	按上年实际平均单位成本计算	按本年计划单位成本计算	本年实际
		(1)	(2)	(3)	(4)	(5)	(6)=(10)/(2)	(7)=(13)/(3)	(8)=(2)×(4)	(9)=(2)×(5)	(10)	(11)=(3)×(4)	(12)=(3)×(5)	(13)
可比产品合计		—	—	—	—	—	—	—	4500	4200	4480	54100	52000	53800
甲产品	台	500	42	550	75	72	88.1	81.8	3150	3024	3700	41250	39600	45000
乙产品	件	180	18	200	48	42	44.4	40.0	864	756	800	9600	8400	8000
不可比产品合计		—	—	—	—	—	—	—	—	530	550	—	4390	4100
丙产品	件	25	3	27		90	100.0	92.6	—	270	300	—	2430	2500
丁产品	台	18	2	20		81	125.0	80.0	0	162	250	0	1620	1600
产品生产成本合计		—	—	—						4212	5050		52050	57100

补充资料：

① 可比产品成本降低额为 1200 千元。

② 可比产品成本降低率为 2.1%。

③ 按现行价格计算的商品产值为 110 千元。

④ 产值成本率为 51.9%。

（1）按产品品种和类别反映的产品生产成本表的编制方法

1）"产品名称"按照企业所生产各种可比产品和不可比产品的名称填写。

2）"产量"栏中的"本月"和"本年累计"分别根据完工产品明细账的本月和从年初起至本月末止各种产品的实际产量填写，"本年计划"根据企业生产计划填写。

3）"单位成本"栏中的"上年实际平均"根据上年本表年末的"本年累计实际平均"

填写,"本年计划"根据企业成本规划填写,"本月实际"和"本年累计实际平均"分别根据各种产品成本明细账的本月和从年初起至本月止各种产品的单位成本或平均单位成本填写。

4)"本月总成本"栏中的各项目分别按照各种产品本月实际产量与上年实际平均单位成本、本年计划单位成本及本月实际单位成本的乘积填写。

5)"本年累计总成本"栏中的各项目分别按照各种产品本年累计实际产量与上年实际平均单位成本、本年计划单位成本及本年累计实际单位成本的乘积填写。

补充报表部分的各项目分别按照下列公式计算填写:

可比产品成本降低额 = 按上年实际平均单位成本计算的可比产品总成本 - 本年可比产品实际总成本

可比产品成本降低率 = 可比产品成本降低额 ÷ 按上年实际平均单位成本可比产品总成本 × 100%

计划成本降低额 = 按本年计划单位成本计算的本年累计总成本 - 本年实际总成本

计划成本降低率 = 计划成本降低额 ÷ 按本年计划单位成本计算的本年累计总成本 × 100%

6)按现行价格计算的商品产值,根据有关统计资料填写。

7)产值成本率指产品生产成本与商品产值的比率,通常以每百元商品产值总成本表示。其计算公式如下:

$$产值成本率 = \frac{产品生产成本}{商品产值} \times 100\%$$

表 8-2 中的数据计算如下:

$$产值成本率 = 57100 \div 110000 \times 100\% \approx 51.9090\%$$

在按产品品种和类别反映的产品成本表中,主要产品应按产品品种来反映实际产量、单位成本以及本月总成本和本年累计总成本;非主要产品则可按照产品类别,汇总反映本月总成本和本年累计总成本。除此之外,为了满足重点管理的需要,企业在编制本表的同时还可以编制"主要产品生产成本及销售成本表",其项目及填写方法与本表相比,增加了销售数量和销售成本栏。

(2)按产品品种和类别反映的产品生产成本表的作用

1)用来对各种产品和全部产品本月和本年累计的成本计划执行情况进行分析和考核,还可作为对各种产品成本和全部产品成本的节约和超支情况进行一般评价的依据。

2）对各种可比产品本月总成本、本年累计总成本与上年相比的升降情况的分析和考核。

3）对于规定了可比产品成本降低计划的产品,可以分析和考核可比产品成本降低计划的执行情况,促使企业采取措施,不断降低产品成本。

4）可以了解产品成本的节约情况,产品成本的超支情况,为进一步进行产品单位成本分析指明方向。

8.2.2 主要产品单位成本表的编制

主要产品单位成本表可以反映企业在报告期内生产的各种主要产品单位的成本构成情况。编制该表时应按主要产品分别编制,主要是对产品生产成本（按产品品种和类别反映）表中某些主要产品成本的进一步反映,见表8-3。

表 8-3 主要产品单位成本表

2018 年 8 月

产品名称		丙产品		本月计划产量		125
规格		—		本月实际产量		117
计量单位		台		本年累计计划产量		1180
销售单价		—		本年累计实际产量		1200
成本项目	行次	历史先进水平××年	上年实际平均	本年计划	本月实际	本年累计实际平均
		1	2	3	4	5
直接材料	1	96	96	100	103	102
直接人工	2	55	57	60	58	66
制造费用	3	50	54	55	53	55
合计	4	201	207	215	214	223
主要技术经济指标	5	用量	用量	用量	用量	用量
普通钢材	6	60	65	63	67	65
工时	7	9	10	10	11	10

主要产品单位成本表主要分为主要技术经济指标和按成本项目反映的单位成本。其中,技术经济指标部分反映主要产品每一单位所消耗的主要原材料、燃料和动力等的数量;单位成本部分还分别反映历史先进水平、上年实际平均、本年计划、本月实际和本年累计实际平均的单位成本。

1. 主要产品单位成本表的填写方法

1）"本月计划产量"和"本年累计计划产量"项目,分别根据本月和本年产品产量计划填写。

2）"本月实际产量"和"本年累计实际产量"项目，根据统计提供的产品产量资料或产品入库单填写。

3）"成本项目"各项目，应按具体规定填写。

4）"主要技术经济指标"项目，反映主要产品每一单位产品所消耗的主要原材料、燃料、工时等的数量。

5）"历史先进水平"栏各项目，反映本企业历史上该种产品成本最低年度的实际平均单位成本和实际单位用量，应根据有关年份成本资料填写。

6）"上年实际平均"栏各项目，反映上年实际平均单位成本和单位用量，应根据上年度本表的"本年累计实际平均"单位成本和单位用量的资料填写。

7）"本年计划"栏各项目，反映本年计划单位成本和单位用量，应根据年度计划资料填写。

8）"本月实际"栏各项目，反映本月实际单位成本和单位用量，应根据"本月产量成本明细账"等有关资料填写。

9）"本年累计实际平均"栏各项目，反映本年年初至本月月末该种产品的平均实际单位成本和单位用量。应根据年初至本月月末的已完工产品成本明细账等有关资料，采用加权平均计算后填写。

有关计算公式如下：

$$产品的实际平均单位成本 = \frac{产品累计总成本}{产品累计产量}$$

$$产品的实际平均单位用量 = \frac{产品累计总用量}{产品累计产量}$$

2. 主要产品单位成本表的作用

1）按照成本项目考核主要产品单位成本计划的执行结果，可以分析各项单位成本节约或超支的原因。

2）按照成本项目，对比本月实际单位成本和本年累计实际平均单位成本与上年实际平均单位成本和历史先进水平，对比其相对于上年的升降情况，与历史先进水平是否还有差距，分析单位成本变化发展的趋势。

3）对主要产品的主要技术经济指标的执行情况进行分析和考核。

8.2.3 各种费用报表的编制

各种费用包含制造费用、销售费用、管理费用和财务费用等，是在一定时期生产经营过程中，由各个车间、部门为进行产品生产和销售，组织和管理生产经营活动以及筹集生产经营资金等活动所发生的。制造费用属于产品成本的组成部分，而销售费用、管理费用和财务费用则属于期间费用。企业通过定期编制制造费用明细表、销售费用明细表、管理费用明细表和财务费用明细表，用以反映企业各种费用计划（预算）的执行情况，了解企业在一定期间内各种费用支出总额及其构成情况，作为分析各种费用支出的合理性及其变动趋势的依据，并为正确编制下期费用计划（预算）、控制费用支出、明确各有关部门和人员的经济责任提供依据。

1. 制造费用明细表的编制

制造费用明细表是企业了解在报告期内由组织和管理生产所发生的各项费用及其构成情况而编制的报表。

如表 8-4 所示，制造费用明细表分别反映各项费用的本年计划数、上年同期实际数、本月实际数和本年累计实际数，一般按照制造费用的费用项目编制。

表 8-4 制造费用明细表

企业名称： ××年×月 （金额单位：元）

项目	本年计划	上年同期实际	本月实际	本年累计实际
职工薪酬	（略）	（略）	（略）	（略）
折旧费				
修理费				
办公费				
取暖费				
水电费				
机物料消耗				
低值易耗品摊销				
劳动保护费				
租赁费				
运输费				
保险费				
设计制图费				
试验检验费				
在产品盘亏和毁损（减盘盈）				
其他				
制造费用合计				

2. 销售费用明细表的编制

销售费用明细表是企业为了了解由销售产品所发生的各项费用及其构成情况而编制的报表。

如表 8-5 所示，销售费用明细表分别反映各项费用的本年计划数、上年同期实际数、本月实际数和本年累计实际数,一般按照销售费用的费用项目编制。

表 8-5 销售费用明细表

企业名称: ××年×月 (金额单位:元)

项目	本年计划数	上年同期实际数	本月实际数	本年累计实际数
职工薪酬	(略)	(略)	(略)	(略)
业务费				
运输费				
装卸费				
包装费				
保险费				
展览费				
广告费				
差旅费				
租赁费				
机物料消耗				
折旧费				
其他				
销售费用合计				

3. 管理费用明细表的编制

管理费用明细表是企业为了了解由管理部门在报告期内由组织和管理企业生产所发生的各项费用及其构成情况的报表。如表 8-6 所示,管理费用明细表分别反映各项费用的本年计划数、上年同期实际数、本月实际数和本年累计实际数,一般按照管理费用的费用项目编制。

表 8-6 管理费用明细表

企业名称: ××年×月 (金额单位:元)

项目	本年计划数	上年同期实际数	本月实际数	本年累计实际数
职工薪酬	(略)	(略)	(略)	(略)
折旧费				
办公费				
差旅费				
保险费				
租赁费				

（续）

项目	本年计划数	上年同期实际数	本月实际数	本年累计实际数
修理费				
咨询费				
排污费				
绿化费				
低值易耗品摊销				
无形资产摊销				
技术转让费				
业务招待费				
劳动保险费				
税金				
材料、产成品盘亏和毁损（减盘盈）				
其他				
合计				

4. 财务费用明细表的编制

如表 8-7 所示，财务费用明细表是反映企业在报告期内发生的全部财务费用及其构成情况的报表。

表 8-7 财务费用明细表

企业名称：　　　　　　　　　××年×月　　　　　　　　（金额单位：元）

项目	本年计划数	上年同期实际数	本月实际数	本年累计实际数
利息支出（减利息收入）	（略）	（略）	（略）	（略）
汇兑损失（减汇兑收益）				
调剂外汇手续费				
金融机构手续费				
其他筹资费用				
合计				

本章小结

会计报表是企业以日常核算资料为依据，将这些资料归集、汇总、加工获得的一个完整的报告体系。会计报表能够反映企业一定时间内的经营情况和财务状况，从而满足企业内外各方了解、分析、考核企业经济效益的需要。企业中的会计报表通常分为两大类：向外报送的会计报表和企业内部管理需要的报表，其中向外报送的会计报表包含资产负债表、利润表、现金流量表等，其格式和编制说明由企业会计制度做出规定；企业内部管理需要的报表包含成本报表等，其种类、格式和编制说明由企业自行规定。成本报表作为企业内部报表中的重要组成部分，本章主要阐述了成本报表的种类及编制方法。

成本报表的编制可以反映和监督企业在一定时期内的产品成本水平、生产费用预算执行情况、成本计划的完成情况，是成本会计的一项重要内容。本章的主要内容就是以日常核算的成本资料为基础，将这些资料进行分类、综合，以编制成本报表，通过分析成本升降的原因，为决策者在进行成本分析与成本控制时提供相关数据，达到提高企业成本管理质量的目的。

思考题与习题

8-1 简答题

1. 成本报表有哪些种类？
2. 哪几种是期间费用明细表？
3. 成本分析和成本控制的主要方法有哪些？

8-2 单项选择题

1. 成本报表的种类、格式、编制方法一般由（   ）。

   A. 企业自行确定　　　　　　　　B. 国家规定
   C. 企业主管部门规定　　　　　　D. 企业和主管部门共同制定

2.（   ）是可比产品成本降低率不产生影响的因素。

   A. 产量　　　　B. 总成本　　　　C. 产品品种结构　　　　D. 产品单位成本

3. 因素分析法是用以揭示（   ）。

   A. 实际数与计划数之间的差异
   B. 产生差异的因素和各因素的变动原因
   C. 产生差异的原因
   D. 产生差异的因素和各因素的影响程度

8-3 多项选择题

1. 主要的成本报表有（   ）。

   A. 主要产品单位成本表　　　　　B. 财务状况变动表
   C. 产品生产成本表　　　　　　　D. 制作费用明细表

2. 企业成本报表的编制要求有（   ）。

   A. 内容完整　　　B. 数字准确　　　C. 报送及时　　　D. 账表相符

3. 影响可比产品成本降低率的因素有（　　）。
A. 产品价格　　　　B. 产品产量　　　　C. 产品单位成本　　　　D. 产品品种结构

8-4　判断题
1. 成本报表编制的格式、内容等，必须遵守国家的统一规定。（　　）
2. 在使用因素分析法时，改变各因素的排列顺序不会影响计算结构。（　　）
3. 成本报表的分析属于事中分析。（　　）
4. 因素分析法是以各因素的实际数替换基数，替换后实际数不保留。（　　）

8-5　分析题
1. 某企业生产 A 产品，该企业耗用的直接材料资料见表 8-8。

表 8-8　A 产品直接材料费用表

项目	产品数量（件）	材料单耗/kg	材料单价（元）	材料费用（元）
定额	220	55		
实际	230	50		

试计算：（1）定额耗用和实际耗用的材料费用，并对比分析两者的差异。
　　　　（2）分析各因素变动对总差异的影响程度（采用因素分析法）。

2. 某工厂 2018 年 8 月的产品成本、产量见表 8-9。

表 8-9　产品成本、产量表

产品名称		实际产量（件）		单位成本（元）		总成本（元）	
		本月实际	本年累计	上年实际	本年计划	本月实际	本年累计
可比产品	A 产品	21	220	1400	1360	28770	310300
	B 产品	46	530	850	810	36800	426650
不可比产品	C 产品	12	150	—	500	5096	64350
	D 产品	18	210	—	250	4056	46410

根据上述表格资料，填写表 8-10。

表 8-10　产品生产成本表（按产品品种设置编制）

企业名称：　　　　　　　　　　2018 年 8 月　　　　　　　　　　（金额单位：千元）

产品名称	计量单位	产量		单位成本			本月总成本			本年累计总成本		
		本月	本年累计	上年实际平均	本年计划	本月实际	本年累计实际平均	按上年实际平均单位成本计算	按本年计划单位成本计算	本月实际	按上年实际平均单位成本计算	按本年计划单位成本计算	本年实际
		(1)	(2)	(3)	(4)	(5)=(9)/(1)	(6)=(12)/(2)	(7)=(1)×(3)	(8)=(1)×(4)	(9)	(10)=(2)×(3)	(11)=(2)×(4)	(12)

（续）

可比产品		产量		单位成本			本月总成本			本年累计总成本		
		—	—	—	—	—	—					
A产品	件											
B产品	件											
不可比产品		—	—	—	—	—	—	—				
C产品	件			—				—			—		
D产品	件			—				—			—		
合计								—					

参考文献

[1] 于富生，黎来芳，张敏. 成本会计学 [M]. 北京：中国人民大学出版社，2018.

[2] 中华人民共和国财政部. 企业会计准则 [M]. 北京：经济科学出版社，2019.

[3] 韩雪巧. 成本费用核算 [M]. 北京：机械工业出版社，2017.

[4] 胡中艾，蒋小芸. 成本核算 [M]. 北京：高等教育出版社，2014.

[5] 杨秀梅，邓红. 企业成本核算 [M]. 北京：北京理工大学出版社，2012.

[6] 孙颖. 成本会计实务 [M]. 北京：清华大学出版社，2019.

[7] 侯晓红，林爱梅. 成本会计学 [M]. 北京：机械工业出版社，2018.

[8] 周明霞. 工业企业成本核算 [J]. 中国市场，2018，3：185-186.

[9] 周永清. 成本会计实务 [M]. 北京：北京出版社，2018.

[10] 王力勤. 成本会计实务 [M]. 北京：科学出版社，2015.

[11] 刘相礼，王苹香，朱延琳. 成本会计实务与案例 [M]. 北京：北京大学出版社，2016.

[12] 盛文俊. 工程成本会计学 [M]. 重庆：重庆大学出版社，2019.